천재 허균

천재 허균

초판 1쇄 | 2020년 11월 11일
지은이 | 신정일

발행인 겸 편집인 | 유철상
책임편집 | 정예슬
디자인 | 여혜영
교정 · 교열 | 유은하
마케팅 | 조종삼, 윤소담

펴낸 곳 | 상상출판
주소 | 서울시 동대문구 왕산로 28길 39 1층
구입 · 내용 문의 | **전화** 02-963-9891 **팩스** 02-963-9892
이메일 cs@esangsang.co.kr
등록 | 2009년 9월 22일(제305-2010-02호)
찍은 곳 | 다라니

※ 가격은 뒤표지에 있습니다.
ISBN 979-11-90938-91-4(03900)

※ 잘못된 책은 구입하신 곳에서 바꿔 드립니다.
www.esangsang.co.kr

이 도서의 국립중앙도서관 출판예정도서목록(CIP)은 서지정보유통지원시스템 홈페이지
(http://seoji.nl.go.kr)와 국가자료종합목록 구축시스템(http://kolis-net.nl.go.kr)에서
이용하실 수 있습니다. (CIP제어번호 : CIP2020044085)

조선의 천재, 새로운 세상을 꿈꾸다

천재 허균

신정일 지음

상상출판

새로운 세상을 꿈꾼 천재 작가 허균

조선 500년 역사상 역모사건에 몰려 비운의 생애를 마감한 걸출했던 인물은 수없이 많다. 그중 흥선대원군이 섭정하던 시대까지 세 사람만이 신원되지 않았다. 조선의 개국공신 정도전과 기축옥사의 주인공 정여립 그리고 허균(1569~1618)이다. 경복궁 재건 당시 정도전의 행적을 높이 평가했던 대원군은 정도전을 신원했다. 그러나 정여립과 허균은 조선이 역사의 뒤안길로 사라져갔어도 신원되지 못한 채 오늘에 이르렀다.

세상을 개혁하려다가 세상의 날선 칼날에 그 꿈을 펼치지 못한 채 비운의 생을 마감한 허균에 대해 사람들에게 물으면 대답은 한결같다. "《홍길동전》을 쓴 사람." 혹은 "허난설헌의 동생." 조금 더 안다 하는 사람은 "혁명아, 율도국, 조선의 천재 중의 천재." 그렇게 불리는 허균에 대한 평이 《광해군일기》 10년(1618) 윤4월 29일 자에 다음과 같이 실려 있다. "그는 천지간의 한 괴물입니다. (……) 그 몸뚱이를 수레에 매달아 찢어 죽여도 시원치 않고, 그 고기를 찢어 먹어도 분이 풀리지 않을 것입니다. (……) 그의 일생에 해온 일을 보면 악이란 악은 모두 갖추어져 있습니다. 강상을 어지럽힌 더러운 행동을 보면 다시 사람이라 할 수 없고, 요망한 참언을 만들어내는 것이야말로 그의 장기이니."

지체 높은 집안에서 태어난 허균이 '인간은 모두 평등하다'는 당대에는 도저히 상상조차 할 수 없는 '불온한' 생각을 갖게 된 이유는 무엇일까? 허균은 어린 시절 누나 허난설헌과 함께 작은형 허봉의 친구였던 손곡 이달에게서 문장을 배웠다. 이달은 서얼 출신이지만 뛰어난 문장으로 한 시대를 풍미한 빼어난 시인이었다. 그러나 이달은 서얼차별법에 의해 애당초 출세의 길이 막혀 있어서 불우한 생애를 보낼 수밖에 없었다. 그것을 목격한 것이 허균에게는 불행의 씨앗이었다. 그때부터 불합리한 세상을 바로잡고자 하는 사상이 그의 일생을 관통하는 하나의 큰 사상으로 정립

되었다. 그 사상의 연장선상에서 허균은 불우한 사람들과 깊은 교류관계를 맺었고, 《홍길동전》이라는 소설 속의 율도국 건설을 통해 그가 꿈꾸고자 했던 신분차별이 없는 이상향을 구현했다.

조선 500년 동안 괄목할 만한 명문가 집안을 꼽아 보라면 여러 집안이 망라되겠지만, 조선 초기의 권근과 명재상 황희, 성종 때의 대학자 성현 그리고 이행, 허균, 안동김씨인 김상헌, 조선 후기의 실학자인 정약용의 집안을 꼽을 수 있겠다. 그중 가장 독보적인 집안이 허균의 집안이었으며, 따라서 당대 가장 뛰어난 사람들을 만날 수 있는 환경에 있었던 사람이 바로 허균이었다.

허균의 아버지 허엽은 서경덕의 제자로 이조판서를 지낸 동인東人의 영수였고, 큰형 허성은 임진왜란이 일어나기 전 황윤길 및 김성일과 함께 조선통신사로 일본을 다녀온 정치가이자 문장가였다. 허성은 배다른 형제인 허봉과 허난설헌 그리고 허균을 친형제처럼 사랑했고, 특히 허균을 끝까지 돌봐 주었다. 둘째 형 허봉은 당대의 빼어난 문장가이자 동인의 영수였으며, 누이 허난설헌은 조선이 낳은 빼어난 여류 시인 중의 한 사람이었다. 매형인 우성전 역시 뛰어난 정치가로 남인南人의 영수였고, 조선 당쟁의 원인을 제공했던 김효원이 허균의 장인이었다. 또한 《지봉유설》을 지은 이수광은 허균의 손윗동서였다. 허균의 딸은 일찍부터 동서분쟁을 예언했고 영의정을 지낸 이준경의 손자 이사성에게 시집을 갔다. 그 딸에게서 태어난 외손자 이필진이 허균의 하나뿐인 유고집 《성소부부고》를 보존하여 후세에 전했다.

허균의 스승은 당대의 뛰어난 정치가이자 학자였던 유성룡과 뛰어난 시인 이달이었다. 허균이 나이를 따지지 않고 사귀었던 한석봉은 조선이 낳은 빼어난 명필이었고, 이정과 이징은 훌륭한 화가였다. 오성 이항복과 한음 이덕형, 신흠과 이정귀, 이안눌, 권필 등은 정치가이자 문장가로 허균과 각별한 관계를 맺었다. 또한 서산대사 휴정과 사명당 유정은 불교계의 걸출한 인물로, 그들의 문집에 허균이 서문을 쓸 정도로 각별한 인연을 맺었다. 또한 임금인 선조와 광해군은 허균의 문장을 사랑했다. 그래서 광해군은 마지막까지도 허균의 충정을 믿었지만 이이첨에 의해 그 뜻을 접어야 했다.

허균이 만난 사람들 중에는 특히 불우한 생을 살았기 때문에 그 뜻을 제대로 펼치지 못한 이들이 많았다. 권필과 조위한 같은 천재적인 시인과 서예가 한석봉, 화가 이정과 이징, 천민 출신 의병장인 유희경, 서얼 출신 이재영과 서양갑, 심우영 그리고 승려인 해안과 옥준, 기생인 이매창과 무옥 춘섬을 비롯한 수많은 사람이 그런 이들이다.

한편 허균과는 다른 당파였던 이식은 허균을 이렇게 평했다. "허균은 총명하고 문재文才가 있는 데다 유명한 부형父兄의 자제라는 후광을 뒤에 업고 입신양명했다." 김득신은 허균을 '감별력이 뛰어난 사람'이라고 찬탄했다. 허균은 수많은 글과 이야기를 남긴 문장가이자 당대의 모순과 불합리를 개조하려 한 혁명가였다. 유불선儒佛仙에 통달한 학자였고, 뛰어난 시인이었으며 우리나라 최초의 한글소설인 《홍길동전》의 저자인 허균은 말 그대로 자유인이었다. 방내房內에 있으면서도 방외房外에 산, 방외지사의 삶을 살았던 그는 당대의 문제인問題人이었고, 이단異端이었으며, 시대의 반역자였다.

허균처럼 명문가에서 태어났고, 당대의 천재였던 사람이 한눈팔지 않고 현실에 안주하면서 정상적으로 살았더라면 재상까지도 무난하게 올라갈 수 있었을 것이다. 그러나 그는 시대의 조류에 휩쓸리지 않고 새로운 꿈을 꾸었다. '이단'이라고 평가받던 불교와 도교를 비롯한 학문 공부를 게을리하지 않았고, 당시의 윤리에 어긋나는 행동으로 여러 번 파직되었다. 허균은 하층민과도 차별을 두지 않고 어울리며, 모두 더불어 사는 시대를 만들고자 했다.

그러나 '모난 돌이 정 맞는다'는 옛말처럼 허균은 세상 사람들로부터 수많은 모함과 비난을 들어야 했다. 사대부들의 비난을 사게 되었던 허균의 글 한 편을 보자. "남녀 사이의 정욕은 본능이고 예법에 따라 행동하는 것은 성인聖人이다. 나는 본능에 쫓기고 감히 따를지언정 성인을 따르지 않겠다." 조선 역사상 이처럼 솔직하게 말한 사람이 또 있었던가? 그는 가식 없이 솔직했고, 시대를 앞서간 사상 때문에 시대와의 불화를 빚을 수밖에 없었다. 결국 자신의 큰 포부를 제대로 펼치기 위해 어설프게 역모를 꾀했으며, 그 결과 비참한 최후를 맞았다. "할 말이 있다. 할 말이 있어!"라고 소리쳤지만 제대로 된 변명 한마디 못한 채 비참하게 죽고 만 것이다. 그 뒤 허균이 살았던 집은 헐리고 그 터는 연못으로 변했으며, 그의 대는 끊어지고 말았다.

허균의 글은 많은 부분이 유실되었지만 일부가 현전하는데, 그것은 허균의 기지와 그의 외손자 덕택이었다. 허균이 구금되기 전에 《성소부부고》와 문집에 실리지 않은 원고를 외손자인 이필진(이준경의 손자)의 집으로 미리 보냈기 때문에 오늘날 허균의 유려한 문장과 사상을 접할 수 있는 것이다.

허균의 《홍길동전》이나 〈호민론〉 같은 사상은 그 뒤 정약용에게로 이어지면서 여러 형태로 파급되었다. 18세기 초에 일어난 수많은 민란도 그 영향을 받았다고 할 수 있고, 서북 지역에 대한 차별정책 때문에 일어난 홍경래의 난, '사람이 한울님을 모신다'는 시천주侍天主 사상과 '사람이 곧 한울'이라는 인내천人乃天 사상을 기치로 내걸고 동학東學을 창시한 최제우, 19세기 초반 증산교를 창시하고 "선천시대는 양陽의 시대지만 후천시대는 음陰의 시대"라며 여성의 시대가 올 것을 예언한 종교사상가 강일순도 모두 허균의 영향을 받았다고 할 수 있다.

역사는 항상 승자의 기록이었고, 승자에 의해 역사의 뒤안길에 묻혀버린 패자는 세상의 모든 허물을 뒤집어쓴 채 구천을 떠돌고 있다. 허균 역시 시대를 앞서간 사상과 차별 없는 세상을 만들기 위해 혁명을 꿈꾸다 역사의 뒤안길로 사라졌다. 그가 세상을 떠난 지 어느 새 400여 년이 지났지만 그의 문장과 사상은 오늘날에도 면면히 이어지고 있다. 하지만 여전히 허균에 대한 평가는 여러 갈래다. 현재를 살아가는 사람들에게 허균이 묻는다. "지금, 행복하십니까?" 이 말에 자신 있게 '행복하다'고 말할 수 있는 사람은 얼마나 될까? 의기소침해진 채 세상이 너무 답답하고 쓸쓸하다고 느낄 때 허균이 그런 나를 깨운다. "아직 이 세상에는 크고 작은 할 일이 있네. 어서 일어나 전체를 걸고 살아보게"라고.

2020년 10월
온전한 땅 전주에서
신정일

차례

3부

허균, 세상과 대립하다

4부

혁명이 시작되다

제 1 부

명문가 집안에서 태어나다

허균이 살고자 했던 곳, 우동리

누구나 그런 곳이 있을 것이다. 마음을 붙이고 살만한 곳, 택리지 擇里志 , 풀어 말한다면 '살 곳을 가려 정한다' 는 뜻을 지닌 사람이 살고 싶은 곳, 나 역시 그런 곳이 더러 있고, 부안의 우반동도 그중에 한 곳이다.

전라북도 부안군 보안면 우동리 서당골 야트막한 산중턱에 집 한 채가 있다. 조선 후기 실학자인 반계 유형원이 《반계수록》을 지은 곳이라는 반계서당이다. 줄포만을 건너서 선운산과 소요산이 한눈에 바라보이는 곳에 자리한 이곳은 본래 부안군 임하면 지역이다. 우반동愚磻洞의 동쪽이 되므로 우동 또는 동편이라고 했다. 실학을 공부하는 사람이나 역사의 자취를 찾는 사람이 어쩌다 가뭄에 콩 나듯 찾는 우반동에서 조금 더 들어간 마을이 우동리다. 이곳에 터를 잡고 살고자 했던 사람이 바로 비운의 혁명가인 교산蛟山 허균許筠이다. 공주목사에서 파면된 뒤 허균은 이곳에 와서 집을 지으며 글 한 편을 남겼다.

나는 부안의 봉산을 몹시 기꺼워하여 그 산기슭에 오두막이나 짓고 살려고 했다. 사람들이 하는 말이, 산 가운데 골짜기가 있어 우반이라 하는데, 거기가 가장 살 만하다 하였으나, 역시 가서 보지는 못하고 한갓 심신心身만 그리로 향할 뿐이었다.

무신년(선조 41, 1608) 가을에 관직(공주목사)에서 해임되자, 가족을 다 데리고 부안으로 가서 이른바 우반이란 곳으로 나아갔다. 경치 좋은 언덕을 선택하여 나무를 베어 몇 칸의 집을 짓고 평생을 마칠 계획을 세웠더니, 일이 미처 마무리되기도 전에 당시의 여론이 나를 조정에 용납하지 않을 뿐 아니라 시골에 사는 것도 허용하지 않으려 하여 무리가 모여 함께 헐뜯어댔다. (……) "태평세상을 만났는데도 도원桃源의 뜻을 품었으니 너무도 옳지 않다" 하여 마침내 나를 끌어다가 북쪽으로 가게 했다. 그 승지勝地를 돌아다보면 마치 천상에 격해 있는 것 같으니, 아아, 명이란 어찌하랴.

– 《성소부부고惺所覆瓿藁》 제7권 〈산월헌기山月軒記〉

허균이 집을 짓고 살고자 했던 곳은 현재 국립공원으로 지정되어 있는 변산 남쪽에 위치한 곳이다. 그가 집을 지은 뒤 살고자 했던 곳에 구인기라는 사람이 먼저 집을 짓고서 허균에게 기記를 부탁했다. 그때 허균은 마음속으로 부러움을 금치 못하며 이런 생각을 했다. '구군은 부모가 계시고, 관직이 비록 음직이라고는 하지만 뜻을 얻지 못한 것이 아닌데, 어째서 까닭 없이 이를 던져버리고 상자평尙子平(후한後漢 때의 은자隱者. 벼슬하지 않고 오악五嶽을 두루 유람했다 함)처럼 유람을 떠나는가? 이는 잠시 몇 년간 머무르면서 흉년에 약식을 얻으려는 데 불과하니, 그 어찌 오래도록 그럴

수 있겠나?'

허균은 어느 날 구인기에게 물었다.

"자네가 비록 봉산에다 집을 지었다지만, 어찌 오래도록 지낼 사람이겠소?"

그러자 구인기는 다음과 같이 답했다.

"아니오. 부안이 서울과의 거리가 닷새쯤이고, 길도 또한 평탄하여 왕래하며 부모님을 뵙기에 그다지 어렵지 않으며, 땅이 또한 바다와 가까워서 어렵과 제염의 이득이 있어 입에 풀칠을 할 만하오. 그대가 보기에도 서울의 인정과 풍속이 함께 살 만하던가요? 나는 이 때문에 결단코 떠나서 멀리 숨어 이를 피할 따름이오. 더욱이 관직의 녹을 받은 것은 원래 부모를 기쁘게 하기 위해서였는데, 부모님께서 내가 서울에서 관직 생활하는 것을 바라지 않으시니, 내가 감히 일신의 영화를 위해 이해利害의 길을 좇아 부모님께 근심을 끼칠 수 있겠소?"

구인기 역시 당시의 세상과 서울 생활에 환멸을 느껴 우반동 일대에 터를 잡고 한가한 생활을 하고자 한 것이었다. 그날 구인기가 허균에게 설명한 글을 보면 그 일대가 마치 손에 잡힐 듯이 들여다보인다.

> 그 거처에 몇 칸의 집을 지었는데, 지형은 탁 트여 밝고 깊숙하였으며, 서쪽으로는 봉산이 바라보이는데, 아침 구름과 저녁 안개가 삼킬락 말락 밝을락 말락 하며 책상머리에서 교태를 부리고, 남으로는 두승斗升, 소요逍遙 등 여러 산이 눈 아래에서 빙 둘러 떠받치고 있으며, 큰 바다가 그 남쪽을 지나는데 파도가 거세게 일어 하늘까지 닿을 지경이고, 밀물이 포구

에 들면 마치 영서靈胥(물의 신)가 흰 수레에 백마를 몰고 오는 것 같지요. 나는 그 가운데 종일토록 기대어 누웠다가 매번 달이 떠오르는 것을 기다려 숲 속을 산책하면서 그림자를 끌고 배회하는데, 서늘하여 마치 얼음 항아리나 은궐銀闕(신선이 사는 곳)에 들어간 듯하여 몸과 마음이 모두 상쾌하지요. 그러므로 나는 이를 몹시 즐거워하여 그 집에 편액을 산월山月이라고 달았소.

'산월헌山月軒'이라는 편액을 단 그 집을 돌아보고서 허균은 다음과 같이 그의 글에 답했다.

봉산은 내가 거처하고 싶었던 곳인데, 그대가 먼저 살게 되었으니 그곳을 몹시 즐거워하는 것이 나와 다를 바가 없을 것인즉, 내가 어찌 그 글 못함을 사양하겠소. 더구나 바라보니 경치가 아름답고 풍연이 곱다는 것은 내가 비록 그대의 집에 오르지 않더라도 이미 십중팔구는 대략 알고 있소. 은사恩赦가 내린 후에 응당 곧바로 옛 골짜기로 향해 가서 그대와 함께 화산의 반쪽을 나누어 갖고 나의 목숨을 바칠 것인즉, 그대의 집은 곧 나의 집이니 어찌 감히 즐거운 말을 만들어 집을 호사시키지 않을 리가 있겠소.

허균이 그의 소원대로 이곳에 터를 잡고 집을 지은 뒤 벼슬길에 나가지 않고 글만 쓰고 살았더라면 어땠을까? 어쩌면 풍류객이었던 허균은 물산이 풍부하고 인심이 좋은 부안에서 풍류를 즐기며 한세상을 뜬구름처럼 살았을지도 모른다. 아니면 정약용이 유배지 강진의 다산초당에서 지은 것보다 더 많은 저작을 남겨 큰 자산을 남겼을지도 모른다.

공명은 우리의 것이 아닌 것
책이나 벗하며 살리
(……)
지친 새는 어느 때 모여들려나
외로운 구름 또한 돌아오지를 않네
뜬 이름에 흰 머리가 살수록 늘어나니
돌아가 푸른 산 밑에서나 살아볼까
(……)

허균은 그가 지은 〈유회有懷〉라는 시처럼 살다가 가고자 했다. 하지만 사람의 운명이란 그 누구라도 한 치 앞을 내다보지 못하는 것인지라, 그는 그가 그렇게 떠나고자 했던 서울로 되돌아가게 되었다. 그러고는 "하나의 경험, 하나의 운명을 산다는 것은 전적으로 그것을 받아들인다는 것이다"라고 말한 프랑스의 작가 알베르 카뮈의 말처럼 허균은 운명의 흐름에 따라 파란만장한 사건들이 놓여 있는 벼슬길로 다시 나아가게 되었다.

전쟁과 당쟁의 시대

선조 4년(1571) 당시 영의정이던 이준경이 죽기 전 선조에게 다음과 같은 유차를 올렸다. "지금 벼슬아치들이 이런저런 명목으로 붕당을 만들고 있습니다. 이는 대단히 큰 문제로, 나중에 반드시 고치기 어려운 나라의 환란이 될 것입니다." 당시 선조는 도학과 재주로 산림의 영수 노릇을 하던 율곡 이이를 매우 아꼈다. 이를 염려한 이준경은 율곡의 무리를 지목해서 이런 말을 한 것이다. 이 소식을 접한 율곡은 소를 올려 변명했다. "조정이 맑고 밝은데 어찌 붕당이 있겠습니까? 이는 임금과 신하를 갈라놓으려 하는 것이옵니다. 사람이 죽음에 임해서는 말이 착한 법인데, 이준경은 죽음에 이르러 그 말이 악하옵니다." 율곡이 자기 자신을 변호하면서 이준경을 비판하자, 삼사三司(사헌부, 사간원, 홍문관)에서는 율곡의 편을 들어 이준경을 탄핵하자고 했다. 그때 유성룡이 반대하고 나섰다. "대신이 죽음에 임하여 올린 말에 옳지 못한 것이 있으면 그 말을 물리치는 것은 가능하지만 죄까지 주는 것은 너무 심하지 않은가?" 좌의정 홍섬도 삼사의 입장에 반론을 표했다. "이준경이 살아생전에 공덕이 많았는데, 죽음에 이르러 올린 유차를 빌미로 죽은 후 죄를 주는 것은 옳지 못합니다."

결국 이준경의 예언은 들어맞아 그가 죽은 뒤 4년 만에 조정 대신들은 동인과 서인으로 나뉘게 되었다. 이를 두고 '을해당론乙亥黨論'이라고 한다. 율곡은 이준경을 비판했던 자신을 부끄러이 여겨 동서분쟁을 조정하기 위해 온힘을 쏟았다. 그러나 계속된 중재 노력에도 오히려 동인의 공격을 받아 율곡은 자기도 모르게 서인으로 몰리게 되었다. 결국 계미년과 갑신년 사이에 동서의 이름이 나누어졌다. 당시 김효원의 집이 동부의 건천동에 있었으므로 동인이라 하였고, 심의겸의 집이 서쪽에 있었으므로 서인이라 했다. 그때 동인은 김효원 · 유성룡 · 김우옹 · 이산해 · 정지연 · 정유길 · 허봉 · 이발 등을 추대했고, 서인은 심의겸 · 박순 · 정철 · 윤두수 · 윤근수 · 구사맹 등을 추대했는데, 이것이 조선시대 붕당의 시작이었다.

동서붕당이 격렬해지면서 조선 역사상 가장 큰 역모사건인 기축옥사己丑獄死가 일어났다. 여러 가지 기록을 종합해 보면 정여립 사건으로 불리는 기축옥사로 인하여 조선의 지식인 1000여 명이 죽임을 당했다. 기축옥사가 한창이던 1591년에 동인이 남인과 북인으로 갈라졌고, 다음 해인 1592년 봄에 임진왜란이 일어났다. 4월 13일 오후 5시, 일본은 20만 병력을 아홉 부대로 나누어 조선 침략에 나섰다. 《명사明史》 〈조선전朝鮮傳〉에는 그 당시의 상황을 다음과 같이 실었다.

> 당시 조선은 태평시대가 오래 계속되어 군대는 전쟁을 익히지 않은 데다가 연(선조)마저 유흥에 빠져 방비를 게을리했다. 이 때문에 섬나라 오랑캐들이 갑자기 쳐들어와 난을 일으키자 적을 보기만 해도 놀라 흩어져 버렸다.

말 그대로 파죽지세로 치닫는 일본군의 무서운 기세 앞에 조선 정부는 속수무책이었다. 고민 끝에 선조는 서울을 버리고 피난을 떠나기로 했다. 임금을 호종하는 신하는 도승지 이항복을 비롯한 몇몇뿐이었다. 앞장서서 길을 인도해야 할 파주목사와 장단부사는 도망가고 없었고, 경기감사를 앞세우려 했지만 그도 누운 채 묵묵부답이었으며, 호위하는 군사조차 미미했다. 선조는 임진강 방어선이 붕괴됐다는 소식을 듣고 다음과 같이 말했다. "지금 백방으로 생각해 봐도 내가 가는 곳은 적도 갈 수 있으므로 본국에는 발붙일 곳이 없다. 명나라가 허락하지 않더라도 나는 비빈들을 데리고 압록강을 건널 것이니 경들은 세자와 함께 함경도로 가서 명의 원군을 기다리라."

임금이 서울을 버리고 도망갔다는 소식이 전해지자 분노에 찬 민중은 절대 권력의 상징이었던 대궐로 몰려가 불을 질렀다. 노비들은 노비 관련 문서를 보관하던 정예원에 불을 질러 이때 조선의 중요한 서류가 불에 타 없어졌다. 또한 나라가 풍전등화인데 전국적으로 근왕병을 모집하였으니 단 한 사람도 응모하지 않는 것이 당연했다.

개성을 지나 봉산을 이르는 길에선 임금도 밥을 못 먹을 지경이었다. 그것을 지켜본 대사헌 이헌국이 "정승도 승지도 다 개새끼다. 어떻게 임금께 수라조차 못 올리느냐" 하며 화를 냈다. 그 말을 들은 백성들은 웃어버렸다. 그 말의 뜻은 결국 그 자신 또한 개새끼라는 것이니 말이다. 백성들로선 얼마나 서글픈 웃음이었겠는가. 이처럼 16세기 후반의 조선은 이미 정상적인 국가로서의 기능이 마비되어 있었다.

임진왜란이 끝나갈 무렵인 1597년 일본이 두 번째로 쳐들어왔다. 임진년과 정유년에 일어난 7년 전쟁(정유재란)으로 나라는 쑥대밭이 되었다. 전쟁 중의 피해는 그렇다고 치고 그들이 물러가면서 끼친 피해도 이루 다 말할 수가 없었다. 당시 상황이 어땠는지 이수광은 《지봉유설芝峯類說》에 다음과 같이 기록했다.

사람들이 서로 잡아먹어서 여자와 어린아이는 마음대로 바깥출입을 못할 형편이었다. 굶어 죽은 시체가 쌓이면 사람들이 다투어 그 시체의 살을 떼어 먹었으며, 시체의 골까지 빠개어 그 진물을 빨아 먹은 뒤, 바로 그 자리에 엎어져 죽었다.

또 쌓인 시체가 들판에 가득했으나 거두어 장사지내는 사람이 없었으며, 아비가 자식을 팔고 남편이 아내를 팔아먹었다. 계사년(1593) 봄에 사람들이 서로 잡아먹고 시체를 쪼개 먹었다. 우리나라에 여러 차례 변란의 재앙이 있었으나 오늘날처럼 참혹한 적은 없었다.

양난이 가라앉자 수면 아래 가라앉았던 당쟁이 다시 고개를 들었다. 이후 조선은 당쟁으로 바람 잘 날이 없었다.

남인의 우두머리인 유성룡이 북인인 남이공, 정인홍 등에게 탄핵되어 영의정에서 물러난 뒤에 북인들이 정권을 잡았다. 정권을 잡은 북인은 또다시 자잘한 논란을 벌여 이산해를 우두머리로 하여 이이첨 · 정인홍 · 기자헌이 큰집 북쪽 패거리란 뜻의 대북이 되고, 유영경 · 남이공 · 유희분 등이 작은 북쪽 패거리란 뜻의 소북으로 갈라져 당쟁은 더 치열하게 되기 시작했다.

여기에 또 새끼를 쳐 대북파 중에 이산해를 중심으로 한 파가 살점을 차지한 북쪽 패거리란 뜻의 육북이 되고, 홍여순을 중심으로 한 파가 뼈다귀를 차지한 북쪽 패거리란 뜻의 골북이 되고, 유몽인 등은 흐리멍덩한 북쪽 패거리란 뜻의 중북이 되었다. 소북파도 남이공을 중심으로 한 파가 맑은 작은 북쪽 패거리란 뜻의 청소북이 되고, 유영경을 중심으로 한 파가 흐린 북쪽 패거리란 뜻의 탁소북이 되었다.

역사학자 이이화가 갈파한 것처럼 당시 조선은 당쟁으로 정신이 없었다. 1608년 선조가 죽고 광해군이 왕위에 올라 국가 재건에 나섰다. 그러나 여러 가지 일이 국가 재건에만 힘을 기울이도록 허락하지 않았다. 곧바로 영창대군을 세자로 책봉하고자 했을 때 극력 저지했던 사람이 기자헌이었다. 기자헌은 명망가의 후손으로 선조의 조카사위가 되었다. 그는 사람됨이 깊고 침착하며 지모가 있었다. 과거에 급제한 뒤 빠른 속도로 출세 길을 달렸으므로 젊은 시절에 주요 관직을 두루 거쳤다. 그는 원래 서인에 가까웠지만 정여립 사건 당시 최영경이 죽자 정철을 탄핵하여 서인과 멀어졌다.

광해군이 왕위에 오를 때 북인은 광해군을 지지한 대북파와 영창대군을 지지한 소북파로 나뉘었다. 광해군이 왕위에 오른 뒤 결국 유영경이 사사되고, 그 뒤로 수많은 옥사가 이어졌다. 김직재金直哉의 옥獄과 임해군의 옥사 그리고 칠서의 난 주모자들과 김제남이 희생된 계축옥사로 나라는 평안할 날이 없었다. 그 무렵 군사 지원을 요청하기 위해 명나라에서 온 조씨라는 도사가 서울에 와 실정을 보고 쓴 시 한 편이 남아 있다.

맑고 향기 나는 맛있는 술은 천 사람의 피요
가늘게 썬 진지한 안주는 만백성의 기름일세
촛농 방울 떨어질 때 백성 눈물 떨어지고
노랫소리 높은 곳에 원망 소리 높구나

또한 당시에는 나라가 어지러운 틈을 타 매관매직이 횡행했다. 임금이 관직을 임명할 때 은이 많고 적은 것을 보아서 벼슬 계급을 올리고 내렸다. 인경궁, 자수궁, 경덕궁을 지을 때 주변의 인가를 모두 헐고 원장垣墻을 넓히며 산에 나무를 모두 베어서 큰 떼배가 강가에 연달았고, 인부를 증발하여 중이 성안에 가득 찼다. 그때 집터, 들, 은, 나무 등을 바치고 혹은 내를 막아 물을 가두고 혹은 숯을 태워 쇠를 다룬 자도 모두 옥관자의 반열에 올랐다. 사람들은 그들을 '오행당상五行堂上(물, 불, 쇠, 나무, 흙 다섯 가지로 얻은 당상관이라는 뜻)'이라고 불렀다. 이충은 잡채를 사사로이 바쳐서 호조판서에 올랐고, 한효순은 산삼을 바쳐서 정승에 올랐다. 어떤 사람이 이런 시를 지었다.

> 산삼정승을 사람들이 다투어 사모하고
> 잡채판서의 세력은 당할 사람이 없구나
>
> – 저자 미상, 《일사기문逸史記聞》

그뿐만이 아니었다. 1600년대 초부터 나라 곳곳에 도둑이나 화적 떼가 극성이라서 서울 장안까지 두려움에 떨었다. 특히 바다에서 활동하는 해적은 관가와 민가에 출몰하거나 바다를 운항하는 배를 통째로 빼앗기도 했다.

> 자기의 본업에 힘쓰며 살려는 사람보다는 옳지 못한 수단으로 살고자 하는 사람들이 많아졌다. 양식 있는 사람들은 모두 이렇게 변한 세상을 한심스럽게 여겼다. 여기저기서 도둑이 많이 출몰하고 있는데, 이 폐단을 미리

생각하여 막을 수조차 없다. 도둑들은 저잣거리에 자주 나타나서 오늘은 이곳, 내일은 저곳 그리고 그다음 날은 다른 곳에 나타나 사람들을 괴롭혔다. 그러므로 한 달 동안 도둑들이 나타나지 않는 날이 아예 없다.

–《선조실록》 선조 40년

광해군이 집권했던 15년 동안은 국내적으로는 크고 작은 역모사건이 수도 없이 일어났고, 국외적으로는 명나라가 쇠퇴의 길을 걷고 청나라가 일어나던 시기였다. 허균이 태어나 활동하던 시기가 바로 이런 때였다. 허균은 관직 생활 20여 년 동안 여섯 번의 파직과 유배로 인해 끊임없는 절망과 좌절을 겪어야 했다. 그러나 그는 결코 체념하지 않았고 오히려 온몸으로 부딪혀 새로운 역사를 써나갔다.

허균의 고향 강릉시 사천면 '애일당'

허균의 고향은 강원도 강릉시 사천면 사천리의 교산 아래 애일당이다. 강릉은 산수경치가 천하제일이라고 손꼽힌 곳으로, 예로부터 두각을 나타난 인물이 많이 태어났다. 허균은 그가 지은 《학산초담鶴山樵談》에 강릉 지역에서 태어난 인물을 다음과 같이 실었다.

강릉부는 옛 명주 땅인데, 산수가 아름답기가 조선에서 제일이다. 산천이 정기를 모아 가지고 있어 이인異人이 가끔 나온다. 국초의 함동원의 사업이 역사에 실려 있고, 참판 최치운 부자와 문장과 절개가 또한 동원만 못지않다. 매월당 김시습은 천고에 동떨어지게 뛰어났으니, 온 천하에 찾아보더라도 참으로 찾아볼 수 없으며, 원정의 최수성 또한 뛰어난 행실로 일컬어지고, 중종조의 어촌 심언광과 최간재의 문장이 세상에 유명하다. 요즘 이율곡 또한 여느 사람과는 다르다. 우리 중씨仲氏(둘째 형 허봉을 칭함)와 난설헌 또한 강릉의 정기를 받았다고 할 수 있다. 현재는 최운보 이후에 등과한 사람이 없어, 이인이나 문인을 만나기가 쉽지 않다. 그런데도 과거를 한 선비는 볼 수 없으니, 또한 극히 성했다가는 쇠해지는 것이 만물의 이치인가 보다.

그가 평한 글 속에 스스로를 넣을 수는 없었을 것이다. 하지만 강릉 출신 인물 가운데 허균과 허난설헌이 차지하는 비중은 크다고 할 수 있다. 만약 다른 사람이 강릉의 인물을 평했다면 어찌 양천허씨의 인물 중에 허균과 허난설헌을 그냥 지나칠 수 있었겠는가.

강릉시 사천면 사천진리沙川津里에 위치한 애일당이라는 터에 자리를 잡고 살았던 사람이 중종 때 예조참의를 지낸 허균의 외조부 김광철이다. 그는 부모를 위하여 벼슬을 내놓고 내려와 이곳에 거처(애일당)를 마련했다. 이 마을의 뒷산 이름은 교산蛟山이다. 오대산에서부터 뻗어 내려온 산자락이 용이 되지 못한 이무기, 즉 교룡蛟龍이 기어가듯 꾸불꾸불한 모양을 이루었다 해서 붙여진 이름이다. 교룡은 용과 비슷한 상상의 동물이지만, 한편 때를 못 만나 뜻을 이루지 못한 비운의 영웅호걸에 비유되기도 한다. 그런 의미로 본다면 허균은 태어날 때 이미 교룡의 운명을 지녔다고도 볼 수 있고, 시대를 앞서 태어난 풍운아의 운명을 가졌다고도 할 수 있다. 그 교산 아래로 허균의 외가이자 생가인 '애일당愛日堂'이 있었다. 지금은 민가 몇 채가 남아 있을 뿐 애일당의 흔적은 찾아볼 수가 없다.

고향을 지극히도 사랑했던 허균은 자신의 호를 교산이라 지었는데, 그가 지은 〈애일당기愛日堂記〉를 보면 고향 애일당 부근의 풍경이 마치 손에 잡힐 듯이 그려져 있다.

> 강릉부에서 북쪽으로 30리 되는 곳에 사촌沙村(사천의 옛 지명)이 있는데, 동쪽으로는 대해에 임했으며 북쪽으로는 오대산 · 청학산 · 보현산 등 여러 산이 바라보이는 곳이었다. 큰 내 한 줄기가 백병산에서 나와 마을 가운데로 흐르고 있었다. 이 내를 빙 둘러 거주하는 이가 상하 수십 리에 거의 수백 집이나 되며, 모두 양쪽 언덕에 의지하여 내에 면해서 문을 내었다.
>
> 내의 동쪽 산은 북대로부터 내려와 꾸불꾸불 연속된 것이 용처럼 생겼는데, 바닷가에서 홀연히 솟구쳐 사화산의 수자리가 되었다. 수자리 아래에는 옛날의 큰 바위가 있었는데, 내가 무너질 때 늙은 교룡이 그 밑바닥에 엎디어 있었다. 그 교룡이 가정 신유년(연산군 7, 1501) 가을에 그 바위를 깨뜨리고 떠나는 바람에 두 동강이 나서 구멍 뚫린 것이 문과 같이 되었으므로 후세 사람들이 교문암蛟門岩이라 호칭했다. (……)

나의 외조부 참판공께서는 바다에 가장 가까운 땅을 택해 당堂을 지었다. 새벽에 일어나 창을 젖히면 해돋이를 볼 수 있는데, 공은 마침 모친을 모시고서 희구하는 처지에 있었으므로 애일로 이름을 삼았으며, 황문 오희맹이 큰 액자를 썼고 태사 공용경이 시를 지어 읊었더니, 일시에 여러 명인이 잇달아 화답하지 않는 이가 없었다. 당은 이로 말미암아 강릉에서 이름을 떨치게 되었다.

임진년 가을에 나는 어머니를 모시고 왜적을 피해 북쪽으로부터 배를 타고 교산에 닿아, 당을 청소한 뒤 거기에 거주했다. 대개 외조부께서 세상을 떠나신 해로부터 지금 33년이 된 것이다. 뜰에는 풀도 베지 않아 덩굴이 묵어 엉키고 잡목이 무성하며, 담은 무너지고 집은 장차 내려앉으려 했으며, 지붕은 금이 가고 벽은 벗겨져 있었다. 시를 쓴 현판은 반도 남아 있지 않았으며, 비가 새어 들보와 서까래를 더럽혔으므로 혹은 썩은 것이 있었고, 창문과 지게문도 썩어 문드러진 것이 있었다. 어머님께서는 이것 때문에 통곡하고 우셨다. 나는 빨리 종들을 독촉하여 더러워진 것은 쓸어 내고 덩굴은 걷어 내어 깨끗이 청소하고 거처했다. (……)

나는 비록 불민하나 마침 노모를 모시고 이 당을 이어 지키게 되었으니, 그 애일의 생각이 어찌 선조에서 끊어지게 하겠는가? 오로지 마음을 다하고 힘을 쏟아, 노력하며 정성스레 보전함으로써 어머님의 뜻을 편안케 하고 선조의 터전을 개수하여 한가히 노닐고 편안히 처하여 일생을 마친다면, 그래도 외조부를 구원에서 모시게 될 것이 아니겠는가? 드디어 기록하여 뒷사람들에게 보이고자 한다.

허균은 1569년(선조 2) 11월 3일, 경상감사를 지낸 허엽과 예조판서를 역임한 김광철의 딸 강릉김씨 사이에서 3남 2녀 중 막내로 태어났다. 허균의 자는 단보端甫, 호는 교산, 학산鶴山, 성소惺所, 백월거사白月居士이며,

본관은 양천陽川이다. 허균의 가문은 대대로 문벌과 학문으로 이름이 높았다. 그의 아버지 허엽과 두 형인 허성, 허봉은 당시 뛰어난 수재로 동인의 중진이었다. 또한 그들은 성리학과 문장에도 뛰어났고 조정의 요직이나 외교관으로서 많은 활약을 했기 때문에 세상 사람들이 부러워했다.

허균의 집안사람들

허균의 아버지 허엽許曄(1517~1580)의 본관은 양천이고, 자는 태휘太輝, 호는 초당草堂이다. 서경덕의 제자로 주기파主氣派에 속하는 학자였다. 그의 집안은 고려시대부터 문학으로 이름났다. 글공부를 좋아한 그는 여러 스승을 찾아다니며 공부했는데, 자신이 글공부를 하던 이야기를 아들들에게 즐겨 들려주었다. 유가적 학문을 나식에게 배운 허엽은 노수신, 박순과 함께 서경덕의 제자가 되었다. 허엽은 1546년(명종 1) 식년문과의 갑과에서 급제해 조정에 나아갔으며, 1575년 당쟁이 시작될 때 김효원과 함께 동인의 영수가 되어 당시 정계의 중심인물로 활동했다.

양천허씨의 인맥은 뛰어난 학문이나 문재 또는 벼슬의 명망보다도 그들이 품었던 사상의 참신함과 그러한 사상을 행동으로 실천했던 데서 후세의 높은 평가를 받는다. 허엽은 벼슬을 30여 년간이나 했으면서도 청빈하기로 이름이 높았고, 당시 신성불가침의 영역으로 여겼던 율곡과 퇴계의 학문에 대담하게 도전하는 용기 있는 학자였다. 퇴계 이황은 허엽과 여러 차례 담론을 펼쳤다. 그러고는 “허엽과 견해는 다르지만, 그는 선인

善人이다"라고 평했다. 그러나 '차라리 학식이 없었더라면 더 착한 사람이 되었을 것'이라고 아쉬워했다.

허엽은 《율곡집栗谷集》의 이론에 모순이 많으며 율곡은 문의文義에 어두웠다고 평했다. 그는 선민학문選民學問보다 대중 교화가 학문의 정통이라 주장하면서 방 안에 들어앉아 이기理氣 싸움만 벌이는 기성학자들을 싸잡아 비난했다. 율곡과의 그다지 유쾌하지 않은 인연은 그 이전으로 거슬러 올라간다.

선조 임금이 노수신에게 다음과 같이 일렀다.

"경이 현사賢士를 천거하시오."

그러자 노수신은 다음과 같이 답했다.

"신이 사람 알아보는 식견이 없으니 어찌 감히 경솔하게 천거하겠습니까? 다만 신이 본 바로는 이이와 허엽이 쓸 만한 사람인가 합니다."

이 말을 들은 임금은 다음과 같이 답했다.

"이이는 내가 가히 대용大用할 사람으로 알고, 다만 언론이 과격하니 이것은 나이가 적은 까닭으로 그러한 것이 아닌가 보며, 허엽은 가장 오활한 사람이니 가용可用할 사람이겠느냐."

임금의 뜻이 이이를 쓰고자 함이었다.

이이가 쓴 《석담일기石潭日記》에 실린 글이다. 그래서 그런지 《율곡집》에 실린 허엽에 대한 평가도 그리 좋지 못하다.

엽은 젊어서부터 학문으로 자처하였으나 의논에 착오가 많을 뿐더러 글 뜻도 잘 통달하지 못했다. 일찍이 이황과 더불어 학문을 토로하였는데, 소견이 틀린 데가 있어 이황이 웃으며 말하기를 "태휘가 만일 학문을 하지 않았더라면 참 착한 사람이 되었을 것이다"라고 하였으니, 엽의 학식이 착오된 것을 기롱한 말이었다. 평시에 남과 더불어 쟁론할 때에도 언사와 기색이 화평을 잃지 아니하여 사람들이 모두 그 수양 있음을 칭찬하였는데, 말년에 이르러 희로喜怒가 폭발하는 때가 있으므로 사람들이 괴상하게 여겼다.

여색을 가까이하지 않는다고 자칭하였으나, 영남에 있을 때 기생에게 빠져서 기생이 말하는 바를 모두 좇으니, 각 고을의 뇌물이 기생의 집으로 몰렸으며, 심지어는 길에서 기생과 교자(轎)에 같이 타고 다녀 모두 손가락질하고 웃었다. 색色으로 인하여 병을 얻어 상경 도중 상주에서 죽었다.

그러나 같은 시대를 살았던 이조민이 지은 《괘일록掛一錄》에 실린 허엽에 대한 평가는 이이의 말과 다르다.

엽이 대사간으로 있을 때 이홍남의 아들 민각이 그의 아버지를 봉양하고자 편리한 고을의 수령 자리를 구하니, 엽이 반박하기를 "그 아버지가 어떤 사람이기에 감히 양친養親한다고 고을을 구한단 말이냐?" 하니 모든 사람이 잘한 일이라고 했다. 엽은 어진 사람을 존경하고 선비와 사귀는 것이 지성에서 우러나오므로 학자들이 초당선생이라고 했다.

허엽은《경민편警民編》,《삼강이륜행실三綱二倫行實》같은 대중을 위한 교화 서적을 발간하여 학문의 대중화를 시도했다. 그는 당시로는 대담한 반체제적인 학자였다. 경전의 훈계를 매우 좋아했고, 나이 들어서도 그 마음가짐을 단아端雅하게 하였으므로 세상 사람들은 그를 일컬어 '어진 사람'이라고 했다. 허엽은 그 뒤 부제학을 거쳐 경상도관찰사가 되었다. 그곳에서 병이 들자 사퇴하고 서울로 돌아오던 중 1580년 2월 4일 상주의 한 객관에서 죽었다. 그의 나이 64세였다. 허엽이 죽은 뒤 사관은 허엽을 다음과 같이 평했다.

동지중추부사 허엽이 졸했다. 허엽의 자는 태휘, 호는 초당이다. 젊어서 화담 서경덕을 따라 배웠고 노수신과 벗하였으므로 사류로 이름이 드러나게 되었다. 가정嘉靖 병오년 문과에 등제하여 즉시 간원에 들어갔다. 그는 일시의 원칙 없는 논의에 대해 비록 의사를 달리하지는 못하였으나 마음속으로 선류를 보호하려고 하여 일에 따라 구제한 점에 있어서는 칭찬할 만한 것이 있었다. 금상의 조정에서 간장諫長, 관장館長에 오래 있으면서 직언을 잘하였지만 일의 실정에는 절실하지 못했으므로 상이 그리 중하게 여기지 않았다. 관직을 올려 경상감사를 삼았다가 즉시 판서의 천망薦望에 의주擬注하여 장차 크게 등용하려 했다. 그런데 허엽은 말년에 매우 창기娼妓를 가까이하였고, 조약燥藥을 복용하다가 병을 얻은 뒤로는 성질이 편벽되고 조급해져서 형벌을 제대로 적용하지 못하는 것이 많게 되자 선비와 백성들이 괴이하게 여겼다. 결국 병으로 인하여 해직되어 오다가 상주의 객관에서 졸했다.

허엽이 이황과 더불어 학문을 논의할 적에 고집스럽고 구차한 논란을 많이 하자, 이황이 말하기를 "태휘가 학문을 하지 않았더라면 참으로 선인이었을 것이다"라고 했다. 그러나 경훈經訓을 독실하게 좋아하여 늙도록 게을리하지 않았으므로 세상에서 이 점에 대해 훌륭하게 여겼다. 동 · 서의 당이 갈라진 뒤로 허엽은 동인의 종주宗主가 되어 의논이 가장 엄격했다. 박순과는 동문수학한 친한 벗이었는데 만년에는 색목이 달랐기 때문에(허엽은 김효원에게 추대되어 동인의 영수가 되었고, 박순은 서인의 영수가 되었음) 공박하는 일에 서슴지 않았으며, 사람들이 묘지卯地라고 일컬었는데, 묘卯는 정동正東이 되기 때문이었다. 세 아들인 성筬 · 봉篈 · 균筠과 사위인 우성전 · 김성립은 모두 문사로 조정에 올라 논의하여 서로의 수준을 높였기 때문에 세상에서 일컫기를 "허씨가 당파의 가문 중에 가장 치성하다"라고 했다. (작은 글씨로) 허균이 패역悖逆으로 주멸誅滅당함에 미쳐서야 문호가 침체되었다.

허엽은 30년간 관직 생활을 하였으나 청렴결백하여 청백리에 녹선되었다. 조선 역사상 문장으로 길이 남을 자녀들을 두었던 허엽의 묘는 원래 서울에 있다가 서울이 개발되면서 경기도 용인시 처인구 원삼면 맹골로 옮겨졌다.

허균에게는 형 둘과 누이 셋이 있는데, 제일 위의 형 성과 누이 둘은 아버지의 첫째 부인 한숙창의 소생이고, 둘째 형 봉과 난설헌 그리고 허균 자신은 김광철의 딸 강릉김씨의 소생이다. 큰누이는 박순원에게 시집을 갔고, 둘째 누이는 훗날 남인의 영수가 된 우성전에게 시집을 갔다. 큰형 허성은 1548년(명종 3)에 태어나 허균보다 스물한 살이나 위였고, 둘째 형 허봉은 1551년생으로 다 열여덟 살 위였다. 허난설헌은 여섯 살 위였으므로 허균과는 다들 나이 차이가 많이 났다. 하지만 이들 사남매의 우애는 아주 돈독했다.

큰형 허성은 문학보다는 도학道學에 뛰어난 군자 형이었다. 둘째 형 허봉과 누이 난설헌은 도학보다 문학에 뛰어난 다정다감한 성격이었다. 이들은 모두 허균에게 없어서는 안 될 소중한 사람들이었다. 열두 살에 아버지를 여읜 허균은 큰형 성을 아버지를 대하듯 공경했다. 허성은 1612년(광해군 4) 64세로 세상을 떠날 때까지 조정의 요직을 두루 거치며 왕의 두터운 신임을 받은 명신이었다. 나라의 중신으로 활약하다 보니 조용히 어린 동생을 타일러 가르칠 틈은 갖지 못했지만, 아버지와 같은 허성의 가르침은 허균의 행동에 많은 영향을 주었다. 허성이 아버지를 대신한 존재였다면, 둘째 형과 누이는 친형제답게 기질이나 성격이 닮은 데가 많았다. 허균은 여러 형제 중 누구보다도 누이 난설헌과 가까웠다. 그는 자신의 집안 가계를 《성소부부고》 제24권 〈성옹지소록惺翁識小錄〉 하에 다음과 같이 실었다.

우리 집 성씨는 가락국 왕비로부터 얻었으니 거의 700년이나 되었다. 고려 초에 들어와서 시조의 채읍采邑이 양천이었으므로 드디어 여기에다 호적을 붙였던 것이었다. 고려조 500년을 마칠 때까지 과거에 연달아 올라서 높은 벼슬을 했다. 정승이 된 사람이 열한 분이고, 추부에 들어간 사람이 여섯이다. 학사學士가 아홉이고, 공주와 결혼한 사람이 다섯이다. 원나라에 들어가서 벼슬한 사람이 둘이고 봉군封君된 사람이 열 넷인데, 대代마다 문장으로 유명한 사람이 있었다.

(……)

우리 증조曾祖는 과거하지 못하고 일찍 죽었으며, 위渭는 지평持平이고, 온溫은 승지였다. 조부는 문장에 능했으나 일찍 작고했고, 선대부 때 와서 겨우 드러났다. 백형伯兄은 육경이고, 중형仲兄은 학사이며, 나도 당상관에 참여했다. 그리고 백형의 아들 실實이 문과에 올라 정언正言이 되었고, 여러 조카도 모두 청일淸逸하며 문명文名이 있다. 이것은 모두 선조께서 공덕을 쌓으신 효과인데, 대개 오랠수록 더욱 나타난 것이었다.

이 글을 보면 허균은 자기 집안에 대해 대단한 자긍심을 가지고 있었다는 것을 알 수 있다.

허균의 둘째 형 허봉

허엽의 둘째 아들 허봉은 아버지의 뒤를 이어 동인의 선봉에 선다. 그러나 1583년 박근원 · 송응개 등과 율곡 이이를 탄핵했다가 선조의 미움을 사게 되어 창원부사로 내쳐진다. 하지만 일은 그것으로 끝나지 않았다. 서인 즉, 이이를 지지하는 태학생 407명과 전라도 · 황해도 유생 4백여 명이 각각 연명으로 소를 올려 이이와 성혼이 모함을 당했다고 변호하자 임금은 이들을 칭찬하고 옳게 여겼다.

선조는 박근원을 평안도 강계로, 송응개와 허봉을 각각 함경도 회령과 갑산으로 귀양 보냈다. 이 사건을 두고 계미년에 세 신하를 귀양 보냈다고 하여 '계미삼찬癸未三竄'이라 불렀다. 이에 동인의 진영은 침묵으로써 울분을 달랠 수밖에 없었고 서인들은 회심의 축배를 들었다. 세 사람을 귀양 보낸 선조는 이이를 이조판서로, 성혼을 이조참판으로 임명하였다. 그 뒤 이이는 서인을 대부분 등용했고, 유배된 세 사람의 죄목을 풀어주지 않은 채 다음 해 1월에 급서하였다. 이로써 동인과 서인의 대립이 더욱 격화되는 결과를 가져왔다.

허봉이 갑산으로 유배를 가던 길에 허균은 수십 리를 따라가다가 파송하는 군사들에게 쫓겨 되돌아설 수밖에 없었다. 그때 허봉은 허균에게 다음과 같은 말을 남겼다. "균아, 다시 만날 날이 있을 것이니 이제 여기서 돌아가라. 내가 비록 이 지경이 되었지만 내겐 얼마간의 학문이 있고, 시상詩想이 있다. 학문과 시상이 있으면 세상 어디를 가나 나름대로의 경지를 만들 수가 있다. 나는 외롭지 않으니, 내 걱정 말고 힘써서 지혜를 가꿔라."

허봉은 갑산으로 유배를 간지 두해 만인 1585년에 풀려났는데, 그때부터 도성 출입이 제한되자 정치에 뜻을 버리고 방랑 생활을 하기 시작했다. 백운산에 들어가 글을 읽으며 세월을 보내기도 하고, 인천에서 머물기도 했다. 서울과 가까운 인천에서 동생인 허균에게 편지를 쓰기도 했지만 답신을 받을 수는 없었다. 그는 "온갖 일이 사람에게 일어나는데, 내 재주 굴러 떨어져 쓺바귀처럼 되었네"라는 자조 섞인 시를 쓰며 세상으로부터 유리되어 있는 그 자신을 한탄하였다. 또한 각별하게 지내던 사명당을 만나 불교의 교리를 탐구하기도 했고, 그러던 중 1588년 가을에 금강산으로 들어갔다.

비로봉을 답사한 허봉은 대명암으로 가서 지친 몸을 의탁했다. 그러나 오래전부터 술을 많이 마신 탓에 황달에 걸려 병색이 짙었다. 결국 허봉은 서른여덟의 나이로 강원도 금화현 생창역에서 짧은 생을 마감했다. 허봉의 친구이자 금화현감으로 재직하고 있던 서인원은 허봉의 장례를 도와주었고, 아버지 허엽이 묻힌 한강 남쪽에 있는 상초리에 묻힐 수 있었다. 허봉이 죽은 뒤 허균은 작은형이 남긴 글들을 모아 《하곡집荷谷集》을 엮으면서 《학산초담》에 다음과 같은 글을 남겼다.

> 중씨(허봉)가 불행히 일찍 죽어 포부를 제대로 펴보지 못했고, 남긴 글마저 미처 수습하지 못했는데, 임진왜란에 찾아볼 겨를도 없이 다 병화兵火에 타버렸으니, 죽어도 잊지 못할 슬픔이 어찌 끝이 있겠느냐. 내가 경호(강릉)에서 살 때, 놀라움이 우선 가라앉자, 일찍이 외던 것을 생각해 내어 보니 겨우 5백여 편이라, 베껴서 세상에 사라지지 않도록 기대하고자 한다.

허균은 〈하곡선생연보〉를 지은 뒤 허봉의 성품을 다음과 같이 평했다.

> 옳은 생각을 가지게 되면, 굳게 잡고서 흔들리지 않았다. (……) 비록 임금 앞에 서 있으면서도 굽힘이 없었다. 때때로 임금의 얼굴빛을 찌푸리게 할 정도로 힘 있게 아뢰었다. 임금께서 어쩌다가 크게 노하시면, 옆 사람들까지도 땀을 흘렸지만, 선생은 그래도 흔들리지 않았다.

허봉이 얼마나 세상을 정직하고 깨끗하게 살다갔는지를 짐작하게 하는 글이다. 그가 지은 〈조천기朝天記〉에 그의 사상이 집약되어 있는데, 그는 뚜렷하게 도통사상道統思想을 지니고 있었으며, 《성학집요聖學輯要》에 큰 관심을 두었다. 양명학으로 무장된 중국학자들과의 담론에서도 주체적 인식으로 그들의 논리를 배척하였다.

허봉은 세상과의 불화 때문에 그의 큰 뜻과 포부를 펴보지도 못한 채 너무 일찍 세상을 저버렸다. 그가 펼치지 못한 꿈은 결국 허균에게 이어진 것이나 다름없다.

허균의 누이 허난설헌

허난설헌의 어린 시절은 유복하고 행복했다. 아버지와 오빠들의 벼슬길이 순탄했고, 허봉은 누이 난설헌에게 두보의 시집을 주면서 시를 짓기를 권하기도 했다. 난설헌이 자유롭게 공부에 매진하여 그의 문장을 세상에 드러낼 수 있었던 것은 양천허씨 가문의 개방성과 사고의 자유로움 같은 가풍이 있었기 때문이다.

아름다운 용모와 천품이 뛰어났던 난설헌은 여덟 살의 어린 나이에 〈광한전 백옥루 상량문廣寒殿白玉樓上樑文〉을 지었다. 이 상량문을 지은 뒤부터 여 신동이라 칭송되었다. 이것은 목판본 《난설헌집蘭雪軒集》에 유일하게 전하는 산문으로 그의 동생인 허균이 1605년 당대의 명필인 한석봉에게 부탁하여 그의 글씨로 써서 1차로 간행되었다. 이 목판본은 1606년 우리

나라에 왔던 중국 사신 주지번에 의해 중국으로 건너갔으며, 1608년 4월에 간행된 《난설헌집》에 실려 있을 뿐, 원본 글씨나 목판을 찾을 수가 없고 탁본만 국내에 전한다. 다음은 〈광한전 백옥루 상량문〉의 부분이다.

> 어영차, 동쪽으로 대들보 올리세. 새벽에 봉황타고 요궁에 들이가 날이 밝자 해가 부상 밑에서 솟아올라 일만 가닥 붉은 노을 바다에 비쳐 붉도다. 어영차, 남쪽으로 대들보 올리세. 옥룡이 하염없이 구슬못 물 마신다. 은평상에서 잠자다가 꽃그늘 짙은 한낮에 일어나, 웃으며 요희를 불러 푸른 적삼 벗기네. 어영차, 서쪽으로 대들보 올리세. 푸른 꽃 시들어 떨어지고 오색 난새 우짖는데, 비단 천에 아름다운 글씨로 서왕모 맞으니, 날 저문 뒤에 학 타고 돌아가길 재촉한다. 어영차, 북쪽으로 대들보 올리세. 북해 아득하고 아득해 북극성에 젖어 드는데, 봉새 날개 하늘 치니 그 바람 힘으로 물이 높이 치솟아 구만리 하늘에 구름 드리워 비의 기운이 어둑하다. 어영차, 위쪽으로 대들보 올리세.

상량문이란 집을 지을 때 대들보를 올리며 행하는 상량의식의 글이다. 허난설헌은 신선세계에 있는 상상의 궁궐인 광한전 백옥루의 상량식에 상량문을 지을 시인으로 초대받았다고 상상하여 이 글을 지었다고 한다. 그 당시 여성으로는 감히 이룰 수 없는 현실의 한계를 뛰어넘는 가상의 선계仙界를 설정하여 주목을 받았으며 그 자신을 이상세계 속의 주인공으로 변신하는 모습을 그렸다는 점에서 현실 초극의 사상이 담겨 있다. 훗날 정조도 이 시를 읽고 감탄해 마지않았다고 한다.

허난설헌은 열다섯 살 때 안동김씨였던 김성립金誠立과 결혼을 하였다. 당시 에는 대다수의 양반가 여자들에게 글을 가르치지 않았던 시기였던 탓에 허난설헌의 시어머니는 지식인 며느리를 이해하지 못했고, 갈등의 골은 깊어 갔다. 또한 남편 김성립 역시 그런 아내를 이해하기보다는 과거 공부를 핑계 삼아 바깥으로 돌며 가정을 등한시하였다. 그런 이유로 두 사람의 부부관계가 원만하지 못하였다.

김성립은 급제한 뒤 관직에 나갔다. 그는 가정의 즐거움보다 풍류를 더 즐겼던 사람이었고, 그 내면에는 너무 똑똑한 아내에 대한 콤플렉스도 작용했다고 한다. 허균은 훗날 자신의 매형인 김성립을 《성소부부고》 제24권에서 다음과 같이 평했다. "세상에 문리文理는 부족하면서도 글은 잘 짓는 이가 있다. 나의 매부 김성립은 경시經史를 읽으라면 입도 떼지 못하지만, 과문科文은 요점을 정확히 맞추어서 논論 · 책策이 여러 번 높은 등수에 들었다." 허균의 평에서 알 수 있듯이 그는 무뚝뚝하면서도 학문의 요점을 잘 짚어내는 고집 세고 고지식한 사람이었다.

시어머니의 학대와 질시 속에 살고 있기도 버거웠던 난설헌에게 불행이 닥쳐왔다. 사랑하던 남매를 돌림병으로 잃은 것이다. 설상가상으로 뱃속의 아이까지 잃는 아픔을 겪게 된다. 그때의 심정이 〈곡자哭子(자식을 여의고 곡을 하며)〉라는 시에 담겨져 있다.

> 지난해는 사랑하던 딸을 여의고 (去年喪愛女)
>
> 올해는 사랑하던 아들을 잃었네 (今年喪愛子)
>
> 슬프고도 슬픈 광릉의 땅이여 (哀哀廣陵土)

두 무덤 마주 보고 나란히 있구나 (雙墳相對起)
백양나무 가지에 소소히 바람 불고 (蕭蕭白楊風)
도깨비 불빛은 숲속에서 반짝이는데 (鬼火明松楸)
지전을 뿌려서 너희 혼을 부르노라 (紙錢招汝魂)
너희들 무덤에 술진을 붓노라 (玄酒奠汝丘)
아! 너희들 남매 가엾은 외로운 혼은 (應知第兄魂)
생전처럼 밤마다 놀고 있으리 (夜夜相追遊)
이제는 또다시 아기를 가진다 해도 (縱有服中孩)
어찌 무사하게 키울 수 있으랴 (安可冀長成)
하염없이 황대의 노래 부르며 (浪吟黃臺詞)
통곡과 피눈물을 울며 삼키리 (血泣悲呑聲)

이후 스승이나 다름없던 오빠 허봉까지 세상을 떠나자 허난설헌은 만권 책을 벗하면서 문학의 열정으로 아픈 심사를 달랬다. 그 무렵 난설헌은 '삼한三恨(세 가지 한탄)'을 노래했다. 그 첫 번째가 '조선에서 태어난 것'이요, 두 번째는 '여성으로 태어난 것', 세 번째는 '남편과의 금술이 좋지 못한 것'이라 했다. 풀어 말하면 그의 시적 재능을 널리 알릴 수 없는 좁은 풍토에서 태어난 것을 원망한 것이고, 남자로 태어나 마음껏 삶을 노래하지 못한 것을 말한 것이다. 결국 허난설헌은 한과 원망을 안고 27세의 나이에 지난했던 생을 마쳤다.

난설헌이 지은 시는 천여 편이 넘었고, 방 한 칸을 채우고도 남았지만 죽기 전에 자신의 작품을 다 불태워 버렸다. 허균은 그 다음해에 누이가 보내주었던 시들과 자신이 외우고 있던 시들을 회상하여 《난설헌집》을 펴냈다. 그 시대의 일부 사람들은 허균이 허난설헌을 높이기 위해 스스로 지은 시를 누이의 시라고 세상을 속였다고도 했다. 그것은 그가 반역으로 몰려 죽임을 당하자, 그의 위선을 드러내기 위한 것이기도 했다.

광해군 때인 1612년 종성에서 유배 중에 김시양이 찬한 《부계기문涪溪記聞》을 보면 난설헌의 문학을 다음과 같이 부정적으로 그리고 있다.

> 저작著作 김성립의 아내는 허균의 자씨인데, 문장에 능하였다. 일찍 죽으니 허균이 그의 유고를 수집하여 제목을 《난설헌집》이라고 하고 중국 사람에게 발문을 받기까지 하여 그 전함을 빛나게 하였다.
>
> 어떤 사람은 '거기에는 남의 작품을 표절한 것이 많다'고 하였으나 나는 본래부터 그 말을 믿지 않았다. 내가 종성으로 귀양 오게 되었을 때에 《명시고취明詩鼓吹》를 구해 보니, 허씨의 시집 속에 있는 "아름다운 거문고 소리 누에 떨치니 봄 구름 따사롭고, 패옥이 바람에 울리는데 밤 달이 차가워라"라고 한 율시律詩 여덟 구절이 《고취鼓吹》에 실려 있는데, 바로 영락永樂(명성조明成祖의 연호) 연간의 시인 오세충吳世忠이 지은 것이었다. 나는 여기서 비로소 어떤 사람이 한 말을 믿게 되었다. 아아, 중국 사람의 작품을 절취하여 중국 사람의 눈을 속이고자 하니, 이것은 남의 물건을 훔쳐다가 도로 그 사람에게 파는 것과 무엇이 다르겠는가?

서포 김만중도 《서포만필西浦漫筆》에서 허균이 그의 누나의 명성을 빛내려다가 오히려 그 명성에 흠집을 입혔다고 애석해하였다. 연암 박지원은

《열하일기熱河日記》에서 "한 여자로서 꽃다운 이름이 중국에까지 전파되었으니, 가히 영예롭다고 이르지 않을 수 없다"고 말하였다. 그러나 훗날에 쓴 박지원의 편지에 의하면 "비록 고인의 글 가운데서 한번 옮겨 그로써 근거를 삼아도 이것으로 저것을 징험하면 사실에 딱 맞을 뿐 아니라 진부한 것이 신기한 것이 된다"고 하여 허난설헌의 시가 표절되었음을 암시하기도 했다.

한편 심수경이 찬한 《견한잡록遣閑雜錄》에는 불세출의 시인인 허난설헌에 대한 글이 다음과 같이 실려 있다.

> 문사文士 김성립의 처 허씨는 곧 재상 허엽의 딸이며, 허봉의 누이동생이고 허균의 누나다. 허봉과 허균도 시에 능하여 이름이 있거니와 허씨는 더 뛰어났었다. 호는 경번당이며, 문집이 있으나 세상에 읽혀지지 못하고 백옥루 상량문 같은 것은 많은 사람이 전송傳誦하였다. 시 또한 절묘하였는데, 일찍 죽었으니 아깝도다.

스승 유성룡과 이달을 만나다

강릉시 사천면 애일당에서 태어난 허균은 강릉시내 경포호수 옆에 있는 친가 초당草堂에서 어린 시절을 보냈다. 그리고 서울 마른내(건천동)로 옮겨 살았다. "나의 친가는 건천동에 있었다. 청녕공주 저택 뒤에서 본방교까지 겨우 서른네 집인데, 이곳에서 국조 이래로 유명한 사람들이 많이 나왔다"라고 〈성옹지소록〉 하권에 실려 있으며, 유성룡과 이순신도 이곳에서 태어났다.

허균이 네 살 때인 1572년에 둘째 형 허봉이 친시문과에 급제했다. 다섯 살 무렵부터 글을 배우기 시작한 허균은 매우 영특해서 아홉 살 때부터는 시를 지었다. 허균과 동시대를 살았던 유몽인은 그의 어릴 적 재능을《어우야담於于野談》에서 다음과 같이 평했다.

역적 허균은 총명하고 영특하여 아홉 살에 능히 시를 지었는데, 매우 우수하여 여러 어른들이 장래 큰 문장가가 되겠다고 칭찬했다. 다만 그의 큰 매형 우성전만이 그의 시를 보고는 "비록 문장가가 되겠지만, 허씨 집안을 뒤집어엎을 사람 역시 그일 것이다"라고 했다.

허균은 어려서부터 총명했고, 특히 기억력이 뛰어나서 한 번 본 것은 잊지 않았다. 이익의《성호사설星湖僿說》〈인사문人事門〉에 허균의 뛰어난 기억력에 대해 다음과 같이 실려 있다.

뭇 기러기가 공중에 날아갈 때 그 수를 세어보기 위해 혹은 셋이 하나, 셋이 둘, 혹은 다섯이 하나, 다섯이 둘로 세어, 셋이 몇이고 다섯이 몇임을 세어 보면 전체의 수를 알 수가 있는데, 만약 하나하나씩 세어 가면, 혹은 앞에 가고, 뒤에 가서 번쩍하면 도로 미혹하게 되니, 이른바 주를 헤아린다는 뜻이 역시 이러한 것인지라, 비로소 대체를 총괄하는 자는 그 뜻이 밝고 세무細務를 애쓰는 자는 그 일이 어지러워지는 것을 알게 된다.

기억력이 슬기로운 이로서 근세에 허균을 최고라 하니, 그는 눈에 한 번 거치기만 하면 문득 알아낸다는 것이다. 사람들이 시험하기 위해 붓을 한 줌 가득 주고 들어서 그 붓끝을 보인 다음 붓을 감추고 얼마인가를 물었더니, 균이 눈으로 짐작하고 마음으로 측정하여 곧 벽을 향해 먹으로 표시하기를 붓대 끝과 같이 하고 다시 하나하나를 헤아려서 능히 알아냈다.

허균이 일곱 살이던 1575년에 동서東西로 당이 갈라지고 아버지 허엽은 동인의 영수가 되었다. 아홉 살이 된 1577년 가족이 모두 상곡으로 이사했고, 그곳에서 허균은 임수정, 임현, 최천건 등 친구들을 사귀었다. 그는 열 살 무렵에 《논어》와 《통감》을 읽었으며, 1년도 안 되어 문장의 이치를 환하게 꿰뚫었다고 한다. 아버지 허엽은 허균에게 무엇보다 우리나라 역사를 자세하게 가르쳤는데, 허균은 그 시절을 《학산초담》에서 다음과 같이 회고했다.

돌아가신 아버님께서 일찍이 말씀하셨다.

"우리나라 사람들은 옛 역사를 전공하면서도 우리나라의 책을 잘 알지 못한다. 이는 근본에 힘쓴 도리가 아니다."

그래서 나는 두 형님과 함께 《동국통감》을 읽었다. 젊었을 때 읽을 만한 책이 매우 많다고 하셨으므로 여러 가지 책을 많이 읽었다.

황조사가 태평관에 이르렀을 때 접대하려고 나온 정임당 상공에게 고려와 신우 부자에 대해 자세히 듣고 싶었다. 그런데 상공은 입을 딱 벌리고서 말을 하지 못했다. 그제야 돌아가신 아버님의 깊고 높으신 생각이 다른 사람보다 만 갑절이나 뛰어났음을 알게 되었다.

아! 임당과 같은 재주를 가지고도 말을 주고받는 것에 오히려 어려움을 겪었으니, 사신을 맞는 사람이 본국의 역사를 제대로 알지 못해서야 되겠는가?

허균은 1579년 경상도관찰사가 된 아버지를 따라 잠시 상주에서 살았는데, 그때 임약초를 만났다. 임약초는 허균이 벼슬길에서 어려울 때마다 도와주었고 죽을 때까지 아주 가깝게 지낸 친구였다. 허균은 열두 살부터 본격적으로 글을 배우기 시작했는데, 그해 아버지 허엽이 세상을 떠났다. 훗날 허균은 제자에게 다음과 같은 편지를 보낸다.

나는 열두 살 때 아버님의 엄한 가르침을 잃었다. 어머님과 형님들은 나를 가엾게 여기고 사랑하셔서 글공부를 감독하거나 꾸짖지 않으셨다. 좀 더 자라서는 과거 공부 익히는 사람들이 있음을 보고 따라서 본받아 마침내 속히 이루고 싶은 마음만 있어 육경六經과 역사책을 두루 읽어 이미 대의大義는 알았으며, 몸소 실천하고 침잠하는 일에는 즐기지 않았다.

호탕한 마음과 망령된 기로 하루에 수만 자를 외워 입가에서 글이 줄줄 나오니, 사람들은 총명하고 민첩하기가 사람들 중에 뛰어나다고 여겼으며, 나도 역시 스스로 자랑할 뿐, 자못 학문과 문장이 당초에 기람記覽의 풍부한 데만 있지 않다는 것을 몰랐다.

–《성소부부고》 제10권 〈답이생서答李生書〉

아버지를 일찍 여읜 막내 동생을 홀어머니나 형과 누이는 얼마나 귀여워했겠는가. 누구의 간섭도 받지 않고 자유롭게 과거 공부에만 몰두하던 허균의 청소년 시절이었다.

아버지가 돌아가신 뒤 곧바로 서울로 올라온 허균은 본격적으로 시를 배우기 시작했다. 그때 누이인 난설헌과 함께 스승을 만나게 된다. 바로 이황의 제자인 유성룡과 이달이었다. 유성룡에게는 학문을 배우고 이달에게는 시를 배웠는데, 특히 이달은 허균의 사상과 학문에 절대적 영향을 끼치게 된다. 이달은 아버지 허엽과도 남다른 교분이 있었고, 둘째 형 허봉과는 막역한 친구 사이였다. 허균이 글을 배우는 동안 그의 뛰어난 재주를 접한 사람들은 혀를 내둘렀다. 무엇이든 한 번 들으면 기억했고, 당시唐詩 수백 수首를 며칠 만에 줄줄 외워버렸다. 이것을 본 사람들은 허균을 일컬어 '귀신의 정精' 또는 '도깨비의 화신'이라고 했다. 허균이 스승 이달을 만나던 상황이 홍만종의 《소화시평小華詩評》에 다음과 같이 실려 있다.

손곡 이달이 젊은 시절 하곡 허봉과 친했다. 손곡이 하루는 하곡의 집을 방문했다. 때마침 허균이 하곡을 찾아와 손곡을 깔보고서 예우하는 태도를 전혀 보이지 않은 채 태연자약하게 시에 대해 이야기했다. 그러자 하곡이 말했다.

"시인이 자리에 계시는데, 아우는 손곡의 소문도 듣지 못했는가? 내 아우를 위해 시 한 수를 부탁드리겠소."

허봉이 운韻 자를 부르자, 이달은 운이 떨어지자마자 절구 한 수를 지었는데, 그 낙구는 이러했다.

담 모퉁이 작은 매화, 피고 지기 다 떨어져버리자 (墻角小梅開落盡)

봄의 정신은 살구꽃 가지로 옮겨 갔구나 (春心移上杏花枝)

이 시를 보고 허균은 깜짝 놀라 얼굴빛을 바꾸며 사죄하고 이후로 시 벗이 되었다.

허균이 그 뒤 지은 〈손곡산인전蓀谷山人傳〉을 보면 이달의 얼굴이 잘생기지 않았고, 형식에 구애받지 않았기 때문에 그 차림새 또한 허술하기 짝이 없었던 것으로 실려 있다. 당시만 해도 글을 잘 쓴다고 칭찬을 많이 받았던 허균이 이달을 본 첫인상 때문에 그렇게 느꼈을 것이다.

이달은 대제학을 지낸 이첨과 기생 사이에서 태어난 서얼이었다. 그는 아버지 덕택으로 훗날 영의정을 지낸 박순에게서 문장을 배웠다. 어린 시절부터 총명했고 문장에 뛰어났던 이달은 일찌감치 한림학관이 되었다. 그러나 서얼에게는 벼슬길이 막힌 것을 알고부터 실의에 빠져 벼슬을 그만두고 술과 방랑으로 일생을 보냈다.

하늘이 인재를 낼 때에 어찌 고금의 구별이 있겠는가? 비록 이윤, 부열, 관중, 제갈양 같은 인재가 있더라도 때를 만나지 못하면 초야에서 늙어 죽을 뿐이니, 어찌 개탄할 일이 아니겠는가? (……)

지금 세상의 울결鬱結한 일을 대강 손꼽아본다면 그 습속은 인재를 천대하여 어진 사람은 반드시 물러가게 되었고, 그 풍습은 문벌을 숭상하여 서얼과 중인의 구별이 있어, 이들은 100세 후까지도 청환淸宦에 참여하지 못한다. 또 서북 삼도 사람을 써주지 않은 지 벌써 400여 년이 되었으며, 노비법으로 그 자손은 차별을 두어 인간으로 취급하지 않았으니, 성중의 울결한 기운이 10분의 9를 차지하고 있는 것이다. 또 오늘날에 이르러서는 당론이 공적으로 행해져 서넛씩 짝을 지어 각기 부곡을 이루고 한번 득세하면 다른 당파는 모조리 쫓아버리니, 천지가 어찌 변화할 수 있겠는가? 그러므로 초목이 번성하지 못하는 것이다. 늙은이의 말에 "풀씨도 점점 감해지며, 나무도 자라나지 않는다"라고 하니, 이것이 그 증거인데, 다만 그 울결한 기운을 소통시킬 사람이 없는 것을 걱정하는 바다.

– 이익, 《성호사설》 제14권 〈인사문〉

이익이 살았던 시대에도 그러한 폐단이 엄존했는데, 조선 중기 허균이 살았던 시대는 오죽했을까? 그러한 현실을 가장 가슴 아프게 생각했던 사람이 바로 허균이었다. 스승인 이달이 바로 서얼이었기 때문이다.

당시唐詩를 연구한 이달은 그 당시 최경창, 백광훈과 함께 삼당시인三唐詩人으로 꼽혔다. 송시宋詩의 풍조를 버리고 당시를 따르며 시풍을 혁신했다고 해서 그런 별칭이 붙었다.

삼당시인은 방외인과 상통하는 체질을 지니기에 함께 다룰 수 있으나, 문학의 규범이나 격식을 파괴하는 것을 능사로 삼지 않고 모든 반발을 작품으로 구현하자는 성실한 자세를 가지며, 관인문학이나 사림문학에서 무시할 수 없는 수준을 과거와는 다른 방식으로 이룩했다.

– 조동일, 《한국문학통사》

국문학자 조동일의 말처럼 삼당시인은 송시가 아닌 당시를 통해 조선 전기 사대부 문학의 한계를 극복하고 조선 후기 한문학의 새로운 방향을 예고하는 변화를 일으켰다는 평가를 받는다. 허균은 이달에게서 당시뿐만 아니라 삶의 자세와 인생 그리고 문학에 이르기까지 폭넓게 배우게 된다. 허균의 일생 중 누이와 함께 스승에게서 글을 배우던 이 무렵이 가장 행복한 때였다고 알려져 있다. "나는 내 키 높이를 열심히 재고 있네. 사람의 키 높이란 늘 같은 것이 아니라서 말일세. 인간의 영혼이란 기후, 침묵, 고독 그리고 함께 있는 사람에 따라 눈부시게 달라질 수 있는 것이라네." 니코스 카잔차키스의 《그리스인 조르바》에 나오는 말처럼 이달과의 만남은 허균의 학문적 깊이가 눈부시게 변화한 시기다.

허균은 비운의 삶을 살다 간 스승 이달의 문학을 기리기 위해 〈손곡산인전〉을 지었다. 다음은 그 내용이다.

이달은 젊었을 때 읽지 않은 책이 없었다. 지은 글도 무척 많았다. 일찍이 한리학관漢吏學官(사역원 소속 관리)이 되었지만 뜻이 맞지 않아 벼슬을 그만두었다. 그 뒤 최경창, 백광훈을 따라 노닐다가 서로 마음이 맞아 함께 시사詩社를 만들었다. 이달은 소식(소동파)의 시법詩法을 본받아 그 진수를 터득했으므로 한번 붓을 들면 몇 백 편을 써냈다. 그런데 그 모든 시가 아름답고 풍부해서 가히 읊을 만했다. 하루는 상국(박순)이 이달에게 말했다.

"시도詩道는 마땅히 당시唐詩로 하는 것이 정도가 되네. 자첨子瞻(소동파의 자)의 시는 비록 호방하긴 하지만 이미 당시의 아래로 떨어지네."

그 말을 마치고 시렁 위에서 이태백의 악부樂府와 가음시歌音詩 그리고 왕유와 맹호연의 근체시近體詩를 뽑아서 보여 주었다. 이달이 깜짝 놀라 그제야 시의 정법正法이 그곳에 있음을 깨닫고 앞서 배운 것을 버린 뒤, 옛날 살았던 손곡의 전장田庄으로 돌아갔다.

그곳에서 《문선文選》, 《이태백집》과 성당盛唐의 십이가十二歌, 유수주, 위좌사, 백겸을 밤낮을 가리지 않고 문을 닫고서 외웠다. 그렇게 다섯 해가 지나자 마음이 갑자기 밝아져서 무엇을 깨달은 듯싶었다. 시험 삼아 시를 지었더니 어휘가 무척 많아져 비로소 옛날의 수법에서 완전히 벗어났다. 그리하여 당나라 여러 사람들의 시체詩體를 본받아 장단편長短編, 율시, 절구를 지었다. 이달은 시에서 글자와 구절을 단련鍛鍊하고 성음과 운율을 알맞게 배치했다.

(……)

이달은 마음이 텅 비어 아무런 한계가 없었고 살림살이는 돌보지 않았다. 그러므로 그를 사랑하는 자가 없지 않았지만 사방으로 유리걸식하며 떠돌이 노릇을 했으므로 더러는 그를 천하게 여겼다. 그래서 그는 가난과 곤액 중에 늙었으니 이는 실로 통탄할 일이다. 그러나 비록 그 몸은 곤궁했지만 불후의 명시를 남겼으니 어찌 한때의 부귀로써 그와 같은 명예를 바꿀 수 있겠는가! 그가 지은 글은 거의 다 없어져 버렸는데, 내가 일찍이 수집하여 네 권의 책으로 엮어 후세에 전하려 한다.

외사씨外史氏는 이렇게 평했다.

"태사太史 주지번이 언젠가 이달의 시를 보았다. 그는 〈만랑무가漫浪舞歌〉라는 시를 읽고는 무릎을 치며, '이 작품이야말로 이태백에 비하여 뒤떨어지지 않는다'고 칭찬했다. 권필도 이달의 〈반죽원斑竹怨〉이라는 시를 읽고는 '이 시는 청련靑蓮 이태백의 시집 중에 넣으면 아무리 안목이 뛰어난 사람일망정 판별하지 못할 것이다'라고 했다. 어찌 이 두 사람이 망언을 할 사람들이겠는가. 아아, 이달의 시야말로 정말 기이한 작품인 것을."

평생을 몸 붙일 데 없는 비렁뱅이와 천덕꾸러기로 살았던 이달은 몇몇 사람의 칭송을 들었을 뿐, 시기와 질투의 대상이었다. 이달의 생애는 평생 떠돌이의 삶이었다. 그는 불행하게 태어난 자신의 삶에 만족하지 못하고, 오로지 시를 쓰는 것으로 낙을 삼아 나라 곳곳을 떠돌다가 생을 마감했다.

동풍도 또한 공평하지 않아서 (東風亦是無公道)
온갖 나무 꽃 피우면서 사람만 늙게 하네 (萬樹花開人獨老)
억지로 꽃가지 꺾어 흰머리에 꽂아 보지만 (强折花枝揷白頭)
흰머리와 꽃은 서로 어울리지 않는구나! (白頭不與花相好)

이 세상에 태어나 이룬 것 하나 없이 늙어만 가는 자신을 노래한 〈대화탄로對花歎老(꽃을 보며 늙어가는 것을 한탄함)〉라는 시 한 편이 못내 가슴을 아프게 한다.

임진왜란 당시의 허균

누이 난설헌이 죽은 다음 해인 1590년은 허균의 나이가 스물두 살이 되던 해였다. 큰형 허성이 통신사로 일본에 다녀왔고, 2년 후 1592년 미증유의 국난인 임진왜란이 일어났다. 허균은 어머니를 모시고 부인 김씨와 함께 하루에 70리씩 걸어서 함경도 단천으로 피난길에 올랐다. 가는 도중에 황량한 국토의 풍경을 시로 남겼다.

해는 지는데, 늙은 아낙네가 황폐한 마을에서 통곡을 하네
헝클어진 머리엔 서리가 내리고 두 눈동자는 흐릿하기만 하네
사내는 빚 갚을 돈이 모자라 차가운 감옥에 갇혀 있고
아들놈은 도위都尉를 따라 청주 땅을 향해 떠났다네
집안은 난리를 겪느라고 기둥 서까래마저 다 불타버리고
자신은 숨느라고 베잠방이마저 잃어버렸네
살림은 썰렁하고 살 생각마저 없어졌는데
관가 아전은 또 무슨 일로 이 집 대문을 두드리는지

7월 7일 칠석날에야 단천에 도착하여 아내가 첫아들을 낳았다. 하지만 어렵고 힘든 피난 생활에 산후 조리를 제대로 하지 못한 부인 김씨가 그만 스물두 살의 나이에 죽고 말았다. 허균은 소를 팔아 관을 마련하고 옷을 찢어 염을 했다. 그러나 그때까지도 체온이 따뜻해서 차마 부인을 땅에 묻을 수가 없었다고 한다. 결국 부인을 뒷산 등성이에 임시로 묻은 후 어린 딸과 갓 태어난 아들을 등에 업고서 북쪽으로 피난을 나섰지만 핏덩이 아들도 결국에는 죽고 말았다.

허균은 평생 두 명의 아내와 추섬, 성옥, 옥매 등 여러 첩을 두었다. 첫

부인 안동김씨는 1592년 피난길에 첫아들을 낳은 후 죽었고, 1597년 아버지 허엽의 친구이자 동인의 영수였던 김효원의 딸 선산김씨와 결혼, 둘째 부인으로 맞았다. 첫 번째 부인에게서 낳은 딸은 영의정을 지낸 이준경의 손자 이사성에게 시집을 갔다. 그 딸에게서 태어난 외손자 이필진이 허균의 하나뿐인 유품집 《성소부부고》를 보존하여 후세에 전해지게 되었다.

허균은 살아생전 수많은 여자를 사랑했지만, 가장 사랑했던 여자는 첫 아내 안동김씨였다. 아내를 몹시 사랑한 허균을 애처가라고 놀린 허봉의 시가 《학산초담》에 실려 있다.

> 내가 다리에 병이 났으므로 처가에 옮겨 가서 앓고 있었다. 내가 밖으로 나오지 못하는 것을 보고, 작은형님이 놀리는 시를 지어서 보냈다.
>
> 애처가 태왕을 사모하는 그대를 하늘이 불쌍히 여기셔서 (天意憐君慕太王)
> 두 다리로 하여금 두루 종기가 나게 하였는데 (故敎雙脚遍生瘡)
> 가까운 이웃집도 부끄러워 오히려 멀리하니 (隣家咫尺猶嫌遠)
> 하물며 마름 깔린 십 리 물가야 그 얼마나 멀다고 하겠는가 (何況蘋洲十里長)

그토록 사랑한 아내의 죽음에 허균의 마음이 얼마나 쓰라렸을까.

함경도 땅에서 피난을 다니던 허균은 강릉으로 돌아가기로 마음을 먹었고, 배를 탄 지 아흐레 만에 외가가 있는 강릉에 도착했다. 허균은 애일당에 거처를 정한 뒤 가난한 생활을 탓하지 않고 오로지 책 읽기에만 몰두했다. 얼마나 독서에 열중했는지 엉덩이가 헐어서 고생을 했다고 한다. 그러다가 시간이 나면 외숙부가 세운 반곡서원盤谷書院과 별연사 같은 곳에 가서 심신을 달래기도 했다. 다음은 그때 쓴 〈반곡서원기〉의 내용이다.

사촌에서 서쪽으로 10리쯤 가면 두 산이 합하는데 흐르는 내가 그 가운데를 돌아 나가고, 그 위쪽에 깊은 계곡이 있는데 울창하고 심원하며 맑은 여울과 고운 바위가 아래위에서 서로 비춘다. 계곡에 들어서면 한 마장도 못 가서 비탈에 바위가 있다. 내의 동쪽에서 물이 들이쳐 폭포를 이루는데 흩날리는 물거품이 자욱하고 그 소리는 은은하여 우레 같으며, 단풍나무 · 삼나무 · 소나무 · 상수리나무가 하늘을 찌르고 해를 가려 그 빽빽하고 깊숙하며 맑고 상쾌한 것이 은자隱者가 노닐며 지내기에 합당했다.

허균의 처남이 그곳에 살고 있어서 그를 따라 놀이 겸 갔던 풍경을 그림과 같이 묘사했다.

시내를 끼고 복숭아나무 100여 그루가 있어 꽃은 반쯤 떨어졌으며, 비단 같은 물결이 도도하고, 그윽한 꽃과 야생초가 우거져 사랑스러웠다. 새들은 숲 사이를 오르내리며 갖가지로 울어대는데, 흡사 노니는 사람을 희롱하는 듯했다. 소나무 그늘은 땅에 퍼지고 이끼는 담요 방석이 되었다.

이끼가 무성한 여름날은 이끼 방석이 포근히 깔려 있다면 가을엔 나뭇잎이 떨어져 낙엽 방석이 따스하게 깔렸을 것이다. 허균은 시간이 날 때마다 산천을 유람하고 나머지 시간에는 온 정신을 모아 책을 읽으면서 몇 년 동안을 보냈다. 그렇게 강릉에서 나날을 보내던 그는 1593년 시화집詩

話集 《학산초담》을 지었다.

《학산초담》은 허균이 임진왜란을 피하여 강릉에 머무르던 1593년(선조 26), 그의 나이 25세 때 쓴 것이다. 이 책에는 시화 · 시평이 99편, 기타 9편, 합하여 모두 108편이 수록되어 있는데, 허균이 살던 당대 시인들의 이야기다. 특히 허균 자신이 이달에게 배웠던 만큼 대부분 학당파學唐派 시인을 중점적으로 다루었다. 제일 먼저 선조 임금의 문장에 대해 기술하고, 조선 시학의 흐름을 개관한다. 이른바 삼당시인으로 알려진 최경창 · 백광훈 · 이달 등을 중점적으로 거론했다. 중간에 당대에 이름난 시인들의 시를 언급하면서 중국 시학의 흐름에 대해서도 얼마간 할애했다. 그 밖에 이매창李梅窓과 같은 기녀의 시 또는 서얼의 시까지 망라한다.

허균이 그 뒤에 지은 《성수시화惺叟詩話》가 시간의 흐름에 따른 종적인 구성의 책이라면 《학산초담》은 공간적이고 횡적인 구성이라고 할 수 있다. 그뿐만 아니라 중국의 시학까지 거론했기 때문에 국제성을 띠며, 청년 허균의 날카로운 분석력도 돋보인다.

이 책을 지을 무렵은 한창 전쟁 중이었다. 그는 서울 집에 두고 온 1만 권의 책을 걱정하는 마음으로 〈피지연각작팔절避地連閣作八絕〉이라는 시를 지었다.

내 집은 장릉 땅 작은 시장 동쪽
두어 칸 초가집을 한 해 남짓 비워 두니
찌를 붙인 만 권의 책들은 어디로 갔을까
도랑 속이 아니면 땅속에 묻혔을까

허균이 책을 얼마나 좋아했는지, 그가 지은 〈고시선서古詩選序〉에는 다음과 같은 글이 실려 있다.

> 허자는 머리가 마르기도 전에 이미 고시 읽기를 좋아하여 그 이해 여부는 막론하고 문득 책만 펴면 밥 먹는 것도 잊었다. 그렇게 하기를 수십 년이 쌓이는 동안 하루도 게을리하지 않았다.

한편 전쟁의 참화를 온몸으로 체득한 허균은 '서쪽 변방의 오랑캐를 대비하자'라는 뜻의 〈서변비로고西邊備虜考〉라는 글을 지었다. 병자호란이 일어나기 20년 전에 전쟁을 예언한 것이다.

> 아아, 우리나라가 산과 바다 사이에 외져 있어 땅덩이는 좁은 데다가, 동남은 왜구들과 이웃이 되고 북은 말갈로 경계가 되며, 서쪽에는 삼위三衛와 여진이 강 밖에 바짝 접근하였는데, 두렵게도 낡은 무기와 피폐한 군사로 성곽을 단속하지 않고서 막을 방도가 있었으면 하는 사람은 그 힘이 부족함을 많이 보게 된다.

이 글에서 허균은 조선의 현실을 통렬하게 지적한다. 태평세월이 오래되어 양서兩西의 주군州郡들이 오직 못과 누대를 단장하는 데만 힘쓰며, 중국 사신을 즐겁게 하는 것만을 일이라 생각한다고 일침을 가한다. 또한 "병사들도 변방을 지키는 것이 무엇 때문인지도 모르고, 문무 장수들은 세월이 가는 것만 즐기면서 기한을 기다리며 옮겨 갈 궁리나 하고 있다"

라고 지적한다. “내가 갈 수 있다면 저들도 갈 수 있고, 또 그 말을 저 도적들이 듣는다면 반드시 마음을 놓고 장차 소매를 떨치고 일어나 달려올 것을 모르고 있으니, 저 고급 관료들의 꾀가 어찌 슬프지 않겠는가”라고 하며 방비의 허술함을 개탄했다. 고려시대에 몽골군이 쳐들어오자 강화도로 피난을 갔고, 공민왕 때는 안동과 봉화 일대에서 피난을 했기 때문에 그곳이 마치 천혜의 피난처라고 생각하는 조정 관료들에게 보내는 따끔한 일침인 것이다.

그 후 허균은 〈병론兵論〉을 썼는데, 〈병론〉은 당시의 상황을 낱낱이 고발하면서 그 대책을 조목조목 제시한 글이다. 허균이 지적한 것은 당시 국방의 문제점이다. 조선에 군대가 부족한 것은 양반의 자식이 군대에 가지 않기 때문이라고 했다. 결국 모든 책임은 임금을 비롯한 나라의 지도자들인데, 그들이 튼튼한 국방 정책을 세우지 못하는 것을 비판한 것이다.

그해 8월 마음이 조금 여유로워진 허균은 양양의 낙산사를 찾아가 피로에 지친 몸과 마음을 달랬다. 그곳에 있을 당시 지은 시를 묶은 시집 《교산억기시蛟山臆記詩》의 서문에 자신에 대한 이야기를 풀어 놓았다. 허균은 이미 젊었을 적부터 시를 지을 줄 알았다. 이달에게서 이백을 배웠고, 당나라의 문장가인 한유와 소식은 둘째 형 허봉에게서 배웠다. 그리고 난리 속에서 두보를 익혔다. 그런 허균이 낙산사에 들어온 것은 소갈병(당뇨병) 때문이었다고 술회한다.

비야성의 거사居士가 소갈병이 들었기에 (毗耶居士病消渴)

유마維摩의 주지 방에 찾아와 누웠다네 (來臥維摩方丈室)

허균을 보고서 스님은 허균이 병에 걸리게 된 원인과 병 고칠 방법을 알려 주었고, 허균은 그의 말을 다음과 같이 기록해 두었다.

만나자마자 내게 물었지 무엇 때문에 그렇게 괴로워하는가?

반세상을 명예와 이익에 취해 돌아다니는가?

마음을 씻고 참선을 배우는 것이 가장 좋은데 왜 안 배우는가?

그리하면 인간세상의 나이 들어서 병들고 죽는 일들을 다 마칠 수 있을 것인데

허균은 낙산사에 머물 때 옥준선사玉俊禪師를 만나게 된다. 그는 도가 높고 깨달음이 투철하여 쌍림사雙林寺에서는 그를 높은 스님으로 받들었다. 그러나 옥준스님은 어떠한 행동에도 구애되지 않아서 사람들이 그를 당나라 때 승려 등은봉鄧隱峰에 비유하기도 했다.

제 2 부

허균,
세상으로 나가다

벼슬길에 오르다

서울에서 나귀를 타고 엿새를 가면 닿는 고을이 강릉이다. 강릉 생활을 접고 서울로 올라온 허균은 1594년(선조 27) 2월 29일 실시된 정시문과에서 을과에 급제했다. 이는 과거에 합격하여 이미 벼슬길에 나온 이들을 대상으로 더 중요한 자리에 쓰기 위해 보이는 시험이었다. 따라서 이 시험에서 장원을 한다는 것은 가장 큰 영광이었고, 장원한 사람에게는 좋은 벼슬길이 특별히 보장되었다. 하지만 허균의 작은형 허봉이 스물두 살에 벼슬한 것에 비한다면 허균의 벼슬길은 늦은 편이었다. 그해 이른 봄에 허균은 승문원의 사관이 되었다. 이때부터 허균의 파란만장한 벼슬길이 시작된 셈이다.

그 무렵 요동에는 조선을 돕기 위한 명나라 군대의 지휘소가 설치되어 있었다. 허균은 곧바로 연락 문서를 가지고 요동에 다녀왔으며 돌아오는 길에는 임금의 명으로 종사관이 되어 중국 사신을 접대했다. 이때부터 허균의 외교관 생활은 계속 이어진다.

5월에는 중국에서 사신으로 오는 급사중給事中 허홍강 일행을 맞이하기 위해 사절단이 꾸려지고 윤선각이 원접사로 임명되었다. 하지만 동행할 종사관을 뽑는 것이 쉬운 일이 아니었다. 종사관은 뛰어난 재주를 가진 사람들 중에서 뽑아야 했기 때문이다. 그때 천거된 사람이 조정지, 허균 그리고 신흠이었다. 허균은 나이가 어리지만 재주가 뛰어나다고 해서 추천되었고, 조정지는 승문원 판교로 있으면서 외교 문서를 많이 다룬 점 때문에 천거되었다. 문장이 빼어나기로 소문이 자자했던 신흠은 비변사에 있으면서 중국에 다녀와 여러 상황을 잘 알고 있다는 것 때문에 천거되었다. 그러나 임금이 신흠을 마땅찮게 여겨 다시 신광필이 종사관이 되었다.

허균에 대한 기록 가운데 1594년부터 1597년까지가 불분명했는데, 그 의문점은 허균이 지은 《성소부부고》를 통해 유추할 수 있다. 종사관 임무를 무사히 마친 허균이 그해 여름에 이조 관직에 추천되었는데, 그때 비보가 날아든다. 어머니가 강릉에서 돌아가신 것이다. 어렵게 벼슬길에 오른 허균은 그 꿈을 접고 삼년상을 치르기 위해 고향인 강릉으로 내려갔다. 당시 풍속은 부모가 돌아가시면 삼년상을 치러야 했다. 삼년상을 지내는 동안에는 부부관계도 멀리하고 고기도 먹지 않는 것이 예법이었다. 그러나 자유분방했던 허균은 예법을 무시한 채 기생들과 어울렸다. 이때의 일이 화인처럼 찍혀 허균에게 큰 그림자를 드리우게 된다.

1596년 허균은 승문원에서 외교 문서를 다루는 임무를 맡고 있었다. 그때 업무 차 영의정 유성룡의 집을 자주 찾았고, 그곳에서 작은형 허봉의 친구인 사명당 유정을 만나게 되었다. 허균의 〈사명집서四溟集序〉에는 사명당과 만났던 일이 자세히 기록되어 있다.

> 병신년(1596) 겨울 내가 승문원에 있을 때 공사公事로 인하여 영상領相 서애(유성룡의 호)를 찾아뵈었는데, 사가 높은 고깔에 긴 수염으로 앉아 있다가 반가이 손목을 잡고 옛날을 이야기했다. 이에 함께 객사로 돌아와 당시의 시무時務를 담론하였는데, 강개慷慨한 기개로 손뼉을 치면서 이해를 타진하는 것은 옛날 의협義俠의 풍도가 있고, 안장에 기대어 좌우를 돌아보면서 요기妖氣를 쓸어버리려는 의지는 늙어서도 장건한 노장老將과도 같기에 내가 더욱 경중하면서 그의 시문詩文은 여사에 불과하다. 그의 재주가 국난을 구제할 만한데, 아깝게도 불문에 투신했다고 여기었다.

허균의 나이 스물아홉 살이 되던 1597년 1월에 정유재란이 일어났다. 허균은 예문관 검열 겸 춘추관 기사관과 세자시강원 설서가 되었으며, 3월에 문과 중시에 장원으로 급제했다. 이 시험은 과거에 합격하여 이미 벼슬길에 오른 관리를 더 중요한 자리에 쓰고자 치르는 시험이므로 여기서 장원을 한다는 것은 관료에게 가장 영광스러운 일인 동시에, 좋은 벼슬길이 보장된다는 의미였다.

사관이 된 허균은 임진년 이후의 사첩을 모두 다 교열했다. 이때 허균은 중요한 발견을 했다. 전쟁 중에 중국의 장수들이 군사를 쓴 사실과 조선의 장수가 공을 세운 내용 그리고 일본군이 조선을 침공한 사실을 정확하게 기록한 책이 하나도 없다는 것이었다. 그것은 사관들이 너무 무사안일과 나태에 빠진 채 기록했기 때문이다. 그러한 사실을 직시한 허균에게 임금이 명을 내려 명나라 군사가 조선을 위해 구원한 사실을 책으로 만들었다. 그때 지은 책이 《동정록東征錄》인데, 훗날 이 책은 《선조실록》을 편찬할 때 귀중한 역할을 했다.

1598년 봄, 전쟁이 계속되던 시기라서 허균은 공무로 바쁘기만 했다. 그의 임무가 명나라 장군들을 접대하는 일이었기 때문이다. 그 무렵 수없이 많은 명나라 군사들이 압록강을 건너 조선으로 들어왔다. 그중 한 사람이 병부 급사중 서중소를 따라온 오명제吳明濟라는 시인이었다. 그는 자신의 임무를 다하면서 시간이 날 때마다 조선의 시를 가려 뽑았다. 그해 봄에서 여름까지 모은 시가 200편가량 되었는데, 그가 조선의 시를 모아 시선집詩選集을 엮게 된 것은 허균에게서 비롯한 것이었다.

그 무렵 경리도감을 지내고 있던 허성은 중국의 장군들을 접대하는 책임자였고, 그래서 오명제는 허균의 집에 머물렀다. 그는 허균이 외우는 수백 편의 시와 허난설헌의 시 58수를 합하여 《조선시선朝鮮詩選》을 엮었다. 오명제는 《조선시선》 서문에 "허균이 삼형제 중에 가장 영민해서 시를 한번 보면 잊지 않아, 동방의 시를 수백 편이나 외우고 있었다"라고 썼다. 1998년 오명제의 《조선시선》이 북경도서관에서 발견되어 다시 우리나라에 소개되기도 했는데, 책의 뒷부분에 "조선 장원 허균 서"라고 쓰여 있었다.

중국 사행에서 돌아오던 1598년 10월 13일에 허균은 병조좌랑이 되었다. 예문관 검열(정9품)이 된 지 불과 몇 개월 만에 허균은 품계를 세 단계나 뛰어넘어 정6품이 되었다. 아래 《선조실록》을 보자.

민몽룡을 병조참의로, 이정신을 전주부윤으로, 이정귀를 공조참판으로, 허균을(타고난 성품이 총명하여 모든 서적을 박람博覽하였으므로 글을 잘했다. 그러나 사람됨이 경망하여 볼 만한 것이 없다) 병조좌랑으로, 심희수를 좌부빈객으로, 황정철을 집의로 삼았다.

그렇게 파격적으로 벼슬이 뛰어오른 것은 허균이 문과 시험에서 계속 수석을 차지했기 때문이다. 중요한 것은 사관이 작은 글씨로 "타고난 성품이 총명하여 모든 서적을 박람하였으므로 글을 잘했다. 그러나 사람됨이 경망하여 볼 만한 것이 없다"라고 썼다는 것이다. 이는 당시 허균이 스스로에게 도취해 잘난 체한 결과일 것이다.

허균은 임금의 명령을 받아 의주와 곽산 등지를 돌아다니며 21편의 시를 써서 〈무술서행록戊戌西行錄〉을 만들었다. 안주를 지나던 허균은 100가지 경치를 볼 수 있다는 백상루百祥樓에서 그 감회를 시로 읊었다.

저물녘 높은 누에 기댔노라니 (向晩憑高閣)
찬바람이 강 물결을 일으키누나 (寒風起夕波)
돌 사이 가을꽃은 오히려 이르고 (秋花石間早)
물가라 서리 기운 유달리 많아 (霜氣水邊多)
고국을 떠나가니 해도 늦어라 (去國年將晏)
시대를 설워하니 한이 어떠리 (傷時恨若何)
바다 산에 다다라 슬피 읊으니 (悲吟臨海嶠)
글귀 얻어 양하羊何에게 아뢰네 (得句報羊何)

이때가 길다면 길고 짧다면 짧은 허균의 인생에서 가장 한가로우면서도 자유로운 시절이었다.

사헌부와 마찰을 빚다

1599년(기해)에는 허균의 생애에 가장 큰 영향을 끼친 사건이 일어났다. 윤4월 8일이었다. 병조좌랑으로 근무하면서 승정원에 파견 근무를 나가던 허균이 사헌부와 마찰을 빚게 되었는데, 그 전말은 이렇다. 허균이 임금의 문서를 담당하던 승정원에서 일을 보다가 틀린 글자가 몇 개 있는 소장을 발견하고 임금에게 올리지 않았다. 그 뒤 곧바로 틀린 글자가 있다면서 소장을 다시 사헌부로 돌려보내면서 틀린 글자 위에 검은 점을 찍어 보냈다는 것이다. 그러한 일은 처음 있는 일이라 사헌부에선 난리가 났다. 당시 사헌부 지평 남탁은 임금에게 관리들의 잘못을 규탄하는 글을 올리면서 허균도 조사하라고 했다.

> 헌부의 공사는 잘못된 곳이 있더라도 정원이 도로 내줄 수 없는 것인데, 지난번 허균의 추고 공사를 정원이 여러 날 지체하다가 끝내 내주었으니, 도무지 대간을 존중하고 체모를 존귀하게 여기는 뜻이 없습니다. 청하건대 승지를 갈아 치우고 동참한 승지의 잘못도 함께 조사하소서.

사헌부의 청을 받아들인 선조는 조사를 하도록 했다. 하지만 허균은 아무리 사헌부의 소장이라도 임금에게 올리는 글에 잘못된 문장이 있으면 수정을 요구하는 것이 당연하다고 버티었다. 허균의 주장에 무리가 없었기 때문에 그 일은 아무 탈 없이 지나갔다.

그러나 이때부터 허균은 미운털이 박혔다. 당시의 풍조로 보면 사헌부에게 미운털이 박히면 사실상 출세의 길이 막혀 버리는 것이었다. 왜냐하면 사헌부에서는 그 사람의 이름만 나오면 탄핵을 했기 때문이다. 그 뒤로 사헌부에서는 허균의 이름만 나오면 탄핵을 일삼았다. 허균은 할 말이 있어도 할 말을 하지 못하는 자신의 심경을 담은 편지를 아홉 살의 어린 시절부터 절친했던 친구 임수정에게 보냈다.

> 지독한 추위에 목이 막혔으니 하늘이 응대應對하는 줄이려는 것이 아닐지? 다만 혀가 먼저 나에게서 떨어져 나갔으니, 사지가 각각 떨어져 나갈 날이 얼마나 멀겠는가. 어제 이술을 만났는데, 모든 일이 잘된 것도 없고 잘못된 것도 없어서 함께 노력하면 구제될 것이라고 하였지만, 내 입은 꼭 다물어져서 벌릴 수가 없네. 성현聖賢도 보통 사람과의 차이가 멀지 않은데, 더구나 한 시대에 논의하는 사람들의 차이야 얼마나 있겠는가. 만약 형께서 같이 앉아 계시어 이런 말을 들으셨다면, 서로 생각이 동떨어지지는 않았을 것이네.

당시 임수정은 사간원 정언(종6품)으로 매일 임금과 만날 수 있는 요직에 있었다. 하지만 허균은 변방으로만 맴돌면서 비방만 받는 터였다. 그런 자신의 한심하기 이를 데 없는 처지와 시새움이 섞인 편지였다. 그리고 몇 달 뒤인 기해년 5월에 허균은 다시 임수정에게 편지를 보냈다.

> 천지 사계절도 변화하는 소식이 있건만, 나는 늘 비굴하기만 하고 펴지를 못하니, 비록 100명의 약초(임수정의 자)가 있다고 하더라도 나를 어떻게 할 수 없는가 보네. 떠돌이 벼슬살이에 식생활까지 자주 궁핍하니 한 고을의 수령으로 보내주는 것만 못하네. 궁한 원숭이가 숲으로 달려가는데, 나무를 가려서 오르겠는가. 다만 포의布衣 시절의 정情만 믿고서 늘 아뢰는 것이네.

황해도사가 되다

1599년 5월 25일 허균은 황해도사(도사는 감사의 다음가는 직책으로 종5품)가 되었다. 그때 실록을 기록한 사관들은 작은 글씨로 허균을 다음과 같이 나쁘게 평했다.

> 행실도 수치도 없는 사람이다. 오직 문장의 재주가 있어 세상에 용납되었는데, 식자들은 더불어 한 조정에 서는 것을 부끄러워했다.

그러한 사실을 모르는 허균은 벼슬이 승진하자 임수정에게 기쁨에 찬 편지를 보낸 뒤, 임지인 해주에 도착했다. 도사는 관리의 감찰과 규탄을 맡은 벼슬로, 관리들의 행정을 사찰하는 것이었다. 허균은 황해도 고을 곳곳을 돌아다니기 시작했다. 허균이 도착하면 고을 수령들은 잔치를 베풀어 주었다. 하지만 해주에서는 관리들에게 푸대접을 받았는지, 어서 빨리 돌아가고 싶은 생각만 간절하다는 내용의 〈해주〉라는 시를 짓기도 했다.

해주 서쪽에 있는 신광사를 구경하고 장연에 있는 금사사金沙寺에 도착한 허균은 경관이 빼어나도록 아름다운 이곳을 답사한 뒤 〈금사사〉라는 시 한 편을 남겼다.

부처의 땅(佛地)이 삼천三天에 가깝다면
하창霞窓이 사면에 열렸구려
초승달이 숨어라 구름을 감싸고
늦은 바람 띠어라 밀물이 드네
석장錫杖 날려 어느 때나 당도할는지
난鸞을 탄 이 다시는 오지 않네
가슴 열고 봉도蓬島를 바라보니
바다를 떠가는 그 흥이 유유하네

황해도 일대를 순찰한 허균은 따로 감사에게 청하여 별실別室을 만들어 서울의 기생들을 불러다 거처케 했다. 그리고 매일 소연小宴을 베풀고 3일마다 대연大宴을 베풀었다. 도내의 문인묵객을 불러 놓고 시회詩會를 열었으며, 당시 천대받던 서얼이나 천민을 거느리고 다녔다. 그뿐 아니라 이름난 난봉꾼들을 불러 모아 잡희雜戲를 시키고 술안주로 삼았다.

허균은 그의 초청을 받고 해주에 와 있던 이재영과 권필의 충고에도 아랑곳하지 않고 여태껏 억눌렸던 풍류를 마음껏 발산하였다. 눈치 보지 않고 놀다 보니, 백성과 수령의 원망 소리는 커져만 갔다. 하지만 허균은 개의치 않았다. 관리의 불법을 감시하고 찾아내야 할 사람이 오히려 불법을 저지르고 기강을 무너뜨린 것이다. 이 사실을 안 조정에서 가만히 있을 리 만무했다. 결국 사헌부에서는 '허균을 파직하라'는 내용의 상소문을 올렸다. 처음에 선조는 사헌부의 상소를 보고 허균의 재능을 시기하는 자들의 소행이라고 생각해 자세히 알아보라고 명했다. 그러나 그 상소가 사실인 것으로 드러나 결국 허균은 관직에서 쫓겨났다.

아내의 무덤을 옮기다

그의 나이 서른두 살이 되던 해인 1600년(선조 33) 3월에 부인 김씨의 묘를 원주 서면西面으로 이장했다. 양지바른 곳에 아내의 무덤을 이장한 허균은 그제야 제문과 행장을 쓸 수 있었다. 행장은 사람이 죽은 뒤 일정한 기간이 지나서 짓는 것이 관례였다. 그러므로 고인을 추모하는 마음이 그리 깊이 담기지 않는 경우가 많다. 그러나 허균의 행장에는 오랜 세월조차 지우지 못한 슬픔과 아내에 대한 그리움이 뒤엉켜 있다. 《성소부부고》 제15권에 실린 부인 김씨의 제문과 행장을 보자.

망처亡妻의 제문

오직 부인은 본성이 공경스럽고 정성스러웠고

그 덕은 그윽하고 고요하였네
일찍이 시어머니 섬길 때
시어머니 마음은 몹시도 기뻤다네
죽어서도 시어머니 따라
이 산에 와 묻히는구려
휑뎅그렁한 들판 안개는 퍼졌는데
달빛 쓸쓸하고 서리도 차구려
의지 없는 외로운 혼은
홀 그림자 얼마나 슬프겠는가?
십팔 년을 지나서
남편 귀히 되어 높은 벼슬에 오르니
은총으로 추봉追封하라는
조서가 내려졌네
미천할 때 가난을 함께하면서
나의 벼슬 높기를 빌더니만
벼슬하자 그대는 벌써 죽어 없으니
추봉의 은총만 부질없이 내려졌네
어찌하면 영화를 같이 누릴꼬
내 마음 하염없어라
아마도 그대 넋 알음이 있다면
그대 또한 눈물을 줄줄 흘리리
녹으로 내린 술 한잔 들구려

서러움에 눈물만 줄줄 흐르누나

망처 숙부인淑夫人 김씨의 행장

부인의 성은 김씨이니 서울의 대성이다. 고려조 정승 방경의 현손인 척약재 구용은 고려 말에 이름을 떨쳤고, 벼슬이 삼사의 좌사에 이르렀다. 그 사대손인 윤종은 무과에 급제하여 벼슬이 절도사였고, 그 아들 진기가 경자년 사마시에 합격, 별제로 첫 벼슬에 나아갔다. 그리고 그가 휘 대섭을 낳으니 또한 계유년 사마시에 합격, 도사로 첫 벼슬에 나아갔다. 그리고 관찰사 심공沈公 전銓의 딸에게 장가드니 부인은 바로 그 둘째 딸이다. 융경隆慶 신미년(선조 4, 1571)에 낳아, 나이 열다섯 살에 우리 집에 시집왔다. 성미가 조심스럽고, 성실하고도 소박하여 꾸밈이 없었으며, 길쌈하기에 부지런하여 조금도 게으름이 없었고, 말은 입에서 내지 못하는 듯이 했다. 모부인母夫人 섬기기를 매우 공손하게 하여 아침저녁으로 반드시 몸소 문안드리고, 음식을 드릴 때 꼭 맛을 보고 드렸다. 철을 따라 제철 음식을 푸짐하게 대접했다.

종들을 다루기를 엄격히 했지만 잘못을 용서해 주었고 욕지거리로 꾸짖지 않으니 모부인께서 칭찬하시되, "우리 어진 며느리로다" 하셨다. 내 한창 젊은 나이에 부인에게 압류狎遊하기를 좋아하였지만 싫은 기색을 얼굴에 나타낸 적은 거의 없었으며, 어쩌다 내가 조금이라도 방자하게 굴면 문득 말하기를 "군자의 처신은 마땅히 엄중해야지요. 옛사람은 술집 · 다방에도 들어가지 않는다던데, 하물며 이보다 더한 짓이겠어요?" 하였으므로, 내 듣고 마음으로 부끄러워 더러 조금이나마 다잡힘이 있었다. 그리고 항상 내게 부지런히 글공부하기를 권하여 "장부가 세상에 나서 과거하여 높은 벼슬에 올라 어버이를 영화롭게 하고, 제 몸에 이롭게 하는 이도 또한 많습니다. 당신은 집이 가난하고, 시어머님은 늙어 계시니 재주만 믿고 허송세월하지 마십시오. 세월은 빠르니 뉘우친들 어찌 뒤따를 수 있겠습니까?" 했다.

임진년(선조 25, 1592) 왜적을 피하던 때는 마침 태중胎中이어서 지친 몸으로 단천까지 가서 7월 7일에 아들을 낳았다. 이틀 후에 왜적이 갑자기 닥치자, 순변사 이영이 물러나 마천령을 지키게 되었다. 그리하여 나는 어머니를 모시고 그대를 이끌고서 밤을 새워 고개를 넘어 임명역에 이르렀는데, 그대는 기운이 지쳐 말도 못했다. 그때 동성同姓인 허행이 우리를 맞아 해도海島에 피란하였으나 머물 수가 없었다. 억지로 산성원 백성 박논억의 집에 이르러 10일 저녁 숨을 거두매, 소 팔아 관을 사고 옷을 찢어 염을 하였으나 오히려 체온이 따뜻하므로 차마 묻지를 못하였는데, 갑자기 왜적이 성진창을 친다는 소문이 들리므로, 도사공이 급히 명하여 뒷산에 임시로 묻으니 그때 나이 스물둘로 같이 살기는 여덟 해였다.

아! 슬프다. 그 아들은 젖이 없어 일찍 죽고, 첫딸은 잘 자라서 진사 이사성에게 시집가 아들 · 딸 하나씩을 낳았다.

기유년(광해 1, 1609)에 내가 당상관으로 승직하여 형조참의에 임명되니 예에 따라 숙부인으로 추봉케 된 것이다. 아! 그대 같은 맑은 덕행으로, 중수中壽도 못한 데다가 뒤를 이을 아들도 없으니, 천도天道 또한 믿기 어렵다. 바야흐로 우리 가난할 때 당신과 마주 앉아 짧은 등잔 심지를 돋우며 반짝거리는 불빛에 밤을 지새워 책을 펴놓고 읽다가 조금 싫증을 내면 당신은 반드시 농담하기를 "게으름 부리지 마십시오. 나의 부인첩夫人帖이 늦어집니다" 하였는데, 18년 뒤에 다만 한 장의 빈 교지를 궤연(영좌靈座)에 바치게 되고 그 영화를 누릴 이는 나와 귀밑머리 마주 푼 짝이 아닐 줄을 어찌 알았겠는가?

당신이 만약 앎이 있다면 또한 반드시 슬퍼하리라. 아, 슬프다. 을미년(선조 28, 1595) 가을에 길주에서 돌아와, 또한 강릉 외사外舍에 묻었다가, 경자년(선조 33, 1600) 3월에 선부인을 따라 원주 서면 노수蘆藪에 영장永葬하니, 그 묘는 선산 왼쪽에 있으며 인좌寅坐 신향申向이다. 삼가 행적을 쓰노라.

벼슬에서 파직되어 달리 할 일이 없었고, 더구나 사별한 아내에 대한 추억으로 허균의 심사는 이루 말할 수 없이 슬프기만 했다. 그 무렵에 그가 가깝게 지낸 지인들과 나눈 편지 몇 통이 남아 있다.

나는 마흔이 못 되었으나 머리가 이와 같으니, 나이가 들면 어떤 모습이 될지 모르겠네. 떠도는 인생이 몇 살이나 산다고 억지로 남이나 따르며 주관이 없이 살겠는가.

옛날의 명사들이란 반드시 실컷 술을 마시고도 〈이소경離騷經〉이야 익히 읽은 사람들인데, 나는 두 가지를 전혀 하지 못하니, 뭇 관료들의 밑에 있는 것을 달게 생각하네. 그런데 자네는 천 길 높은 곳으로 끌어올리려고 하니, 모르긴 하지만, 옛날의 역사力士인 오획烏獲과 같은 힘이 있는가? 아마도 애만 쓰고 이익은 없을 것이네.

— 경자년 3월 임약초에게

고서古書 만 권을 쌓아 두고 탁문군卓文君(한나라 여인)을 끼고서 그 가운데서 거리낌 없이 지낸다면 일생을 사랑하기에 충분할 것이네. 풍류는 형 자신만 즐기시고 나를 위해 너무 자랑하지 말게. 나야 인간에서 버린 물건이니, 왜 그대의 일에 간섭하겠는가. 형은 탓하지 말게. 비루하고 잡된 것을 가리지 않으면, 이야말로 그 큰 도량을 보기에 족하니, 비유하건대 만 리나 되는 긴 강이 어찌 하여 천 리에 한 곳이라도 굽은 데가 없겠는가. 이러한 광기를 용서해 주신다면 무척 고맙겠네.

– 경자년 3월 임자승에게

형께서 내가 잡된 사람들과 사귀는 것을 경계하는 편지를 두 번이나 보냈으니 매우 고마운 마음이네. 그러나 이 점은 나의 참 마음을 해롭게 하지는 않는 일이네. 옛날 곽서선郭恕先(송나라 사람)은 시장 사람들을 끌고 가서 술을 마시며 "나와 함께 지내는 사람은 모두 이런 부류다"라고 하였는데, 모르긴 하지만, 형께서 종유하는 사람들은 시장 사람들보다 나은가?

– 경자년 3월 임자승에게

지인들에게 보낸 몇 편의 편지를 보면 당시 허균의 마음이 어떠했는지를 미루어 짐작할 수 있다.

조운판관이 되어 호남을 돌아다니다

좌절과 실의의 시절도 잠시, 1600년 7월에 허균은 예조정랑이 되었고, 의인왕후가 죽자 장생전의 낭청郎廳이 되어 의인왕후의 국상을 준비하는 일을 하게 되었다. 혈기방장한 허균에게 그 일은 따분하기만 했다. 1601년 허균은 당시 이조참판이던 박동량에게 조관漕官 자리를 부탁하는 시, 〈연형年兄 박아판朴兒判에게 부쳐 조관을 구걸하다〉를 지어 보냈다.

낭청의 집에 구리 도장銅章인들 오겠는가
말 들으니 조관이 임기가 찾다 하네
수놓은 옷繡衣을 얻어 입고 바닷가로 떠나가서
다락 아래에서 피리 소리 들으며 매화 구경이나 하겠네

하지만 그가 보낸 편지에 답신은 없고, 그의 심사는 울적하기만 했다. 그 무렵 지은 시가 바로 〈자탄自歎〉이다.

남궁南宮 선생은 본래부터 어리석긴 제일이라
서른두 살에 머리가 벌써 겨울처럼 하얗지만
수레 뒤, 티끌에까지 굽실거리는 반악潘岳을 싫어하고
오히려 수월가진 사상謝尙을 부러워하네
무거운 인印 긴 띠는 어느 누구에게 돌아갔나
요즘도 승상의 꾸지람만 당한다네

봉래산 찾아가서 생학笙鶴을 묻고 싶은데

봄날에 피는 복사꽃 소식을 서왕모가 알려주질 않네

장안의 귀인들은 다 아는 얼굴이지만

붉은 대문이 높고도 높아서 만나보기 어렵구나

고을의 사또 자리 하나 구걸하기란 하늘에 오르는 것 같아

삼천리 약수마저 맑아지지를 않아서 건널 수가 없구나

1601년 봄에 허균은 호남 지방의 각 고을을 돌아다니며 과거를 베풀고서 시험을 감독하는 향시鄕試의 시관試官이 되었다. 그때 호남 지방을 돌아다니며 쓴 것이 〈남정일록南征日錄〉이고, 그중 한 편이 〈일찍 판교원板橋院을 출발하다〉라는 시다.

새벽종 들려오자 떠날 길을 재촉하여

강다리를 벗어나니 짙은 안개 서렸구려

언덕가 능수버들 봄빛이 돌아오고

말 앞의 봉우리에 해는 둥실 솟아나네

내 평생 한묵翰墨에는 재주 먼저 뒤지는데

밝은 세상 공명도 뜻이 절로 게으르지

조만간에 몸을 빼어 방외方外로 떠날 테니

남이 나를 술꾼이라 부른들 어떠하리

천안을 지나 여산에서 윤지중을 만나고, 전주와 태인을 거쳐 노령蘆嶺

(갈재)을 넘었다. 장성과 광주, 남평을 지나 창평에서 친구인 임약초를 만났다. "타관에서 만나보니 너무도 반가워라." 그랬을 것이다. 항상 우여곡절만 겪으며 살다가 그리던 사람을 그나마 자유로워진 상황에서 만났으니. 하지만 임약초는 병이 깊을 대로 깊어 있었다. 〈남정일록〉 중 〈창평에서 임약초를 만나다〉라는 시의 부분이다.

얻고 잃는 것 따져보면 한바탕 봄날의 꿈이라
잠자코 장자를 따라 유경遺經이나 배워 보세

허균은 임약초에게 벼슬을 내놓고 고향으로 돌아가 치료하기를 권했다. 그해 4월 사직을 하고 고향에 돌아간 그는 6월에 영암 고향집에서 세상을 하직하고 말았다. 그때 죽은 친구를 위해 지은 글이 《성소부부고》 제15권에 실린 〈임약초의 곡문哭文〉이다.

아, 내 나이 19세 때 돌아가신 어르신께서 상곡庠谷으로 이사하셨는데, 그대는 나보다 한 살이 어렸다. 처음 자네와 사귀게 됨에 그대는 바야흐로 나이 어려 더벅머리를 드리웠으되 의젓하여 벌써 어른 같았다. 둘이 서로 아주 좋아하여 그 사귐이 막역했다. 파피리 불고 죽마 타던 때로부터 책을 끼고 스승을 찾아 글방에서 재주를 겨루는 나이에 이르도록 나란히 다니지 않은 적이 없고, 어깨를 맞대고 가지 않은 적이 없었다. (……)

난리가 일어난 이래로 비록 노니는 곳은 같지 않았지만, 그리워하고 아끼는 정은 둘이 다 그랬었다. 내가 벼슬하여 태사太史가 됨에 미쳐, 그대 또한 과거에 붙어 똑같이 조정에 서게 되어, 옛날 뜻을 같이 실천할 수 있었다. 그러나 벼슬길이 남북으로 갈라져 한 달도 같이 서울에 있지는 못했으나, 때로 이별할 적에는 늘 한숨짓고 헤어지곤 했다. 그대는 과연 재주가 있어 요로에 있었지만, 나는 소준疎儁으로 세상에 받아들여지지 않아 헛늙고 떨치지 못하므로, 그대가 그 영락하고 뜻대로 못 됨을 늘 생각하여 힘써 추천하되 마침내 뜻대로 성취시키지를 못하고는, 이에 한숨짓기를 "궁달은 운명이로구나. 그대 같은 재주로 어렵게 지낸다는 것은 나의 책임이다"라고 했다. (……)

아, 슬프다. 섬강에 살자던 약속 아직 귀에 쟁쟁한데, 어찌 알았으랴. 수십 년도 못 되어 먼저 죽어 귀신이 될 줄을! 이제 살아 있는 이 몸도 오히려 어찌 이 세상에 오래 견디겠는가? 내 비록 목숨이 붙어 있다 한들 비방과 헐뜯음이 뒤엉키니, 곰곰이 생각하면 죽은 자는 캄캄하여 알지도 못하고 헐뜯음도 시비도 우락도 영욕도 모르고 제 마음 이끌고 빈 시간에 홀로 누워 하늘로 이웃 삼고 해와 달로 벗을 삼아 자기의 자연에 자적함만 같지 못하도다. 나 또한 오래지 않아 저승으로 그대를 따라가 이 즐거움을 같이 누리고, 젊은 날의 우정과 도리를 이어갈 것이니, 비통하게 생각함도 또한 망령된 일이기에 한잔 술을 그대에게 권하며 이런 넋두리를 늘어놓는 것이다. 넋이여, 알음이 있는가, 알음이 없는가? 물어도 대답이 없으니, 내 어찌 슬퍼하지 않으리오. 오, 서럽고 슬프다.

섬강에서 살자던 약속을 지키지 않고 먼저 가버린 친구를 애타게 불러 보아도 다시 돌아올 수 없으니, 견디기 힘든 가슴앓이를 넋두리로 풀어냈다.

이매창을 만나다

시험 감독관도 잠시, 허균은 그가 원하던 대로 1601년 6월에 호남의 전운판관(삼창의 양곡을 서울로 운반하는 직책)으로 임명되었다. 전운판관은 종5품 벼슬로 충청도와 전라도의 세곡을 거둬들여서 배에 실어 운반하고 감독하는 자리였다. 특히 국가의 재정을 총괄하는 세미가 워낙 많기도 했지만, 지방 관리들의 행정실적을 평가하는 기준이기 때문에 허균은 가는 곳마다 관리들에게 환대를 받았다. 7월 8일에 허균은 조정을 하직하고 동작포를 건넜다. 당시 장마로 강물이 한창 불어 있었다. 배를 저으며 넘실거리는 물결을 따라 겨우 강 남쪽 언덕에 도착한 허균은 정오 무렵에 과천에 도착했다. 그러나 과천 현감은 자리를 비우고 없었다. 허균은 "현감의 첩 설아가 소헌小軒에서 맞아 술을 대접했다"라고 〈조관기행漕官紀行〉에 실었다.

그 무렵 지은 글을 보면 오랜만에 허균은 원하는 일을 하면서 머리에 가득 쌓인 시름을 풀어낼 수 있었던 것으로 보인다. 이때 허균은 이매창과 운명적으로 만나게 된다. 조선의 사대부는 대부분 기행문에 연회의 내용은 기록하지만, 기생에 대해서는 자세히 쓰지 않았다. 그나마 황진이에 대한 것이 조금 남아 있지만 황진이와 동시대를 살았던 사람들의 글에는 황진이에 대한 내용이 단 한 줄도 나오지 않는다. 황진이의 스승이었던 서경덕이나 황진이와 사랑을 나누었던 소세양의 문집, 어느 곳에도 황진이에 대한 글은 없다. 황진이가 여자이고 관기官妓였기 때문에 그랬을 수도 있다. 다만 후대 사람들 중 영의정을 지낸 한음 이덕형이 개성유수로 갔을 때 어린 시절 황진이를 직접 보았다는 어떤 노인의 이야기를 듣고는 황진이에 대한 장문의 글을 남긴 것과 유몽인, 임제 등의 글이 남아 있을 뿐이다. 그 뒤 허균도 황진이에 대해 글을 썼는데, 그 내용은 다음과 같다.

진랑眞娘(황진이)은 개성 장님의 딸이다. 성품이 얽매이지 않아서 남자 같았다. 거문고를 잘 탔고 노래를 잘했다. 일찍이 산수山水를 유람하면서 풍악楓嶽(금강산)에서 태백산과 지리산을 지나 금성(나주)에 오니, 고을 원이 절도사와 함께 잔치를 벌이는데, 풍악과 기생이 좌석에 가득했다. 황진이는 해진 옷에다 때 묻은 얼굴로 바로 그 좌석에 끼여 앉아 태연스레 이를 잡으며 노래하고 거문고를 타되 조금도 부끄러운 기색이 없으니 여러 기생이 기가 죽었다.

평생에 화담의 사람됨을 사모했다. 반드시 거문고와 술을 가지고 화담의 농막에 가서 노래하고 거문고를 타면서 즐긴 다음에 떠나갔다. 매양 말하기를 "지족선사가 30년을 수양했으나 내가 그의 지조를 꺾었다. 오직 화담 선생은 여러 해를 가깝게 지냈지만 끝내 관계하지 않았으니 참으로 성인이다"라고 했다. 죽을 무렵에 집사람에게 말하기를 "출상出喪할 때 제발 곡하지 말고 풍악을 잡혀서 인도하라"라고 했다. 지금 노래하는 자도 그가 지은 노래를 능히 부르니 또한 이상한 사람이었다.

-《성소부부고》 제 24권 〈성옹지소록〉 하

이 얼마나 대단한 일인가. 여행 중인 초라한 차림새의 한 여자(황진이)가 거리낌 없이 이를 잡으며 노래하고 거문고를 타다니! 그런 황진이와 같이 솔직 담백한 기녀를 많이 보았던 허균은 기생과의 일도 숨기지 않고 사실대로 기록했다. 그만큼 허균의 영혼이 순수하고 따뜻했기 때문일 것이다.

허균 일행이 보령과 남포를 지나 전라도 만경에 이르렀고, 부안에 도착한 것은 7월 23일이었다. 이때 부안의 기생인 계생桂生(계랑, 이매창)을 만났다. 《성소부부고》 제18권 〈조관기행〉을 보자.

> 23일(임자) 부안에 도착하니 비가 몹시 내려 머물기로 했다. 고홍달이 인사를 왔다. 창기 계생은 이옥여(이귀의 어린 시절 이름으로 김제 군수를 지냈다)의 정인情人이다. 거문고를 뜯으며 시를 읊는데, 생김새는 시원치 않으나 재주와 정감이 있어 함께 이야기할 만하여 종일토록 술잔을 놓고 시를 읊으며 서로 화답했다. 밤에는 계생의 조카를 침소에 들였으니 혐의를 피하기 위해서다.

이 글을 보면 허균이 만난 이매창은 얼굴이 아름답기보다는 문학에 대한 재주와 사람을 끄는 매력이 있는 여자였음을 알 수 있다. 또 하나 눈여겨보아야 할 것은 이옥여라는 사람이다. 이옥여는 인조반정의 주역인 이귀를 말한다. 허균이 이매창의 정인으로 이귀를 언급한 것은 자신이 이매창과 깊은 관계가 아니라는 것을 밝히기 위해 일부러 그런 것임을 미루어 짐작할 수 있다. 아무튼 그때부터 허균과 이매창의 인연이 시작되었다.

허난설헌, 황진이와 더불어 조선의 3대 여류 시인으로 알려진 이매창은 선조 6년(1573)에 부안현의 아전이었던 이탕종의 서녀로 태어났다. 계유년에 태어났기 때문에 이름을 계생桂生이라 했고, 매창은 호다. 이매창은 서녀로 태어나 기생이 되었지만 얼굴은 예쁜 편이 아니었고 시와 글, 노래와 거문고 등에 능하여 사람들의 심금을 울렸다.

이매창과 교류를 나누다가 연인이 된 사람이 유희경이다. 그는 천민이었으나 임진왜란 때 의병을 모집한 공로를 세워 훗날 천민 신분에서 벗어났다. 유희경이 부안 기생 이매창을 만난 것은 고경명이 주창해서 궐기한 의병에 참여하기 위해 광주로 내려가던 길이었다. 부안에서 아기 기생 이매창을 만나 시와 노래를 주고받으며 사랑이 싹텄다. 그때 유희경의 나이는 48세였고, 이매창은 꽃다운 스무 살이었다. 처음 만난 날 유희경은 이매창에게 시 한 편을 건넸다.

내게 선약仙藥이 한 알 있으니
고운 뺨 주름살을 편다오
비단 주머니 속 깊이 있지만
이제 그대에게 드리오리

이 시를 받은 매창은 다음과 같이 화답했다.

내게 옛 거문고가 있음이여
한 번 타면 온갖 감회가 인다오
세상에 이 곡을 알아줄 이 없어
우리 임 피리 소리에 화답하오리

함열로 유배 왔을 무렵 허균은 이매창을 자주 찾았고, 이 지역을 사랑했던 그는 아예 눌러 살고자 했다. 허균은 살아생전에 수많은 여자를 만났다. 그러나 진실로 사랑했던 여자는 첫째 부인 김씨와 부안 기생 이매창이었을 것으로 추정된다. 허균과 이매창은 정신적인 사랑과 우정을 나누었던 사이다. 이매창 역시 허균을 사랑하지 않은 것은 아니었지만, 그에게는 이미 정인이 있었기 때문에 그 이상의 관계는 이어가지 않았다. 허균의《성수시화》에 유희경과 이매창에 대한 이야기가 실려 있다.

유희경이란 자는 천례賤隷다. 사람됨이 청수하고 신중하며 충심으로 주인을 섬기고 효성으로 어버이를 섬기니 사대부들이 그를 사랑하는 이가 많았으며, 시에 능해 매우 순숙純熟했다. 젊었을 때 갈천 임훈林薰을 따라 광주에 있으면서 석천 임억령林億齡의 별장에 올라 그 누각에 전 사람이 써 놓은 '성星' 자 운에 한하여 "댓잎은 아침에 이슬 따르고/솔가지엔 새벽에 별이 걸렸네"라고 하니, 양송천梁松川(양응정의 호)이 이를 보고 극찬했다.

부안의 창기 계생은 시에 솜씨가 있고, 노래와 거문고에도 뛰어났다. 어떤 태수가 그녀와 가깝게 지냈다. 나중 그 태수가 떠난 뒤에 읍인들이 그를 사모하여 비를 세웠는데, 계생이 달밤에 그 비석 위에서 거문고를 타고 하소연하며 길게 노래했다. 이원형이란 자가 지나다가 이를 보고 시를 지었다.

한 가락 요금瑤琴은 자고새를 원망하나
묵은 비碑는 말이 없고 달만 덩실 외롭네

현산峴山이라 그날 양호羊祜의 비석에도

눈물을 떨어뜨린 가인佳人이 있었던가

당시 사람들이 이를 보고 절창이라 했다. 이원형은 우리 집에 드나드는 관객館客이었다. 어릴 적부터 나와 이여인과 함께 지냈던 까닭에 시를 할 줄 알았다. 다른 작품도 좋은 것이 있으며, 석주 권필이 그를 칭찬하고 좋아했다.

젊은 시절부터 허균의 집을 드나든 이원형은 절친한 친구이자 막역한 사이로 훗날 허균의 역모사건에도 등장하는 인물이다. 허균은 이매창을 처음 만났을 때부터 항상 그만큼의 거리를 두고 지냈다.

그리운 마음을 간직한 채 가까운 듯 먼 듯 지내던 어느 날 허균이 이매창을 버리고 떠났다는 소문이 떠돌았다. 1609년(기유) 1월에 허균은 매창에게 편지 한 통을 보냈다.

계랑이 보름날 저녁에 비파를 타며 산자고山鷓鴣를 읊었다는데, 왜 한가하고 은밀한 곳에서 하지 않고 바로 윤부윤의 비석(尹碑) 앞에서 불러서 다른 사람들에게 허물을 잡히고, 석자 비석 앞에서 계랑의 시로 더럽히게 하였는가? 그것은 계랑의 잘못인데, 비방이 내게로 돌아오니 억울하오. 요즘 참선은 하시는지? 그리운 정이 간절하구려.

당시 허균이 이원형에게 보낸 편지에는 이매창의 시로 인하여 세 차례나 사헌부의 탄핵을 받았다고 쓰여 있다. 그러나 당시 허균은 서른일곱 살 나이로 퇴물이나 다름없었고, 그때까지도 옛 연인을 잊지 못하는 이매창을 마음 깊이 사랑했는지, 더 이상 원망하는 편지를 보내지 않았다. 그해 가을이 무르익어가는 9월에 허균은 다시 이매창에게 편지를 보냈다.

봉래산의 가을이 한창 무르익었으리니, 돌아가려는 흥취가 도도하오. 계랑은 반드시 성성옹惺惺翁(그 자신을 말함)이 시골로 돌아오겠다는 약속을 어겼다고 웃을 걸세. 그 시절에 만약 한 생각이 잘못되었더라면 나와 계랑의 사귐이 어떻게 10년 동안이나 그토록 다정할 수 있었겠는가.

이제 와서야 풍류객 진회해는 진정한 사내가 아니고 망상을 끊는 것이 몸과 마음에 유익한 줄을 알았을 것이오. 어느 때나 만나서 하고픈 말을 다 할는지, 종이를 대하니 마음이 서글프기만 하오.

그러나 이 편지를 보낸 뒤 다시는 이매창을 만날 수가 없었다. 이매창이 그다음 해인 1610년에 유명을 달리했기 때문이다. 마음과 몸으로 다 사랑을 나누는 것도 좋은 일일 것이다. 하지만 마음만으로 사랑하는 것도 얼마나 아름다운 일인가. 그러니 그토록 마음으로 지극한 정을 나누었던 이매창이 죽었다는 소식을 듣고 허균의 가슴이 얼마나 아팠겠는가. 이에 허균은 〈계랑의 죽음을 슬퍼하다〉라는 시를 지었다.

계생은 부안 기생인데, 시에 능하고 글도 이해하며 또 노래와 거문고도 잘했다. 그리고 천성이 고고하고 개결하여 음탕한 것을 좋아하지 않았다.

나는 그 재주를 사랑하여 교분이 막역하였으며, 비록 담소하고 가까이 지냈지만 난亂의 경에는 미치지 않았기 때문에 오래가도 변하지 않았다. 지금 그 죽음을 듣고 한 차례 눈물을 뿌리고서 율시 두 수를 지어 슬퍼한다.

신묘한 글귀는 비단을 펼쳐놓은 듯 (妙句堪璃錦)
청아한 노래는 가는 구름을 멈추게 하네 (清歌解駐雲)
복숭아를 딴 죄로 인간 세상에 귀양 왔고 (偷桃來下界)
선약을 훔쳤던가 이승을 떠나다니 (竊藥去人群)
부용의 장막에 등불은 어둑하고 (燈暗芙蓉帳)
비취색 치마에 향내만 남았구려 (香殘翡翠裙)
명년이라 복사꽃 방긋방긋 피어날 제 (明年小桃發)
설도의 무덤을 어느 뉘 찾을는지 (誰過薛濤墳)
처절한 반첩호의 부채라 (凄絕班姬扇)
비량한 탁문군卓文君의 거문고로세 (悲涼卓女琴)
나는 꽃은 속절없이 한을 쌓아라 (飄花空積恨)
시든 난초 다만 마음 상할 뿐 (衰蕙只傷心)
봉래섬에 구름은 자취가 없고 (蓬島雲無迹)
한바다에 달은 하마 잠기었다오 (滄溟月已沉)
다른 해 봄이 와도 소소의 집엔 (他年蘇小宅)
낡은 버들 그늘을 이루지 못했네 (殘柳不成陰)

당시 대다수 사대부가 기생을 천시했던 것과 달리 허균은 동등한 인간으로 대우했다. 이매창이 죽고 60여 년이 지난 후 부안의 아전들이 그녀의 시를 모았고, 그녀가 생전에 자주 찾았던 개암사開巖寺에 남아 있던 시를 모아 책을 펴냈다.

부안을 고향으로 두고 시작 활동을 했던 시인 신석정은 이매창, 유희경, 직소폭포를 가리켜 송도삼절(황진이, 서경덕, 박연폭포)과 견주어 부안삼절이라고 했다. 그러나 다시 짓는다면 이매창, 허균, 직소폭포를 부안삼절로 해도 무방할 것이다.

허균이 사랑했던 기생들

허균의 글에는 기생이 자주 등장한다. 부안 기생 이매창과 광주의 광산월, 낙빈, 설래, 춘방 그리고 허균과 마지막을 함께 지냈던 춘섬 등 여러 명이다. 그만큼 허균이 기생과 교류를 많이 했다는 이야기다. 오죽했으면 1604년(선조 37) 《선조실록》에 "일찍이 강릉 땅에 갔을 때는 기생에게 혹하여 그의 어머니가 죽었는데도 문상하지 않았다"라는 기록이 실렸을까. 허균의 글에 가장 빈번하게 등장하는 기생은 광산월光山月이다. 그에 관해서는 〈조관기행〉에 여러 편 실려 있다.

> 28일(1601년 7월, 정사) 지름길을 잡아 사기원에서 점심을 먹었다. 친척인 정성일과 그의 아들 경득, 희득이 왔다. 해 질 무렵에야 광주에 도착하니 광주에서는 마침 사신을 대접하는 중이었다. 내가 왔다는 소식을 듣고는

> 연회에 참석하라고 여러 번 요청하였으나 가지 않았다. 광주에는 젊은 날 서울에서 정을 준 광산월이 있었는데, 그녀를 보내 굳이 독촉하니 할 수 없이 참석했다. 이웃 고을의 소리하는 이는 모두 모아 놓았는데, 술은 동이에 넘치고 고기는 산과 같이 많아 품위가 없었다. 저녁에 한공과 함께 묵었다. 광산월이 와서 위로하였는데, 평생의 즐거움을 나누며 밤을 새웠다.

8월 8일 무장에 도착한 허균은 완산(지금의 전주)으로 따라간다는 광산월을 데리고 정읍과 태인을 지나 12일 전주에 도착했다. 다음 날 곧바로 전주부에 있던 진남헌鎭南軒에 나가 방백과 함께 장대놀이와 줄타기 그리고 높이뛰기 등을 보며 연회를 즐겼다. 20일에는 소문진이라는 사람의 집에 갔는데, 그곳에서 소문진의 첩과 광산월과 더불어 종일토록 피리 불고 노래하며 즐겼다. 21일에도 소랑의 집을 방문해서 푸짐한 술상을 차려 놓고 놀았다. 허균은 23일에 광산월과 작별하고 이유위와 함께 군산 근처에 있는 나시포羅時浦를 떠나 한산에 도착하여 태수 한회를 만났다.

허균과 광산월의 관계는 그 뒤로도 계속 이어지다가 "11월 14일(경오) 광산월과 이별했다"라는 글 이후 그녀의 이름이 등장하지 않는 것을 보면 그때가 마지막이었던 것으로 보인다.

자신을 알릴 기회를 잡다

허균에게 1602년 2월 새로운 기회가 찾아왔다. 명나라 천자가 큰아들을 태자로 책봉했는데, 그 조칙을 반포하러 한림원 시강 고천준과 행인사 행인 최정건이 조선에 사신으로 왔다. 이때 원접사遠接使로 내정된 이정귀가 임금에게 허균과 김현성을 종사관으로 추천한 것이다.

> 허균은 시에 능할 뿐만 아니라, 성품이 총민하고, 옛날 서적을 많이 읽었으며, 중국의 일에 밝습니다. 양주목사 김현성은 비록 나이는 많지만 시를 짓는 재주가 있고, 게다가 글씨도 잘 씁니다. 이 두 사람을 데리고 갔으면 좋겠습니다.

1602년 윤2월 13일 조정에서 허균을 병조정랑으로 임명했다. 그때 같이 새로운 벼슬을 받은 사람이 여러 명 있었다. 기자헌을 홍문관 부제학으로, 정혹을 사간으로, 김순명을 사헌부 장령으로, 강첨을 홍문관 부응교로, 유공신을 파주목사로, 김상헌을 고산찰방으로 삼았다. 허균이 병조정랑 벼슬을 받은 것은 사신을 맞이하기 위한 관례에 따른 것이지만, 그의 뛰어난 문장의 힘으로 벼슬길에 오른 것이기도 하다. 그때 동행했던 사람들의 면면을 보면 화려하기 이를 데 없다. 허균 · 이안눌 · 홍서범이 종사관, 차천로 · 권필이 제술관, 신필로 이름을 날린 한석봉이 사자관으로 참여했다. 당대의 문장가와 서예가가 다 모인 것이다.

가던 길에 이정귀가 병이 들어서 이호민으로 원접사가 바뀌었고, 허균이 사신으로 활동했던 시기가 3개월 보름 정도 된다. 그런데 당시 3월 19일 자 《선조실록》을 보면 약소민족의 비애가 무엇인지를 절감할 수 있다. 관반 심희수가 임금에게 아뢰었다.

중국 사신이 서로西路에 있을 적에 양서兩西의 역마 각 두 필을 가져다가 자기 소유로 삼았으니 너무도 놀라운 일입니다. 그런데 서울에 들어오는 날 또 교외에 으레 보내는 의장마儀仗馬를 붙잡아 두고는 내줄 생각을 안 하는데, 부사副使 역시 본을 받고 있습니다. 회례回禮 때 두 천사에게 각각 한 필씩 보낸 것과 개성부에서 상사上使의 생일에 준 말 한 필을 제외하고도 까닭 없이 잃게 된 국마國馬가 무려 여섯 필이나 됩니다. 계속 이런 식으로 하면 돌아갈 때 서로의 역마가 필시 재차 약탈을 당할 것이니, 신의 생각으로는 오늘 예단禮單을 꼭 보낼 필요는 없을 것 같습니다. 만일 어쩔 수 없이 보내야 한다면 전날 공공연히 약탈당한 것을 통관通官으로 하여금 잘 이야기하게 하여 되돌아오게 하는 것이 어떻겠습니까?

그러나 선조는 "아뢴 뜻은 옳다. 그러나 이러한 사람과 시비를 따질 수 없으니, 놔두도록 하라"라고 한다. 그것을 문제 삼고 싶지 않았기 때문이다.

한편 명나라 사신들의 횡포와는 별개로 허균은 오랫동안 갈고 닦은 문장 실력을 유감없이 활짝 펼칠 수 있었다. 그때 지은 시 〈송경松京(개성)에 머물면서〉가 〈임인서행록壬寅西行錄〉에 실려 있다.

옛 나라는 터만이 남았어라 (故國遺墟在)
거친 성에 나그네 지나가네 (荒城客子過)
반 천 년의 왕기는 간 곳 없어도 (半千無王氣)
백이의 강산은 그대로라네 (百二有山河)

해가 지니 마을 연기 더욱 쓸쓸하기만 하고 (落日村煙冷)

추위 남아 들엔 눈이 아직 많이 남았네 (餘寒野雪多)

남루도 한결같이 서글프지만 (南樓一惆悵)

지난날 더듬으며 노래 부르네 (弔古且長歌)

심희수와의 불화

1602년 5월 17일, 허균은 '역적 화수' 사건을 국문하고 있었다. 그 사건은 충청감사가 올린 장계와 달리 그다지 큰 사건이 아니어서 '역적'이라고 부를 정도가 아니었다. '산적'이나 '도둑'이라 할 정도로 작은 사건에 불과할 뿐이었다. 하지만 허균은 아주 꼼꼼하게 심문하고 있었다. 그때 추국하는 일로 신하들이 회의를 하고 있었는데, 판부사 심희수가 밖에서 들어와 대신들 앞에 나아가 다음과 같이 말했다.

"이들은 강아지나 쥐새끼 같은 도둑의 무리에 불과하고 인증하는 것은 대부분 실상이 없는 거짓 기록인데, 역옥으로 덮어씌워 다스리면 국가의 체면을 손상하지 않겠는가?"

곁에서 기초하고 있던 허균이 심희수에게 말했다.

"영감의 말씀이 잘못되었으니 물러가 쉬세요."

당시 허균의 뜻은 역옥은 엄중한 것인데, 희수의 말이 지나치다 여기고 희수가 자기에게 가깝게 해주는 자라고 생각되어 귀에 대고 말한 것이다. 그러나 심희수는 크게 노하여 일어나면서 다음과 같이 말했다.

"네가 어떻게 감히 물러나라고 하는가."

심희수는 다시 대신들 앞으로 나아가 허균을 두고 물러가기를 요구했다.

"허균이 비록 은대銀帶를 띠고 있으나 나이 어리고 경망스러운 사람이다."

숨 가쁜 목소리와 노기 찬 얼굴로 불평의 빛이 가득하여 진노한 심회수를 이덕형이 설득하여 그날 일은 더 이상 파급되지 않고 무마되었다. 하지만 곧 심희수를 따르던 지평 윤경, 대사헌 이광정, 집의 김대래, 장령 홍식 · 이구징, 지평 이심 등이 허균의 탄핵을 요구하는 상소를 올렸다.

상소문을 접한 사관은 《선조실록》에 "허균의 경망함은 말할 것 없으나 희수가 맞서 시비하였으니 자못 대신의 체통을 잃었다"라고 실었다. 그리고 그날 이후 허균의 행실을 얘기할 때는 '경망'하다는 말이 추가되어 빠지지 않고 따라붙었다.

8월에 허균은 성균관에서 음악을 지도하는 벼슬인 성균관 사예에 제수되었다. 늦게나마 정4품 벼슬에 오른 것이다. 그 후 10월에 사복사 정正이 되었다. 그러나 여러 벼슬을 10여 년에 걸쳐 역임했지만 한 번도 수령 자리에 오르지는 못했다.

금강산 기행

1603년 여름, 허균은 춘추관 편수관 일과 지제교 일을 맡게 되었다. 그러나 그 생활도 잠시뿐, 8월에 사헌부로부터 탄핵을 받게 되었다. 그 이유는 조카딸 결혼식에 이상한 옷을 입었다는 이유였다. 사헌부 대간들의 집요한 공세가 이어지자 허균은 벼슬을 다 내려놓고 떠나기로 결심했다. 그때 선택한 여행 장소가 금강산이다. 옛사람들은 우리나라의 2대 명산을 백두산과 금강산으로 보았는데, 백두산을 두고 산의 성자聖子라고 했고 금강산을 일컬어 산의 재자才子라고 했다. 풀어 말하면 성스러운 산의 으뜸은 백두산이고, 기이한 산의 으뜸은 금강산으로 본 것이다. 금강산으로 떠나기 전 허균은 육촌형 허적許積에게 편지 한 통을 보냈다.

> 임금이 저를 꺼려서 쫓아냈습니다. 방법이 없어서 관동으로 가고자 합니다. 강릉의 경포대에 올라서 호수 너머 큰 바다를 보고자 합니다. 곧바로 삼신산으로 갈 생각입니다. (……) 형만 알아 두시고 다른 사람들에게는 말하지 마십시오.

금강산 기행은 허균에게 여러 의미가 있는 기행이었다. 형 허봉이 마지막으로 머물렀던 산이기도 하고, 허균으로서도 처음 가보는 산이라 더욱 뜻 깊은 여행이었다. 허균은 서울을 벗어나 영평에 도착하여 권필에게 편지 한 통을 썼다.

> 나는 집을 떠난 이틀 만에 김정경의 영평永平에 닿으니 천학泉壑과 계산溪山의 아름다움은 지난해에 못지않았으나, 다만 한스러운 것은 대관臺館이 허물어진 것을 다시 세우지 않은 것이었습니다. 방 안에 들어가니 단술이 항아리에 가득하여 향의香蟻(술독에 뜬 쌀을 벌레에 비유한 것)가 한창 굼실

거리니 형을 초청하여 큰 술잔으로 권하지 못한 것이 한스러울 뿐이었습니다.

포천을 지난 여정은 풍전역에 이르고, 금성을 지나 환희령歡喜嶺에 닿았다. "고개 올라 봉래산 바라를 보니 사면으로 열렸어라. 구슬 봉우리"라고 노래하며 금강산으로 들어간 허균은 장안사에 도착했고, 다시 영원사와 망고대를 지나 표훈사에 이르렀다. 다음 날 날이 밝자 진헐대에 올라 그곳에 남여藍輿를 버리고 걸어 개심사에 오른 허균은 1만여 개의 봉우리가 눈앞에 죽 늘어서 있는 금강산과 마주한다. 이에 말할 수 없는 감명을 받은 허균은 다음과 같은 글을 썼다.

> 그 높이 솟아 치켜든 것은 마치 그대가 우뚝하게 빼어나 홀로 선 모습 같고, 그 헌걸차고 기우뚱한 것은 마치 그대가 취해서 옥산玉山이 넘어지는 모습과 같았으니, 이들을 보면서 내 마음을 족히 위로할 수가 없었습니다. 17일 밤에는 정양루 동쪽에서 달을 구경하였습니다.

허균이 권필에게 보낸 편지를 보면 금강산 유람은 허균이 입은 마음의 상처를 치료하는 일종의 치유의 여행이었음을 알 수 있다. 그는 보덕굴, 구정봉, 불정대, 유점사 등 금강산의 곳곳을 여행한 후 돌아오는 길에 낙산사에 들러 하룻밤을 묵었다. 허균에게 있어 낙산사행은 두 번째였다. 전쟁을 피해 강릉으로 돌아왔을 당시 낙산사에서 머물렀던 기억이 새록새록 났을 것이다.

그러나 금의환향이 아닌 벼슬길에서 밀려나서 돌아오게 된 고향이었다. 그 마음이 얼마나 착잡했을까? 그곳에서 허균은 〈사촌沙村에 이르다〉라는 시 한 편을 지었다.

사촌에 당도하자 얼굴 문득 풀리니
교산은 주인 오길 기다린 것 같네그려
홍정紅亭에 올라 보니 하늘이 바다와 이어져서
봉래산 아득히 그 사이에 내가 있네

허균은 금강산 일대를 파계승처럼 유람하고 돌아와서 〈풍악기행楓嶽紀行〉을 지었다. 이 시를 두고 이달은 다음과 같이 극찬했다.

47편이 모두 고아古雅하고 청려淸麗하여, 높은 것은 한위漢魏와 방불하고 낮은 것도 역시 개원開元과 대력大曆 사이에 끼일 만하니 만계晩季에 이르러 이러한 정시正始의 음音이 있을 것은 생각지도 못했다. 풍악의 담무갈曇無竭도 의당 기뻐서 춤을 출 것이다.

스승에게 더없는 찬사를 받은 허균은 다음과 같이 겸사謙辭의 편지를 보냈다.

제가 스스로 헤아려 보건대, 그 부는 여행 중의 견문을 기록한 것일 뿐입니다. 어떻게 감히 천하의 문장들과 더불어 천년의 후세에 기예를 겨룰 수 있겠습니까? 저를 지나치게 칭찬하고 조롱하는 말이라 생각되어 감히 사양합니다.

금강산 기행은 허균에게 가장 마음 편하게 우리 국토의 아름다움을 접할 수 있는 귀한 시간이었다.

수안군수가 되다

금강산 유람에서 돌아온 1604년 7월 27일, 서른여섯 살의 허균은 성균관 전적典籍(정6품)이 되었다. 그날 그의 큰형 허성도 예조참판에서 예조판서로 승진하여 허씨 집안에 겹경사가 났다. 그해 9월 6일 드디어 허균이 오랫동안 기다리던 소식이 들려왔다. 그가 황해도에 있는 수안군수遂安郡守로 발령이 난 것이다. 수안군은 황해도 북동부에 있는 군으로, 고구려 때는 고소어古所於 또는 장새獐塞라고 불렀다. 오랫동안 기다렸던 고을 수령으로 발령을 받은 허균의 마음속엔 만감이 교차했을 것이다. 그러나 허균이 기쁨에 차 있을 당시 그의 영전을 고깝게 여겼던 사관들은《선조실록》에 작은 글씨로 다음과 같이 덧붙였다.

사람됨이 간사하고 또한 조행이 없었다. 일찍이 강릉 땅에 나갔을 적에는 명기名妓에게 혹하여 그의 어미가 원주에서 죽었는데도 분상奔喪하지 않았다. 또 근거가 없는 말을 조작하여 이홍로와 함께 공모하여 사림을 도모하려 하였는데, 간교한 상황이 탄로나 흉계를 이루지 못했다. 온 세상이 천하게 여기고 미워했다.

이처럼 《조선왕조실록》에 실린 허균에 대한 평은 눈에 띌 만큼 나쁘게 기록되어 있다. 1604년(갑진) 10월에 허균은 그의 나이를 따지지 않는 지우知友인 한석봉에게 편지 한 통을 보냈다.

서울 집에서 만났을 때는 아이들 때문에 즐거운 흥취를 만끽하지 못하였습니다. 나는 지금 요산遼山(수안의 옛 이름)의 수령으로 나가는데, 공은 또한 수령직을 그만두었습니다. 고도古都와 서로 멀지 않으니 혹 공께서 군郡의 관아에 와주신다면 지각池閣에서 소요하면서 인간이 누리는 즐거움을 다 할 수 있을 것입니다. 명주 베 펼쳐 놓고 두어 말(斗)쯤 먹을 갈아서, 틈이 나는 대로 붓을 휘두를 수 있도록 준비를 해놓겠습니다. 그렇게 노닌다면 어찌 왕희지만이 천고의 영예를 누리겠습니까. 애타게 바라는 마음 간절합니다.

한적한 시골 수령 노릇은 별로 할 일이 없을뿐더러 따분하기도 했을 것이다. 허균은 그의 재종형인 허자하許子賀에게 편지로 근황을 보냈다.

군群을 맡아 아무런 잘한 행적이 없이 괜스레 날짜만 보내면서 오직 관청의 곡식만 허비할 뿐입니다. 그러나 사무는 밀리지 않아 저의 좌수座首가 찾아와 재촉하는 것은 면했으나, 형은 반드시 꾸짖을 것입니다.

허균과 서산대사 휴정

수안군수로 있던 1604년 허균과 가까이 지내던 서산대사 휴정이 죽었다. 그 6년 뒤인 1610년에 휴정의 제자인 사명당 유정이 임종을 앞두고 문인門人들을 불러 "사부의 유문遺文을 내가 간행하지 못하고 갑자기 감으로써 처음의 마음을 저버리게 되었다. 너희가 나의 정성을 잊지 않고 그 일을 마쳐 준다면, 내가 지하에서 눈을 감을 수 있겠다"라고 부탁했다. 그는 이어서 "거사居士(허균을 이름)는 우리 교敎와 은미隱微한 인연이 있다"라며 허균에게 《청허당집淸虛堂集》의 서문을 부탁했다. 유정의 문인 혜구惠球가 허균을 찾아와서 돌아가신 스승의 말을 전하며 서문을 써줄 것을 요청했다. 허균은 그때 다음과 같이 대답했다.

> 그렇다, 그런 연유가 있었다. 청허는 나의 선친(허엽)께서 뜻을 같이한 벗으로 보았고, 나도 젊었을 때 서찰書札 사이에서 보아왔다. 지난해 내가 서쪽 지방에 나가 노닐 때 객사客舍에서 노사老師를 만나 직접 묘체妙諦를 듣고 흐트러진 마음(봉심蓬心)이 없어졌으며, 노사 또한 사후死後의 비문을 나에게 부탁했다. 그러나 나는 유가儒家의 선비이므로 불교와는 전혀 서로 맞지 않는데, 어찌 그 행적을 모사模寫할 수 있겠는가. 그대의 사부가 이를 알고 부탁하였는지 모르겠다.

허균은 서문에서 불교가 삼국시대에 우리나라에 들어온 것부터 말했다. 하지만 그 불법을 제대로 전수하지 못하면서 아무 사師는 아무 전傳을 받고 아무 조사祖師는 아무 법法을 전수했다고 그 문도門徒들이 덩달아 이를 기념하는 일에만 힘쓰고 있음을 꼬집었다.

> 높다란 비를 세우고 커다란 종을 만들어 공렬功烈을 괴사하는가 하면, 보전寶殿과 연궁蓮宮이 총림叢林(사찰을 이름)을 빛나게 장식하되, 수천 년을 하루와 같이 하였으니 너무 어긋난 일이 아니겠는가.

그다음에 서산대사 휴정의 이력과 업적을 기술하고서 "비야거사毗耶居士 허단보許端甫"라고 쓴 뒤 글을 마쳤다. 그때가 1614년 4월이었다.

서산대사 휴정은 조선 중기의 승려로, 1520년 평안도 안주에서 태어났다. 어린 시절 이름은 여신汝信, 아명은 운학雲鶴, 자는 현응玄應, 호는 청허다. 서산대사의 별호는 백화도인白華道人·풍악산인楓岳山人·두류산인頭流山人·묘향산인妙香山人·조계퇴은曹溪退隱·병로病老 등 유독 많았고, 법명은 휴정이다. 물론 서산대사도 별호다.

《성소부부고》에는 허균과 서산대사에 얽힌 이야기인 〈풍간상첩豊干像帖 뒤에 쓰다〉라는 글이 한 편 남아 있다.

> 옛날 향산香山에 오도자吳道子가 그렸다는 풍간(당나라 때 이름난 고승의 이름)의 상像이 있어 승가僧家에서 보물로 간직하고 있다는 소문을 듣고 내가 그것을 백방으로 찾았다. 그러나 얻지 못했다. 서산대사가 죽을 무렵에 그의 제자 원준元俊에게 말했다.
>
> "교산이 늘 이 그림을 갖고 싶어 하였지만 내가 숨겨 두었다. 그러나 이

것은 대단한 그림이므로 아무에게나 간직하게 할 수는 없다. 옹翁은 본시 선기禪機(불교의 교리)를 아는 분이니 가져다주도록 해라. 죽기 전에 틀림없이 우리에게 되돌려 줄 것이다."

이듬해 봄에 원준이 한 중을 시켜 보내왔기에 보니, 소폭화小幅畵로, 노승이 호랑이를 타고 있고 한 산동山童이 보따리를 지팡이에 걸어 어깨에 메고 뒤를 따르는 모습이었다. 비록 빛깔도 어둡고 그림도 벗겨지고 떨어져 나가곤 하였지만, 필치는 신묘한 경지에 들어간 것이니 참으로 오래된 그림이다.

내가 생각해 보건대, 오도현吳道玄은 개원開元(당 현종의 연호) 이전의 인물이고 풍간도 그와 동시대 사람이다. 이름은 비록 "같은 시대의 화가가 같은 시대의 인물을 그렸다"라고 드러나 있지만, 그것은 무리인 것 같다. 만일 풍간의 상이라고 한다면 오도현의 그림이 아닐 것이니, 반드시 이 두 가지 중의 하나일 것이다. 그러나 이 그림의 작가가 당나라 사람이라는 것은 분명하니 보물로 여길 것이다.

이정은 이 그림을 구경하고 삼주야三晝夜를 손에서 놓지 않았고, 이징은 이 그림을 보고서 고화古畵 10여 점을 가지고 이것과 바꾸자고 애걸했다. 이 두 사람은 모두 당대의 유능한 화가이므로 반드시 그 진가를 알았을 것이다. 내가 죽을 때가 되면 반드시 다시 산문山門으로 돌려줄 생각이다.

그러나 허균의 죽음이 순탄하지 않아서 사찰로 보낼 것이라던 그의 약속은 지켜지지 않았다. 그 후로도 이 그림을 보았다는 사람이 없는 것을 보면 그 난리 통에 사라져 버렸음을 알 수 있다. 허균이 서산대사에게 보낸 편지도 여러 편 실려 있다.

노사께서 금강산으로 가셨다고 들었는데 아직도 묘향산에 계셨습니까? 저는 벼슬살이에 분주하느라 신선산神仙山을 바라보고도 오를 수 없으니 삶의 수고로움이 어느 때나 끝날는지 모르겠습니다.

돌아가신 아버님께서는 노사님을 붕우처럼 여기셨으니 저도 또한 서로 통호通好한 세의世誼가 있다고 하겠습니다. 그리고 부형父兄의 친필이 모두 그곳에 있다고 들었습니다. 나랏일이 만약 완결된다면 절간으로 찾아가겠사오니 혹 노사께서는 문을 열고 기다려 주시지 않겠습니까.

허균이 휴정에게 보낸 편지글을 보면 허균이 얼마나 서산대사에게 의지했는지, 그리고 그들의 인연이 얼마나 깊었는지를 미루어 짐작할 수 있다.

허균과 사명당 유정

1610년(광해군 2) 12월, 허균이 곤경에 처했을 때 허균에게 스승과도 같았던 사명당 유정이 죽었다. 허균보다 일곱 살 위였던 유정은 허균의 형 허봉과 친구처럼 막역하게 지냈으며 허균을 동생처럼 여겼다.

허균이 사명당을 처음 만나게 된 것은 작은형 허봉을 따라 다니며 글을 배우던 시절인 1586년(병술년) 여름이었고, 그때의 상황이 〈사명집서〉에 실려 있다. 허균은 또한 사명당과 만나게 된 연유와 그와의 인연, 그리고 사명당 유정의 공적을 기렸다.

지난 병술년 여름에 내가 중형仲兄을 모시고, 봉은사 아래 배(舟)를 댄 적이 있었다. 마침 한 중(衲子)이 갑자기 나타나 뱃머리에 서서 읍揖을 하는데, 헌걸찬 체구에 용모가 단정하였다. 함께 앉아 담화를 나누는데, 말이 간단하였으나 그 뜻이 깊었다. 내가 그의 이름을 들어 보았더니, 바로 종봉鍾峯 유정사惟政師였다. 나는 그만 진심으로 선모羨慕하고 말았다.

밤이 되어 매당梅堂에 들어 유숙하다가, 그 시를 내어 보이는데, 그 격조가 마치 거문고 소리와 같이 청고淸高하였다. 중형이 절찬을 되풀이하면서, 당나라 아홉 중들과 동렬同列이 될 수 있다고 하였다. 그때 나는 아직 연소하여 그 묘처妙處를 이해할 수 없었으나, 이를 내심 간직하여 쉬 잊지 못하였다.

3년을 지나 중형이 별세하자 사師가 오대산에서 조문을 와서 슬프게 곡하고 또 만시를 지었는데, 그 사구詞句가 너무 처절하여 아직도 생生 · 사死의 즈음에서 해탈하지 못한 듯하기에 내심 의아해 하기를, "사師의 수도가 아직 상승上乘의 경지에 이르지 못한 것일까. 어찌 구구히 속자俗子들의 비悲 · 환歡을 본받는단 말인가" 하였다. (……)

경술년 9월에 사師가 입적하였다는 말을 듣고 글을 지어 조상하고 또 시로써 영결하였다. 나는 현상玄賞이 영영 멀어졌음을 섭섭해 하며 눈물을 흘렸다. 그리하여 사가 중형을 애도하던 마음이 오늘날 내가 사를 애도하는 마음이었음을 비로소 알게 되었다. 정情이 대체 무엇이기에 사람을 그처럼 속박시켰던 말인가.

당시의 선비들은 맹목적으로 불교를 배척하였지만 허균은 유교가 정치와 인륜人倫에 필요한 것이라면 불교는 사람의 마음을 다스리는 데 필요한 것이라고 보고 그것을 따랐다. 허균의 마음가짐을 알았기에 사명당이 허균과 가깝게 지냈을 것이다.

불경을 많이 공부한 허균은 당대의 고승인 사명당을 스승이나 형제처럼 여겼다. 사명당 역시 아우나 다름없는 허균을 좋아하면서도 그의 결점을 잘 알았기 때문에 〈증허생贈許生〉이라는 시를 써주었다.

> 남의 잘잘못을 말하지 말게나
> 이로움은 없고 재앙만 온다네
> 만약 병마개로 막듯 입을 지킨다면
> 이것이 몸을 편안케 하는 으뜸의 방법이지

허균은 사명당 유정이 별세했다는 소식을 듣고 〈송운노사松雲老師 정공正公의 제문〉을 썼으며 그가 지은 〈사명당四溟堂 비명碑銘〉에 실린 글은 그 당시는 물론 현세에도 큰 울림을 주고 있다.

> 아아, 사명대사의 생애가 어지러운 시대를 당하여 군사 사이에 끼어 나라를 일으키고 강한 도둑을 막느라고 불법을 선양하여 불법을 깨우칠 겨를이 없었다. 그리하여 스님을 아는 사람들이 더러 그가 불법의 참 구제는 제대로 못하면서 한갓 구구하게 세상이나 구한다고 병통으로 여겼다. 얕을 진저, 무릇 마군을 베어 난을 끝내는 것이 저네 집안에 공덕이 됨을 어

찌 알랴? 그리고 유마힐은 아무 말 없이 곧 바로 '불이법문'에 들었거늘, 어찌 시끄럽게 교훈이나 내놓으랴?

유학을 배운 당대의 문장가인 허균이 불가의 고승 서산대사 휴정의 〈청허당집〉과 그의 제자 유정의 〈사명당 비명〉을 썼다. 특히 사명당 유정의 비문을 지으면서 '그와 형제 같이 사귀었다(弟兄之敎)'라고 쓴 것을 보면 그들의 인연이 세간世間에서 얼마나 깊었는지 짐작할 수 있다.

친구 한석봉과 이정

허균이 수안군수로 재직 중이었던 1605년(을사) 봄에 화가 이정李楨(1578~1607)이 그를 찾아왔다. 허균은 사람을 사귈 때 나이를 따지지 않았고, 서른 살이나 스무 살 나이 차이가 나도 개의치 않았다. 허균은 이정보다 아홉 살이나 위였으나 나이를 초월한 친구로 사귄 이정이 얼마나 반가웠겠는가. 반가움에 돋아난 시흥으로 그는 〈나옹懶翁이 오다〉라는 시를 지었다.

봄바람과 함께 손님이 오니 (客逐東風至)
묵은 병이 갑자기 낫는가 싶네 (令余病欲蘇)
사상謝尙의 춤가락도 출 수 있으니 (能爲謝尙舞)
본시부터 고양高陽의 무리가 아닌가 (自是高陽徒)

이루어 놓은 일이라곤 글 조금뿐이고 (事業餘椽筆)

남은 생은 옥으로 만든 술병에다 맡겨 두었으니 (生涯付玉壺)

하찮은 벼슬아치가 무어란 말인가 (微官亦何物)

돌아갈 길은 저 강호에 있네 (歸路在江湖)

이정은 허균과 오래도록 가까이 지냈던 친구다. 그는 선조 때의 유명한 화가로, 특히 산수화와 인물화를 잘 그리고 글씨도 잘 썼다. 이정의 본관은 전주이며, 자는 공간公幹, 호는 나옹懶翁 · 나재懶齋 · 나와懶窩 · 설악雪嶽이다. 부모를 일찍 여읜 이정은 작은아버지 흥효의 집에서 자라면서 그림을 배웠는데, 열 살 때 이미 대성하여 산수 · 인물 · 불화를 잘 그렸다고 한다.

1606년 명나라의 사신으로 조선을 찾아온 주지번은 "천하에 그와 짝할 사람이 없다"라고 칭찬하면서 이정의 산수화를 많이 가지고 돌아갔다. 이정은 최립에게서 시문을 배웠고, 허균 · 심우영 · 이경준 등과 가까이 지냈다. 술을 매우 좋아했으며, 의리가 강하고, 좋은 산수를 보면 집에 돌아가는 것을 잃어버릴 만큼 호방한 성격이었다. 그러나 옳지 않은 것과는 타협하지 않는 꿋꿋한 성격의 소유자였다. 그런 이정에게 어느 대감이 그림을 그려 달라고 하자 두 마리의 소가 솟을대문 안으로 재물을 가득 싣고 들어가는 그림을 그려 주었다. 그림을 받은 대감이 크게 노하여 하마터면 매를 맞아 죽을 뻔했다 한다.

이정은 그림뿐 아니라 시詩와 서書에도 능하였고, 불교에 심취하여 중이 되고자 했던 적도 있었다. 과음으로 서른 살 젊은 나이에 평양에서 짧은 생애를 마감했다. 하지만 그가 남긴 유작은 원숙한 솜씨와 세련된 그림의 격조를 보여 주고 있다. 그가 남긴 그림을 통해서 그가 안견파 화풍과 동시에 절파浙派 화풍 그리고 북경北京 화단을 통하여 배운 남종화풍 등 다양한 화풍을 구사한, 전통주의적이면서도 일면 진보적인 화가였음을 알 수 있다. 대표작으로는 안견파와 절파 화풍이 절충된 〈산수도〉와 남종화의 영향이 가미된 〈산수화첩〉이 남아 전해진다.

사대부 집안에서 태어난 허균과 노비 출신 화원 집안의 자손인 이정이 친교를 맺게 된 것은 허균의 아버지 허엽이 이흥효와 신분을 생각지 않고 친하게 지냈기 때문이다. 허균은 언젠가 아버지에게 이흥효를 어찌 그리 후하게 대접하는지 물었다. 이에 허엽은 "그는 아름다운 선비다. 책읽기를 좋아하고 옛 현인을 좋아하고 시를 좋아하며, 거문고와 바둑을 이해하고, 속이 탁 트여 세속에 얽매이지 않는다"라고 대답했다. 그러한 말을 들은 뒤부터 허균은 이정과 이런저런 일로 왕래가 잦았을 것으로 추측된다. 또 자라서 불교에 심취했던 허균과 불화를 잘 그렸던 이정은 서로 눈빛만 보아도 마음이 통하는 사이였다. 허균은 이정의 그림을 사랑했다. 1607년 1월 허균은 자기가 짓고 싶은 집을 그려 달라는 편지 한 통을 이정에게 보냈다.

큰 비단 한 묶음과 갖가지 모양의 금빛과 푸른빛의 채단을 짐 종에게 함께 부쳐 서경(평양)으로 보내네. 모름지기 산을 뒤에 두르고 시내에 임한 집을 그려주되 다음과 같이 배치하여 주게.

온갖 꽃과 밋밋한 대나무 천 그루를 심어 두고, 가운데로는 남쪽으로 향

한 마루를 터 주게. 그 앞 토방을 넓게 하여 석죽과 금선초를 심어 놓고, 괴석과 해묵은 화분을 늘어놓아 주시게. 동편의 안쪽 방에는 휘장을 걷고 도서 천 권을 진열해야 하네. 구리병에는 공작새의 꼬리 깃털을 꽂아 놓고, 비자나무 탁자 위에는 박산향로를 얹어 놓아 주게. 서쪽 방에는 창을 내어 애첩이 나물국을 끓여 손수 동동주를 걸러서 신선로에 따르는 모습을 그려 주게.

나는 방 한가운데서 보료에 기대어 책을 읽고 있고, 자네는……(원문 두 글자가 빠졌음) 주위에서 농담하며 웃고 즐기되 두건과 비단신을 갖춰 신고 도복에는 허리띠는 두르지 않으며, 한 줄기 향불 연기는 발 밖에서 피어오르는데, 두 마리의 학은 바위의 이끼를 쪼고 있고, 산동山童은 빗자루를 들고 와서 떨어진 꽃잎을 쓸고 있는 모습을 그려 주게. 이렇게 되면 인생의 일은 끝나는 것이라고 보네.

그림이 완성되면 돌아오는 태징공台徵公 편에 부쳐 주기를 간절히 바라네.

조선 후기의 실학자인 이덕무는 《이목구심서耳目口心書》에서 허균이 "이정에게 준 편지에 동산을 그리는 데 그 배치를 설명한 것이 역력히 신묘한 경지에 들었으니 매우 기이한 필치다"라고 했다. 하지만 애석하게도 허균은 그가 꿈꾸었던 집 그림을 받지 못했다. 그가 보낸 편지를 받은 며칠 뒤인 1607년 2월 이정이 평양 거리에서 갑자기 죽었기 때문이다. 그의 나이 서른 살이었다. 나옹이 죽다니, 아직 제대로 활짝 꽃피워 보지도 못한 그가 죽다니, 나옹의 얼굴에 환하게 피어난 봄꽃 같은 시절을 보지 못한 허균의 마음이 얼마나 아프고 쓰라렸을 것인가. 세상을 다 잃어버린 듯, 땅이 꺼진 듯한 슬픔으로 가득한 허균은 가슴 아릿한 애사哀辭를 지었다.

아, 나옹이여

그 명이 어이 이리 짧은고

(……)

내 속세에 어울리지 못하여

세상에서 쭉정이가 되었을 때

자네만이 나와 뜻이 맞아

일찍이 벗을 맺어 단짝이 되었네

사람마다 시끄럽게 모두들 헐뜯고 나무라니

어디로 갈까 슬프도다 이 내 몸

이정의 조부 이상좌, 부친 이숭효, 숙부 이흥효 모두가 당시의 이름난 화가였다. 너무 재주가 뛰어나면 저세상에서 긴요하게 쓰기 위해 미리 데려간다는 옛말이 맞다는 듯 이정은 아직 젊은 나이에 너무나도 일찍 이 세상을 등지고 말았다.

한편 허균은 스무 살 정도 나이 차이가 나는 당대의 명필 한석봉과도 친구 사이였다. 한석봉(1543~1605)은 개성에서 태어났다. 그의 이름은 호濩이며, 호는 석봉石峯 또는 청사淸沙, 자는 경홍景洪이다. 문신이자 서예가로 활동했으며, 그가 태어났을 때 송도의 유명한 술가術家가 천기天氣를 보고서 "옥토끼가 동쪽에서 출생했으니 장차 낙양洛陽의 종이 값이 비싸질 것이다. 이 아이가 자라면 반드시 명필로 이름이 날 것이다"라고 예언했다 한다. 한석봉은 안평대군, 김구, 양사언과 함께 조선 초기의 4대 서예가로 꼽힌다.

허균이 한석봉을 알게 된 것은 둘째 형 허봉을 만나러 석봉이 그의 집을 찾아왔기 때문이다. 그런 인연으로 한석봉과 오랫동안 교류했던 허균은 수안군수로 발령을 받은 을사년 4월에 한석봉을 수안군으로 초대하는 〈경홍을 초대함〉이라는 편지를 띄웠다.

> 봄은 이미 지나서 그윽한 꽃들이 그대를 기다리다가 모두 이울었습니다. 녹음이 저렇게 무성하고 꾀꼬리 소리도 정말 고우니 봄빛이 사람을 감동시키는 것이 하필 개울가에 가득히 핀 복숭아꽃뿐이겠습니까? 섬돌에서 나푼대는 홍작약도 볼 만하니 보낸 수레를 급히 타고 오시기 바랍니다.
>
> 수수로 빚은 술이 한창 익었으니, 그물을 떠서 냇가에 나가 그대와 함께 잉어를 잡아 회칠 생각입니다. 죽순나물과 자라탕도 안주로 장만하겠습니다. 나는 평생에 구복口腹만 위한 때문에 맛좋은 주식酒食으로 청하오니 먹기만 탐한다고 비웃지 마시기를 간절히 바랍니다.

한석봉은 허균의 초대를 받고 수안에 도착하여 누각에 올랐다. 그는 허균이 지켜보는 가운데 금니金泥로 〈반야심경〉을 쓰고 저수량과 구양순이 놀랄 정도의 필법을 보여 주었다. 허균은 이정에게 그림을 그리도록 했다. 그때 그린 그림이 부처와 아미타불 그리고 미륵불과 관음보살, 달마대사와 유마힐 거사 등이었다. 그렇게 그린 그림들을 관아의 벽에 걸어 놓고 합장을 하는 것이 당시 허균의 일과 중 하나였다.

그렇게 친밀하게 지냈던 한석봉은 그곳에서 두 달 동안 머무르다가 가을에 다시 만나자고 약속을 하고 떠났다. 그러나 그 후 얼마 지나지 않은 7월 10일 허균은 한석봉이 나귀에서 떨어져 그 자리에서 죽었다는 소식을 듣게 된다. 슬픔에 젖은 허균은 〈제한석봉문祭韓石峯文〉이라는 만시輓詩를 지어 그의 영혼을 위로했다.

송악의 정기를 받아
특이한 재질을 결성하였으니 공의 태어남이여
성하게도 무리 중에 으뜸이었네
서까래만 한 붓으로
봇물이 되도록 연습하더니
마침내 사마시에 합격하여 이름이 왕국에 떨쳤네
(……)
두 달 동안 머물다가
너무 오래라고 떠나기에
교외郊外라고 떠나기에
가을에 만나자고 기약했는데
가을이 되기 전에
갑자기 부음을 받았네
첫 번엔 놀라고 의심을 하면서
눈물이 앞서고 말문이 막혔네

살아가면서 마음과 마음이 통하는 사람을 만난다는 것은 쉽지 않은 일이다. 눈빛만 봐도 서로를 알 것 같은 사람, 그런 사람을 불시에 잃은 아픔이 얼마나 컸는지는 허균의 제문을 보면 알 수 있다.

수안군수에서 파직되다

허균은 한 고을의 수령이 되어 하고 싶은 일을 다 하면서 만나고 싶은 사람들과 만나며 기생들과 마음껏 풍류를 즐기며 살았다. 그러던 허균에게 불미스러운 일이 생겼다. 어렵사리 임명된 수안군수직을 내놓고 갈 수밖에 없게 된 것이다. 그렇게 된 이유를 편지로 묻는 큰형 허성에게 허균은 다음과 같이 답한다.

> 아우는 본디 성품이 방탕하여 세속에 따르기를 좋아하지 않고 마음이 또한 편협하여 참고 용납하질 못하니, 벼슬하면서 일을 처리할 적에도 간혹 엉성하게 꿰어 맞추는 실수를 면치 못합니다. 그래서 일이 글러진 다음에야 마음속으로 자책한 적이 여러 번 있었습니다. 그러나 분을 머금고 사람을 함부로 죽여 그 욕이 방백에게 미쳤다는 일에 이르러서는, 아우가 아무리 광망狂妄하지만 거기까지는 이르지 않았습니다.

허균이 형인 허성에게 보고한 전말은 다음과 같다. 수안군에 토호 이방헌이라는 자가 있었다. 그는 고을을 무단武斷하며 도망친 백성을 받아들이고 약한 백성을 병탄倂呑하여 수안 지방에 해를 끼친 지 오래였다. 허균이 황해도사로 부임했을 때부터 그 사실을 익히 알고 있었기에 그가 잘못을 저지르면 잡아넣은 뒤 벌을 주어 변방으로 내쫓고자 했다. 그런데 그가 마침 수안 태생인 병사兵使 이봉수와 술을 마시다가 시비를 일으킨 뒤 봉수를 때리며 갓을 찢고 옷을 뜯는 사건이 발생했다. 이 사실을 안 백성들이 벌 떼처럼 일어나 관官과 첩장을 올려 호소했다. 허균이 사유를 적어 관찰사에게 보고했더니 관찰사는 그들을 심문하라는 명을 내렸다. 두 집안이 모두 대족大族이기도 하고 서로의 주장이 맞서다 보니 10여 일을 방치해 두게 되었다.

그러던 중 보름날이었다. 동헌에서 허균이 잠을 자고 새벽에 일어나니 계집종이 이르기를 "60단의 흰 명주가 담 안에 떨어져 있고, 해서楷書로 쓴 익명의 편지 한 통이 보자기 속에 함께 들어 있었다"라고 했다. 허균이 해괴하게 여겨서 가져다 읽어 보니 바로 이방헌이 뇌물을 바치면서 죄를 사해 달라는 것이었다. 허균은 고을 아전을 불러 편지를 바친 자를 대청 아래 꿇리고서 신장訊杖 30대를 치라고 한 뒤 횟김에 더 엄하게 치라고 했다. 그런데 그 사람은 곤장을 맞아 보지 못했던 사람이라서 이틀이 안 되어 자기 집에서 기진해 죽고 말았다. 뇌물을 받은 관찰사는 형방과 곤장을 친 자를 잡아 가두라고 명했고, 일이 크게 벌어지자 허균이 따져 물었다.

"죄를 범한 자에게 명령대로 형법의 조문을 시행하면 비록 백 사람을 때려죽여도 군수의 죄가 아니지 않느냐?"

허균의 말에 관찰사는 부끄러워하며 기가 죽었다. 하지만 일은 그것으로 끝나지 않았다. 그 집안에서 또 법에 호소하여 군리群吏 여러 명이 대질

심문을 받기 시작했다. 허균은 큰형에게 다음과 같이 말했다.

"이 일이 만약 끝나면 저는 군수직쯤 버리기를 마치 헌신짝 벗어던지듯이 하려고 하고 있습니다. 어찌 5두 곡식을 위해 오래도록 허리를 굽히려 하겠습니까."

결국 허균은 이방헌 문제와 불교를 믿었다는 이유로 수안군수에서 파직되어 서울로 돌아왔다.

명나라 사신 주지번을 만나다

누구든 일생에 몇 번은 좋은 기회가 찾아온다. 그러나 그 기회를 제때 잡는 사람이 있고, 그렇지 못한 사람이 있다. 조선왕조 500년 동안 수없이 명멸했던 천재들 중에서도 가장 재능이 뛰어난 인물 중의 한 사람이 허균이다. 그의 이름은 조선을 넘어 중국에까지 알려졌는데, 그 계기가 된 것은 명나라 사신 주지번과의 만남을 통해서였다.

허균의 나이 서른여덟 살이 되던 해 그에게 행운과 같은 절호의 기회가 찾아왔다. 1606년 1월, 원접사 유근의 종사관이 된 허균이 명나라 사신 주지번을 만나게 된 것이다. 주지번은 당시 명나라 문단을 주도했던 사람으로, 왕세王世의 제자였고 문과에 장원한 사람이었다.

선조 39년 겨울에 명나라 신종은 큰손자가 탄생하자 조칙 반포를 위해 주지번을 조선에 파견했다. 조선 조정은 중국에서 뛰어난 인물이 사신으로 올 것이라 짐작하고 그를 맞이할 적임자를 찾기 위해 분주했다. 고심 끝에 대제학인 유근을 원접사로 임명한 조선은 중국 사신과 직접 접촉할 종사관을 구하고자 했지만 마땅한 인물을 찾을 수가 없었다. 특히나 유근은 항상 지방으로만 돌아다녔기 때문에 어떤 인물이 어디에 있는지 알 길이 막연했다. 그러던 차에 서울로 와서 수소문해 보니 허균의 문재文才가 당대 제일이라는 소문이 자자했다.

유근이 허균의 신분을 조사한 결과 허균은 관직에서 물러나 한가로이 놀고 있는 몸이었다. 그러나 관직에 없는 사람은 아무리 재주가 뛰어나고 글을 잘해도 외교관이 될 수 없었다. 고민 끝에 유근은 허균에게 의흥위 부호군副護軍이라는 임시 군직을 주어서 종사관에 임명될 수 있게 했다.

유근의 종사관이 되어 중국 사신을 맞이한 허균은 연회나 유람 장소에서 재주를 유감없이 발휘했다. 그들이 묻는 말에 막힘없이 잘 대답했고, 그러자 중국 사신들은 과연 조선은 '문학의 나라'이자 '예의의 나라'라 하면서 찬탄해 마지않았다. 허균이 얼마나 뛰어난 일을 했는지 당시 그와 다른 당이었으며 영위사였던 신흠의 술회에서도 엿볼 수 있다. 다음은 《어우야담》에 소개된 글이다.

> 허균이 종사관이 되어 원접사 유근을 따라 의주에 도착하였을 때 영위사 신흠이 날마다 같이 만났는데, 고서古書를 널리 외고 있음을 들었으며, 유학 · 도교 · 불교 등에 관계된 서적에도 막힘이 없어 아무도 당할 사람이 없었다. 신흠이 물러나와 탄식하기를 "이 사람은 사람이 아니고 반드시 호리狐狸(여우)나 사서蛇鼠(뱀)의 정령이 아닌지 모르겠다"라고 했다.

그러나 유몽인은 허균의 영특함에 부정적 견해를 가졌는지 훗날《어우야담》에서 당시의 일을 다음과 같이 술회했다.

> 사람을 알아보는 이들의 밝은 눈이 이와 같았다. 그때 마침 나는 천사天使 주지번을 모시는 도사영위사였는데, 그와 같은 말을 들었다. 나 역시 문장을 좋아하는 사람이었지만, 평생토록 허균을 찾아간 적이 한 번도 없었다.

주지번은 스스로도 문장에 뛰어났지만 다른 사람들의 문장에도 관심이 많았던 사람이다. 그가 허균에게 물었다.

"이행과 정사룡 그리고 이이의 문집이 있습니까?"

"왜란으로 판본이 모두 불에 타 없어졌습니다."

이에 주지번은 탄식하고 아까워하며 조선 사람들의 시를 빠른 시일 내에 베껴 달라고 했다. 그때 허균은 노상이라서 바쁘고 글씨 쓰는 사람이 없으니, 며칠 안에 베껴 주겠다고 했다. 주지번이 다시 또 허균에게 물었다.

"길가의 역관 벽판壁板에 어찌하여 조선 사람들의 시문이 없습니까?"

"황제의 조서를 가지고 오는 사신이 지나는 곳에 변변치 않은 시를 보이게 할 수 없어 붙이지 않습니다."

조선은 물론 고려시대에도 중국에서 사신이 올 때면 부벽루에 정지상과 이색의 시만 남겨 두고 다 떼었다가 다시 붙였다고 한다. 이 말을 들은 주지번이 웃음을 지으며 말했다.

"나라로 보면 화이華夷(중국의 주변국)의 구별이 있다고들 하지만, 시에 어떻게 내외가 있겠습니까? 하물며 지금은 천하 모든 나라가 한 집안 같고, 사방이 모두 형제가 되어 나와 자네가 모두 천자의 백성으로 태어났는데, 어떻게 중국에서 태어났다고 뽐낼 수 있겠습니까? 요즘 귀국의 사대부들을 보면 예절이 한아閑雅하고 문장이 빼어나니 이들을 중국에 가서 벼슬하게 한다면 어떻게 우리보다 못할 수 있겠습니까."

개성에 머물던 3월 초닷새 저녁에 허균은 조선 사람의 시 중 최치원 이하 124명의 시 830편을 써서 총 네 권으로 만들었다. 그리고 그 책을 노란 표지로 꾸며서 두 본을 만들어 양사에게 주었다. 그에 대한 답례로 주지번은 꽃무늬가 놓인 푸른 비단 한 필과 안식향安息香 1000매를 주고, 부사는 남화사藍花紗 한 끝과 《태평광기太平廣記》 한 부를 주었다.

허균이 건네준 시집을 밤새워 가며 읽은 주지번은 '최치원의 시는 힘이 약한 것 같고, 이인로와 홍간의 시가 매우 좋으며 이숭인의 〈오호도〉와 김종직의 〈금강일출〉, 어무적의 〈유민탄〉이 아주 좋고, 노수신의 시는 힘차고 깊으며, 이색의 시는 부벽루의 것만 못하다'고 평했다. 허균은 스승 이달과 누이 난설헌의 시도 보여 주었는데, 그때 기록이 〈병오기행丙午紀行〉에 다음과 같이 실려 있다.

3월 27일, 상사는 먼저 공강정控江亭에 이르고 나는 뒤따라갔더니 상사는 나를 불러들여 누님의 시에 대해 물었으므로 누님의 시집을 드렸다. 상사는 이 시를 읽으며 칭찬해 마지않았다. 그리고 나에게 물었다.

"그대의 시는 출판되지 않았는가?"

"감히 출판하지 못했습니다."

이어서 우리나라 산천 지리를 매우 자세하게 물어 모두 글로 써서 대답하였더니 장선掌扇(의장儀仗에 쓰는 자루가 긴 부채)을 꺼내어 자기가 지은 〈제산정시齊山亭詩〉를 적어 주며 화답하라고 했다. 나는 즉석에서 구두로 지어 화답하였더니, 상사는 감탄하고 칭찬하여 마지않았다. 저물녘에 안주安州에 도착하여 녹주綠珠 집에 묵었다. 연주延州의 옛 정인이 찾아와 인사하고 창아昌娥와 교섭하여 자신을 대신했다.

주지번은 허균의 글재주와 넓은 학식에 감탄을 금치 못하면서 다른 이의 시를 보고도 모두 놀라움을 표시했다. 특히 이달의 〈창랑가滄浪歌〉에 이르러서는 혀를 내두르며 이태백과 겨룰 만하다고 극찬했다고 한다. 주지번은 그때 허균에게 현재 맡고 있는 관작과 이력을 물으며 '이 사람이 중국에서 태어났다면 당연히 승명지려承明之廬(승정원을 말함)나 금마지문金馬之門에 오래 있었을 것'이라며 《세설산보世說刪補》, 《시준詩雋》, 《고척독古尺牘》 등의 책을 꺼내 주었다. 종사관으로 활약했던 일로 인해 허균은 나라 안팎에 널리 알려지게 되었다. 당시 허균은 주지번에게 《양천허씨 세고》의 서문을 얻어 왔고, 그해 12월에 《난설헌집》의 서문을 썼다.

삼척부사 허균, 파직되다

1607년 허균은 종사관으로 활약했던 큰 공로를 인정받아 1607년 3월 23일 삼척부사로 임명되었다. 그날 큰형 허성도 예조판서에 임명되어 다시 한 번 허씨 집안에 겹경사가 났다. 삼척으로 가는 길은 동대문에서부터 시작된 관동대로를 따라가는 길이다. 진부를 거쳐 대관령을 넘은 허균은 강릉에 이르렀다. 벼슬다운 벼슬자리를 얻어 만감이 교차했을 것이다. 더욱이 삼척은 허균에게 남다른 고장이었다. 그 이유는 허균의 아버지 허엽과 장인인 김효원이 부사를 지낸 고을이었기 때문이다.

1563년 6월에 삼척부사로 부임했던 허엽이 조정에 들어가 대사간을 지낼 당시 김효원은 사간이었다. 젊은 사림들이 허엽을 동인의 영수로 추대하자 허엽은 김효원을 동인의 우두머리로 내세웠고, 서인의 우두머리는 심의겸이었다. 그런데 김효원과 심의겸의 대립이 점차 심해지자, 우의정 노수신, 부제학 이이 등이 분규의 완화를 조정하고자 두 사람 모두 외직으로 내보낼 것을 건의했다. 그 결과 심의겸은 개성부 유수로, 김효원은 경흥부사로 나가게 됐다. 김효원을 지지하는 세력은 그를 축출한 것이라 반발하여 다시 부령부사로 옮기게 했다. 그러나 부령 역시 변방이라고 반발하므로 다시 삼척부사로 옮기게 되었다.

삼척부사로 부임한 허균은 아버지 허엽과 장인 김효원이 생각나서 〈처음으로 부에 당도하자 감회가 있어〉라는 시 한 편을 지었다.

아버님이 이 부府를 맡았던 때가 언제이던고
이제 벌써 사십이라 오 년이 지났구나
지난일 묻자 한들 사람이 누가 있나
예 놀던 곳 찾으려도 자취 하마 묵었는걸
전해온 유업遺業은 계승이 부끄럽고

몸을 갖는 지조志操야 그 어찌 변하랴

(……)

아전과 백성이 다투어 칭송하여

길가에는 큰 비석이 상기도 우뚝하네

(……)

삼척은 본래부터 우리 집의 세업인걸

아버지 허엽도 선정을 베풀었지만, 김효원 역시 삼척부를 다스리면서 선정을 베풀었으므로 부민들이 그 덕을 추모하여 선정비와 사당을 세웠다고 한다.

삼척은 조정에서 멀리 떨어진 한가한 고을이었다. 가까운 곳에 친구들이 있는 것도 아니고 일이 많은 것도 아닌지라 한가하게 책을 읽으면서 본연의 임무를 다하면 되었다. 허균은 세상을 조금 잊고서 책을 읽으며 보냈다. 그렇게 책 속에 파묻혀 글을 읽고 쓰며 보내던 어느 날 조정으로부터 느닷없이 삼척부사직에서 파직하겠다는 소식이 날아왔다. 사헌부가 상소문을 올려 허균을 파직하라고 한 것이다. 《선조실록》 선조 40년 5월 4일 '이교 엄금, 정업원 · 안일원의 거주자 철거, 허균과 곽재우 탄핵 등에 관한 헌부의 상소문'에 실린 글을 보자.

삼척부사 허균은 유가儒家의 아들로 그 부형이 종사하던 것과는 반대로 불교를 숭신崇信하여 불경을 외며 평소에도 치의緇衣를 입고 부처에게 절을 하였고, 수령이 되었을 때에도 많은 사람이 보는 앞에서 재齋를 열어 반승飯僧하면서도 전혀 부끄러워할 줄을 몰랐으며, 심지어 중국 사신이 왔을 때는 방자하게 선담禪談 불어佛語를 하며 부처를 좋아하는 일을 장황하게 늘어놓아 중국 사신의 눈을 현혹했으니, 매우 해괴하고 놀랍습니다. 청컨대 파직하고 서용하지 말아 사습士習을 바로잡으소서.

전 우윤右尹 곽재우는 행실이 괴이하여 벽곡辟穀을 하고 밥을 먹지 않으면서 도인導引 행세를 하며 솔잎과 콩을 뭉친 알갱이 같은 것으로만 식사를 한다고 합니다. 성명聖明의 세상에 어찌 감히 오활하고 괴이한 일을 자행하여 명교名敎의 죄인이 되는 것을 달게 여긴단 말입니까. 파직하고 서용하지 말아 인심을 바로잡으소서.

선비들 가운데 무뢰한 무리가 혹 이 사람의 일을 포양褒揚하여 본받는 자가 또한 많으니, 사관四館으로 하여금 적발해 정거停擧하게 하여 사도邪道를 억제하는 법을 보이소서.

허균을 신뢰한 선조는 상소문을 접하고 다음과 같이 답했다.

허균의 일은 그 허실을 알 수 없으나 예로부터 문장을 좋아하는 자는 혹 불경을 섭렵하였으니, 균의 심사도 그러한 것에 불과할 것으로 생각된다. 또 혹시 말이 전해지면서 부연된 것은 아닌지 모르겠다. 곽재우가 벽곡하고 밥을 먹지 않은 것 역시 그대로 두어야지 어찌 죄를 주겠는가.

그러나 이틀 뒤인 5월 6일에 또다시 상소문이 올라왔다.

어제 성비聖批를 받들건대 또 "포용하여 그대로 두어야지 죄를 줄 필요가 없다"라고 전교하셨으니, 신들은 의혹됨이 더욱 심합니다. 삼척부사 허균은 유가의 자제로서 도리어 이교異敎에 빠져 승복을 입고 예불을 외고 있으니 몸은 조정에 의탁하고 있으나 사실은 하나의 중이고, 전 우윤 곽재우는 토납 · 도인하고 벽곡하면서 밥을 먹지 않으며 괴벽한 일을 행하여 중외에서 그걸 본받는 자의 창도唱導가 되고 있으니 이름은 재상의 반열에 있지만 역시 하나의 도류道流입니다. 사대부로서 오히려 이러하니, 시습時習의 부정不正과 인심의 괴이함이 구제할 수 없는 지경에 이를 것인데 어찌 포용하여 방치하고 죄를 주지 않겠습니까. 머뭇거리지 마시고 아울러 파직하여 서용하지 마소서.

허균의 재주를 아끼고 신뢰한 임금은 그래도 허균을 그 자리에 그대로 두고자 했다. 그런데도 사헌부에서 허균을 파면하라는 글이 5월 4, 5, 6일 연 사흘 동안 빗발치자 선조도 부득이 그 청을 따르지 않을 수 없었다. 허균이 삼척부사에서 물러난 것은 삼척부사를 제수받아서 고을에 내려온 지 43일째 되는 날이었다. 그때 사관은 조그마한 글씨로 다음과 같은 글을 남겼다.

아! 근심이 깊은 사람은 광분하고 분개하는데, 그런 노래도 하지 못하는 사람은 스스로 통곡하기만 할 뿐, 아무리 통곡해도 술에서 깨면 다시 화가 나니 취해서 깨어나길 원하지 않네. 아! 이런 사람들이 늘어 세상과 인연을 끊고 신선이 된다고 산과 들을 배회한다는데, 그것이 죄일까?

당시만 하더라도 사관은 사관 자신의 뜻대로 정황을 가감 없이 쓸 수 있었는데, 마치 허균이나 곽재우의 마음을 대변하는 듯해 못내 안타깝다. 어렵게 삼척부사에 부임한 허균이 유교가 국시인 나라에서 왜 불교 의식을 행하다가 곧바로 파면되었는지 확인할 길은 없다. 그러나 허균의 삶의 행적으로 보아 이런저런 이유로 구속하는 유교보다 광대무변廣大無邊한 불교의 세계에 잠시라도 의탁하고 싶었는지도 모른다. 그날 경주부윤으로 있던 망우당 곽재우도 함께 파직되었다.

허균은 파면장을 받고 오히려 담담해 보였다. 하지만 그의 처자는 얼마나 암담했을까? 결혼한 뒤부터 가장의 직장을 따라 전전해 온 아내였다. 마음 편히 한곳에 정착해 본 적 없이 떠돌아다녔기에 항상 생활은 쪼들리기만 했다. 그런데 다시 파직이라니! 허균은 상심한 아내를 위로한 다음 자신의 심정을 〈문파관작聞罷官作〉이라는 한 편의 시로 남겼다.

오래 불경을 읽었기에
부질없는 마음에 집착이 없도다
주처周妻는 오히려 아니 보냈고
하육何肉은 금하기 더욱 어려워
나의 뜻 이미 청운에 없으니
어찌 계탄啓彈을 근심하리오
인생은 또한 명命에 안정할지니
돌아가 불도佛道에나 잠기리

예교禮敎는 너무나 구속적인 것
세상사 모든 것을 이 마음에 맡기리
그대들은 모름지기 그대들의 법을 따르라
나는 스스로 내 인생을 내 식대로 살리라
친한 벗 서로 와서 위로하건만
처자는 오히려 불평이 그득하네
하지만 시원한 이 맘 뜻대로 된 듯
다행히 이백과 두보와 이름을 겨루네

그 무렵 〈큰조카에게 답하는 글〉을 보면 허균이 얼마나 상심에 젖었는지를 알 수 있다.

나는 평생 동안 가장 심하게 비방만 받았다. 해가 가고 날이 갈수록 비방이 더욱 신기新奇해졌으나 들을수록 털끝만큼도 괘념치 않았으며, 또한 스스로 해명하려 하지도 않았다. 오래가면 혹 저절로 해소되기도 하는데, 지금까지 15년 동안을 그렇게 해왔다. 요즘에 와서는 치아와 머리털이 쇠약해져서 속세의 흥미가 꺾이고 줄어들었다. 오직 고요한 곳에서 책이나 보면서 겨우 자신의 즐거움으로 만족하는데, 어찌하여 예禮를 범하고 법法을 범하기를 즐겨 상부喪夫를 거느리고 범법하는 소굴의 주인 노릇을 했겠나. (……)

가령 다른 일로 물러나도록 탄핵한다면 상관없겠지만, 통역하는 역관이란 동류同類도 아닌데 아쟁과 노래를 듣기 위하여 그 집을 자주 출입했다고 한다니, 사람들이 의심하게 하는 것은 실로 그럴 듯한 일이다. 오히려 누구를 탓하겠는가?

허균은 여색과 이단을 좋아한다는 이유로 사람들의 입에 자주 오르내렸지만, 그의 뜻에는 권력과 돈의 힘으로 막을 수 없는 그 무엇이 있었다. 그의 이상과 현실 사이의 거리는 점점 멀어져 가기만 했다. 그럼에도 허균의 관계官界 출입이 계속 이어진 것은 성격이 경박해 검속성은 적었어도 박식하고 문재가 빼어났으며 천성이 감성적이었기 때문이다. 또한 그의 재주를 못내 아껴주던 선조와 조정의 중신으로 활약한 큰형 허성의 숨은 도움이 있었기 때문이다. 허성은 허균이 실수를 저지를 때마다 편지를 보내 타일렀다.

너의 뜻을 모르는 바 아니나 세상일이란 그렇게 뜻대로 되는 법이 아니다. 너의 재질을 어찌 초야에서 썩힐 수 있겠느냐. 너를 사랑하시는 전하와 우리 가문을 위해서라도 모든 것을 꾹 참고 행동을 신중히 해야 되지 않겠느냐. 조정에 있는 이 형의 입장도 좀 생각해 봐라.

허균은 아버지처럼 믿는 큰형에게 송구스러운 마음을 금할 수 없었다. 그는 뜻대로 되지 않는 세상을 살고 있는 자신의 자화상을 이렇게 말했다.

나는 처세에 졸렬하고 가계를 다스릴 줄 몰라 지금 반생 동안 기복이 여러 번 있었다. 다만 독서를 좋아하여 방을 깨끗이 쓸고 많은 책을 시렁에 채워 놓고 그 가운데 즐긴다. 몇 번 갇히고 몇 번 쫓겨 돌아다녀도 다 낙원이었다. 그렇지 않고 속자俗子와 더불어 있을 때에는 어수선해서 책을 펼 수도 없을 뿐 아니라 아무리 높은 집에, 맛있는 음식에, 좋은 방석을 깔고 있어도 큰칼을 목에 건 것 같고 몸은 불덩이 속에 있는 것 같다.

허균은 삼척부사로 있을 당시 그가 전생에 걸쳐 배운 정자나 주자의 학설 중에서 심성에 관한 것을 불교와 견주어 글을 썼다. 그는 그 글에서 불경에 실린 글 중 참과 거짓을 헤아려 분석하고 논증을 거듭하자 저절로 얻은 바가 적지 않았다고 한다. 그런 까닭에 그런 글을 지었더니 주변 사람들이 부처를 믿었다는 상소문을 지은 것이라고 말한다. 허균이 경자년 5월에 〈임자승에게 보낸 글〉에는 그의 마음속에 자리한 불교에 대한 견해가 실려 있다.

나는 불교를 믿지는 않네. 그 글을 좋아하여 읽으면서 한가한 시간을 메울 뿐이네. 몇천 호 정도의 고을을 얻고자 해도 얻지 못하는데, 부처가 되기를 도모한단 말인가. 이건 전혀 그렇지 않네. 그러나 권력에 아부하여 떠들어 대기만을 잘하는 무식배에 비한다면 사실 조금은 우월하다고 할 것이네.

뜻은 큰데, 사방이 막혀 있어서 꼼짝도 못하는 신세라니. 그래서 남이 가지 않는 길을 간다는 것은 더할 수 없는 기쁨이자 동시에 지극한 슬픔인 것이다.

두 권의 책을 엮다

삼척부사에서 파직된 지 두 달 만인 1607년 7월에 허균은 다시 내자시정內資寺正에 올랐다. 내자시정은 궁중에서 쓰는 모든 음식, 즉 쌀 · 국수 · 술 · 간장 · 기름을 비롯해 채소와 과일 등을 맡아보는 기관이었다. 이 직책에 오를 수 있었던 것도 선조의 배려와 큰형 허성의 보살핌 덕분이었다.

허균은 절망 속에서도 희망의 끈을 놓지 않던 그 시절, 우리나라의 고전문학사상 중요한 두 권의 책을 엮었다. 하나는 우리나라 문장가들 가운데서 잘 지은 것이라고 알려진 시들과 허균이 본 빼어난 시들을 엮어낸 시평詩評이다. 이 책은 훗날 《성수시화》의 뼈대가 되었다. 다른 한 권은 바로 《국조시산國朝詩刪》이다. 문장가이자 정치가였던 정도전에서부터 권필에 이르는 35명의 시 877편을 수록하고, 부록으로 양천허씨 〈허문세고許門世藁〉를 실었다. 책 뒤에는 〈제시산후題詩刪後〉라는 글을 더하여 이 책을 엮게 된 경위를 밝혔다.

> 시산이란 감히 시를 가려서 뽑은 것이 아니고, 여러 사람의 시선詩選을 산삭刪削한 것이다. 나는 다른 사람들이 가려 뽑은 시를 두고 산삭을 맡은 사람이지, 작품을 선정한 사람이 아니다.
>
> 원래 작품을 선정하는 사람의 공은 크면서도 일은 쉬운 편이고, 산삭하는 사람은 정신이 매우 고달픈 것이다. 그 이유는 이렇다. 여러 사람의 글을 모으되 척도의 길고 짧은 것은 따지지 않고, 그 화려한 것만 모두 주워

엮는 것이 작품을 뽑는 사람의 쉬운 점이다. 그 장단과 후박厚薄을 교정할 뿐이지 그 화려한 빛깔은 따지지 않고, 반드시 순수하게 법도에 부합하도록 한 뒤에야 비로소 책에 올리는 것, 이것이 바로 산삭하는 사람이 고달픈 점이다.

우리나라(조선)의 시를 뽑은 선집이 여섯 가지다. 《청구풍아靑丘風雅》와 《속청구풍아》, 《동문선東文選》과 《속동문선》 그리고 《시부선詩賦選》이 바로 그것이다. 이 시를 뽑은 이들은 모두 대단한 사람들이거나 또는 여러 학사들이 참여했는데, 처음에 시를 모아 편집할 때는 온갖 정성을 다했다. 그런데 나와 같이 식견이 천박한 자가 많은 사람들의 생각을 모아서 고르고 골랐으니, 산삭하는 작업이 고달팠던 것은 당연한 일이다. 그런데도 법도에 맞지 않는 것을 버렸다고 해서 '큰 바다에 구슬이 하나 빠졌다(滄海遺珠)'고 비난할 사람도 있을 것이다. 그러나 법도에 맞지 않는 시를 '이 책에' 실은 것은 없으니, '물고기 눈알과 진주가 섞여 있다(漁目相混)'는 꾸지람만은 면할 것이다.

산삭한 반량이 적다고는 볼 수 없다. 합해서 열 권에 천 편이나 된다. 실을 것은 다 실었다고 할 수 있다.

허균은 시를 고르기만 하지 않고, 그 시에 대한 비평을 덧붙였다. 이렇게 완성한 《국조시산》은 허균이 죽고 난 뒤 오랫동안 발간되지 못했다. 그러나 시를 배우거나 시를 좀 더 잘 짓고자 하는 선비들이 직접 베껴서 은밀히 보던 책이다. 숙종 때 이르러서야 광주부윤으로 있던 박태순에 의해 다시 편집되어 간행되었다. 박태순은 이 책을 펴내면서 다음과 같은 발문을 썼다.

허균의 《국조시산》과 저술들은 허균이 피주被誅된 뒤에 거의 인멸되기에 이르렀다. 혹 호사가 가운데 수록해 둔 자가 있어도 밖으로 드러내기를 좋아하지 않아 빛을 보지 못하였다고 한다.

(……)

사람은 폐廢할지언정 그 소집所集은 폐할 수 없음을 절감하고, 또 많지 않은 우리나라 시선집 가운데서도 가장 뛰어난 이 선집을 후세에 전하지 않을 수 없어, 널리 제본諸本을 구하고 증정證正을 가하여 여러 권으로 찬집, 간행한다.

홍만종은 《시화총림詩話叢林》 〈시화총림증정詩話叢林證正〉에서 "박태순이 광주부윤으로 있을 때 허균이 편찬한 《국조시산》을 간했다"라고 했다. 이러한 기록으로 보아 박태순이 광주부윤으로 재직하고 있던 그때를 1699년으로 추측한다. 그러나 1700년(숙종 26) 2월 26일에 전라도 유생 오언석 등 300여 명이 문성공 이이를 잘못 기재했다며 상소를 올려 박태순의 죄를 묻기를 청했다. 허균의 글을 좋아했으므로 혼자 보기 아까워 책을 발간한 박태순은 이 책 때문에 경기도 장단부사로 좌천되는 불운을 겪게 되었다.

공주목사 허균과 이재영

선조가 승하하고 광해군이 왕위에 오르는 격변의 시기에 허균의 삶은 비교적 순탄했다. 그해 허균은 시를 정리하는 틈틈이 공부를 게을리하지 않았다. 그 결과 여름, 가을, 겨울에 걸쳐 세 번씩 보는 벼슬아치의 고과考課 시험에서 모두 아홉 번이나 장원을 했다. 그런 경우는 조선 역사상 매우 드문 일이었다. 그러자 임금은 신하들에게 명하여 법전을 살펴서 시상하라고 했다. 그러한 여러 가지 이유로 허균은 그해 12월 9일 공주목사가 되었다.

공주목사로 부임한 허균에게 제일 먼저 생각나는 사람이 그의 절친한 친구 이재영이었다. 이재영은 조선 중기의 문신으로, 아버지는 이조판서 이선의 서자라고도 하고 혹자는 허균의 스승인 이달이 이선의 첩과 정을 통해서 낳았다고도 한다.

서얼 출신으로 문장이 뛰어났던 이재영(자는 여인汝仁)은 임진왜란 중에 제정한 군공절목軍功節目에 따라 참급斬級 군공으로 허통許通되어 1599년(선조 32) 정시문과에 장원했다. 그러나 사헌부에서는 이재영의 출신이 한미하다 하여 삭과削科해 달라는 계를 올린다. 그러나 선조는 "이미 허통하였으니 삭파削罷할 것은 없다. 체차는 아뢴 대로 하라"라고 답했다. 하지만 출신 문벌이 천한 사람은 비록 과거에 급제하여도 관직을 주지 않았기 때문에 승문원의 한이학관漢吏學官으로 재직했다.

1603년 5월 3일 《선조실록》에 이재영이 다시 등장한다. 당시 대제학이던 이호민이 임금의 명을 받아 명나라의 도움으로 전쟁을 승리로 이끈 것에 대하여 감사의 글을 보냈는데, 이 글을 이호민 본인이 쓰지 않고 이재영이 대필했다는 것이 밝혀져 파열음이 일어난 것이다. 문재가 뛰어난 인물이었지만 어찌 된 일인지 이재영을 기용했던 이호민은 사실을 털어놓으며 사직서를 제출했다.

이재영은 훗날 허균의 익명서 사건에 연루되어 곤경에 처하기도 했다. 그 이유는 그가 허균과 가까웠던 까닭에 그가 글을 지었다는 제보 때문이었다. 그러나 허균과 가깝게 지냈던 모든 사람이 형장의 이슬로 사라졌지만 이재영의 이름은 보이지 않는다. 여러 가지를 유추해 볼 때 이재영은 위험에 처한 허균을 멀리하고 이이첨의 편에 섰음을 알 수 있다. 그렇게 사라졌던 이재영이 《조선왕조실록》에 다시 등장한 것은 허균이 비운의 죽임을 당한 뒤로부터 2년이 더 지난 1620년 11월 14일이다.

> 영접도감이 원접사 이이첨의 뜻으로 아뢰기를 면천군수 이재영을 제술관으로 삼도록 종전에 재가가 내렸는데, 지금 먼 고을로 제수되어 신이 떠날 기일까지 대자면 왕래가 불편하겠습니다. 이후로 승문원에서 자문咨文이나 주문奏文과 같은 긴요한 문서를 작성할 일이 있을 때면, 허징이 파주에 있었던 그때와 같이 즉시 와서 겸해 볼 수 있게 경기 근처의 수령으로 바꿔 주시는 것이 어떻겠습니까?

광해군은 곧바로 그렇게 하라고 전교했다. 문장에 뛰어난 이재영은 오랫동안 명나라 사신이 오면 필찰筆札을 맡았다. 과거시험 때마다 남의 글을 대신 지어 주었을 만큼 학문에 정통했다. 결국 인조반정 후 이이첨의 여러 아들을 부정하게 합격시킨 것은 그의 소행이었다는 죄목으로 국문을 받다가 매를 맞아 죽었다.

허균은 이재영의 능력이 출중함에도 불구하고 그가 제대로 쓰이지 못함을 항상 안타깝게 여겼다. 허균은 또한 그를 두고 "같은 병을 함께 앓는 적막한 나그네"라고 칭하며 평생을 그림자처럼 붙어 다녔다. 1606년 5월 이재영에게 보낸 허균의 글을 살펴보면 허균이 얼마나 이재영을 마음속 깊이 생각했는지 짐작할 수 있다.

> 연주延州의 나그네가 대정강大定江에 이르러 배 위에서 넋을 잃고 바라보며 말을 못하고, 눈물이 눈자위에 가득하므로 나는 차마 보지를 못 하였네. 배가 떠나려 하자 옷소매로 얼굴을 가리고 이별하는데, 이 무렵의 강산은 갑자기 무색해졌으니, 만약 자네가 곁에 있었더라면 반드시 한숨을 쉬었을 것이네.

1608년 1월 허균은 이재영에게 편지 한 통을 보낸다.

> 나는 큰 고을의 원님이 되었고, 마침 자네가 사는 곳과 가까우니 어머니를 모시고 이곳으로 오게. 내가 의당 절반의 봉급으로 대접할 것이니 결코 양식이 떨어지는 지경에는 이르지 않을 것일세.
>
> 자네와 나는 처지가 다르지만 취향은 같으며, 자네의 재주는 나보다 열 배나 뛰어나지만, 세상에서 버림받기는 나보다도 심하니, 이 점이 내가 언제나 기가 막히는 일일세. 나는 비록 운수가 기박해도 몇 차례 고을의

원님이 되어 자급자족할 수는 있지만, 자네는 입에 풀칠도 면하지 못하네그려. 세상의 불우한 사람은 모두 우리들의 책임인 것이네. 밥상을 대할 때마다 몹시 부끄러워 음식을 먹어도 목에 넘어가지 않으니 빨리 오시게. 오기만 한다면 비록 이 일로 비방을 받는다 해도 나는 전혀 개의치 않겠네.

허균의 편지를 받은 이재영은 어머니와 첩까지 데리고 공주로 왔었다. 그러나 허균의 그 애틋한 우정을 헌신짝 버리듯 내팽개치고 이재영은 이이첨에게로 돌아섰다.

친구 서양갑과 해안스님

이재영과 함께 허균의 신세를 진 사람 가운데 심우영과 윤계영이 있다. 심우영은 허균의 처외삼촌이었다. 관찰사를 지냈던 심전의 딸이 허균의 장모였으며, 심우영은 심전의 아들이었지만 서자였다. 학식은 뛰어났지만 벼슬길에 오를 수 없는 처지였으므로 세상에 대한 불만이 많은 채 떠돌았는데, 허균과는 각별한 사이였다. 허균은 오래전에 글을 써주면서 "나의 벗 심 군"이라고 할 정도로 가깝게 지냈는데, 당시 세간에는 허균이 공주목사로 재직하면서 삼영三營을 설치했다는 소문이 돌 정도였다.

이는 허균의 식객인 이재영, 심우영, 윤계영의 이름이 모두 영英 자로 끝나기 때문이었다. 사람들은 대부분 신분이 맞는 사람끼리 어울렸는데,

허균은 신분과 나이를 따지지 않았기 때문에 서얼 친구들이 많았다. 그런 까닭에 양갓집 자제들은 '타락한 이들'과 어울려 다니는 허균을 멀리했다.

그때 심우영을 통해서 사귄 또 한 사람이 있었는데, 그가 바로 의주목사를 지낸 서익의 서자 서양갑이었다. 서양갑은 뛰어난 문장가였고, 포부가 큰 인물이었다. 본인 스스로 "세상을 뒤엎을 만한 영웅"이라고 자찬했고, 거사 직전에 동료들에게 "남아男兒가 죽지 않으면 다행이지만, 죽는다 해도 큰 이름을 올릴 따름이다"라고 말했다 한다. 허균은 서양갑의 자를 석선石仙으로 지어 주었고, "내가 본 바로 지금의 영웅은 오직 서석선만이 있을 뿐이다"라고 할 정도로 서양갑을 신뢰했다.

하지만 서양갑은 재주와 능력을 겸비했어도 서자라는 이유로 벼슬길에 오르지 못하고 있었다. 그런 현실을 안타깝게 여긴 허균은 1602년 "자네는 훌륭한 재주를 가지고도 나라의 법에 얽매여 큰 포부를 펴보지 못하고 심부름이나 해주면서 떠돌고 있으니 안타깝기 그지없네"라고 편지를 보내 위로했다.

그런데 선조가 승하하고 서자인 광해군이 임금이 되자 양반의 서자들이 이 기회에 자신들도 양반으로 대우해 달라고 일어났다. 서자들 중 뜻을 같이하는 심우영은 영의정을 지냈던 박순의 아들 박응서, 박치인, 이경준, 김평손 등과 함께 연대하여 상소문을 올렸다.

인륜에 적서嫡庶가 있을 수 없는 까닭은 엄연한 부자의 관계를 보아서도 알 일이요, 당연히 효도가 숭상되어야 한다면, 충의는 바로 효도를 근본으로 하는 것이고, 충효일체이거늘 충과 효를 이간시켜 인륜의 태도를 어지럽히는 것은 성학聖學이 용서할 바가 아닙니다. (……) 우리들의 아버지는 모두가 국가에 충성을 다하고 고관대작이 되었고 또 나랏일을 많이 하였소. 그런데도 우리들을 서자라 하여 벼슬을 주지 않으니 이는 너무나 모순된 일이오. 새로운 광명이 비치는 이때 전하의 너그러운 성려로서 우리에게 사관仕官의 길을 열어 주시기 바랍니다.

광해군도 처음에는 본인이 서자였으므로 서자 대우를 격상시키려고 하였으나 완고한 신하들 때문에 실행하지 못했다.

적서차별이 시작된 것은 조선 태종 때였다. 정적 정도전을 제거한 이방원은 정도전이 서자라는 이유로 서자의 벼슬길을 막고자 했다. 마침 우대언 서선이 서자의 벼슬길을 막자고 아뢰었다. 그 뒤 서얼금고법庶孼禁錮法이 만들어졌으며, 결국 서자의 벼슬길은 막혀 버렸다. 중종 때 조광조는 "우리나라의 인물이 중국보다 적은데, 어찌 적서의 차별을 할 것이며, 또한 인신人臣의 충의를 원코자 하는 마음이 어찌 적서의 차별에 따라 다르겠는가? 사람을 써본 다음에 자기의 분수를 어기는 죄가 있으면 법에 따라 엄중 처벌하면 될 것이다"라고 건의하였지만, 채택되지 않았다.

선조 초기에 이이와 성혼도 조건부로 서얼의 등용을 제안했으나 받아들여지지 않다가 임진왜란이 발발하고 병력이 몹시 부족해지자 미봉책으로 서자에게도 미관말직을 주면서 서얼이 벼슬길에 나갈 수 있게 되었다. 그러나 난이 끝나자 마무리된 줄 알았던 당쟁이 격화되면서 동시에 계급 관념이 굳어지고 말았다. 서얼 출신의 벼슬길이 다시 막혀 버린 것이다. 서자 신분이 발각되면 과거에 붙어 방榜에 올랐다가도 이름이 지워지고, 현직에서 물러나기도 했다. 특히 서자는 양반의 자리에 같이 앉아 있지도 못했다.

그러한 조선 사회에서 서얼을 차별하지 않고 가까이 지낸 허균의 행동은 파격적이며 무모하게까지 보였다. 그 무렵 허균이 이재영에게 보낸 편지 한 통이 남아 있다.

> 처마의 빗물은 쓸쓸하게 떨어지고 향로의 향 내음은 살살 풍기는데, 지금 두서너 친구들과 소매 걷고 맨발 벗은 채 방석에 기대어 하얀 연꽃 곁에서 참외를 쪼개 먹으며 번뇌를 씻어볼까 하네. 이럴 때에 우리 여인汝仁이 없어서는 안 되겠네.
>
> 자네의 늙은 아내가 반드시 으르렁대며 자네의 얼굴을 고양이 상판으로 만들 것이지만, 늙었다고 두려워 위축되지 말게. 문에서 기다리는 종이 우산을 지녔으니 가랑비를 피하기에는 충분할 것이네. 빨리 오시게. 모이고 흩어짐도 늘 있는 일 아니니, 이러한 모임인들 어찌 자주 있겠는가. 흩어진 뒤에는 후회해도 돌이킬 수 없을 것이네.

허균의 말처럼 그러한 시간은 그리 길지 않았다. 가까스로 부임했던 공주목사 재직 또한 길지 않았기 때문이다. 서얼이나 천민과 가까이 지낸다는 이유로 허균은 그해 8월에 또다시 파직된다. 그해 가을에 충청도 암행어사가 충청도 일대 수령들의 비위 사실을 조사하고서 계를 올렸는데, '허균은 성품이 경박하고 품행이 무절제하다'는 내용이었다. 하지만 공주목에서 그를 모셨던 아전들의 평은 그와 달랐다.

> 공주 사람 아전이 나에게 이렇게 말했다.
>
> "허균이 목사로 재직할 당시 관아 일이 끝나면 늘 섬돌에서 신발을 신고, 손은 뒷짐을 진 채 시를 읊었다. 그 소리와 가락이 맑으면서도 힘이 있어서 마치 옥이 울리는 소리와 같았다. 그 모습을 바라본 사람들은 목사를 '하늘나라 사람'이라고 추앙했다."
>
> – 영의정 남구만의 손자 남극관의 문집에 실린 글

공주목사를 단명으로 끝낸 허균은 부안 변산 우반동에 있는 정사암으로 내려갔다. 당시 부안군수 심광세는 처외가 쪽으로 가까운 사람이었고, 가깝게 지낸 이매창이 부안에 있었기 때문에 부안에 머물고자 했던 것이다. 그 무렵 지은 호가 '성옹惺翁'과 '와룡臥龍'인데, 성옹은 '어지러운 세상에 홀로 깨어 있는 늙은이'라는 뜻이고 와룡은 '제갈양과 같은 천재'라는 뜻에서 붙인 것이다.

허균은 그곳에서 기생 이매창과 천민 출신 시인 유희경을 만나 교분을 두터이 하였으며, 무안에서 온 해안스님을 만나게 된다. 그런데 통성명을 하고 보니 허균과 생년월시가 똑같았다. 그렇잖아도 호기심이 많은 허균은 이 생각 저 생각에 빠지게 된다. '운명이란 도대체 무엇일까?'

곰곰이 사유하던 허균은 사주四柱에 생각이 이르렀다. 사주가 같다면 누구나 살아온 한평생이 같거나 비슷해야 할 것이다. 그런데 한 사람은 해진 장삼과 한 바리때로 바위 굴 사이에 숨어 지내고, 다른 한 사람은 세상과 어긋난 채 살아간다는 것을 깨닫게 된 허균은 다음과 같은 글을 지었다.

나는 평생 동안 점을 믿지 않았다. 이제 이르러서는 더욱 더 나의 생각이 맞았음을 알 수 있다. 비록 그렇긴 하지만 해안은 불교를 믿는 사람이고, 나 역시 불교를 좋아한다. 일찍이 그 글들을 읽어 보았더니 환하여 마음에 깨달음이 있었고, 삼라만상을 비추어 보니 모두가 다 공空이었다. 마치 곧바로 원각圓覺을 깨달아 부처님의 경지에 뛰어드는 것과 같았다. 벼슬을 버리고 해안에 은둔한 것은 절로 들어가 큰 인연을 짓고자 하는 마음이 있어서였다.

비록 유학을 배웠음으로 선비들의 꾸짖음과 탄핵을 입는다 해도 나는 꺼리지 않을 것이다. 마땅히 무여열반無餘涅槃에 들어 고요히 소림사少林寺의 황매黃梅와 더불어 '나고 죽는 큰 환난을 없애, 번뇌의 바다로 건너가는 것'을 함께하게 된다면 비록 머리 깎고 가사를 입지 않았더라도 해안과 나는 같은 석가의 무리일 것이다.

그런데 해안은 구름과 물을 벗하여 스스로 즐겨 뜻이 맑고 편안하지만, 나는 뭇 참소와 형벌에 시달려 마음이 하루도 편안할 때가 없다. 높은 벼슬에 앉아서 수레와 비단옷이 몸에 있어도 오히려 병과 바리때의 자유로움만 같지 못하니, 이것으로도 나의 영화와 해안의 시듦은 서로 보상될 만하다. 진실로 이와 같다면 운명을 얘기하는 자들이 더러 맞는 것도 있는 것 같다.

—《성소부부고》 제5권 〈산으로 돌아가는 중 해안을 전송한 서〉

그날 허균은 함께 있던 민정걸이 오행五行을 잘한다기에 앞뒤 두 시時를 넣었다. 그 결과 허균의 운명을 "요절 수도 있지만, 혹은 장수할 수도 있다. 현달할 수도 막힐 수도 있는데, 아무리 봐도 머리를 깎고 출가할 수는 없다"라고 풀어 주었다. 세상에 지치고 환멸을 느껴 절에 들어가 수도에 전념하고자 하는 마음이 있었던 허균에게 불교는 가까이는 할지언정 출가할 운명의 대상은 아니었던 모양이다. 그 무렵인 1608년(무신) 10월에 허균이 해안에게 의미심장하게 쓴 편지 한 장이 남아 있다.

그대는 집착과 고루하여 감각이 둔한 것(완공頑空)을 없애야 하네. 만약 성性을 보지 못하면 조사祖師의 밀어密語도 모두 외서外書가 되어 버리고, 만약 성을 본다면 마귀나 여우의 설법도 모두 묘체妙諦가 될 것이네. 집착하면 남과 나의 구별이 있게 될 것이네. 부디 조심하게. 한 가지의 선善인들 게으르고 태만히 하는 데서는 나오지 않는 것이니, 부디 힘을 기울이도록 하게.

도인 남궁두와 만나다

허균이 그 당시 만났던 사람 중 한 명이 조선 중기 단학파丹學派의 남궁두(1526~1620)이다. 전라도 함열에서 태어난 남궁두는 1555년 진사과에 급제했다. 그 후 임피에서 살다가 애첩과 당질 간에 간통 사건이 일어나자 두 사람을 죽이고 중이 되었다. 법명을 총지라고 지은 그는 지리산 쌍계사에서 은거하였다.

그 뒤 남궁두는 경상도 의령의 한 암자에서 도교의 방술인 부주 · 상위 · 감여 · 추점 등에 뛰어난 노승을 만나 신선술을 익혔다. 그는 먼저 정신통일을 하기 위해 잠을 자지 않는 법을 익혔고, 다음은 곡기를 끊으면서 《참동계參同契》와 《황정경黃庭經》의 묘리를 터득했다. 이를 운용하여 내단內丹 수련의 극치인 신대神代에 거의 도달했다고 한다. 이수광이 지은 《지봉유설》에 따르면 그는 아흔 살이 되었어도 거의 늙지 않았고 언제나 명산대찰을 떠돌아다녀 사람들은 그를 지선地仙, 즉 땅의 신이라고 불렀다.

허균은 그를 만나고 〈남궁선생전〉을 지었는데, 그가 만난 남궁두에 대한 이야기를 한번 보자.

> 세상에서 신선을 얘기하는 사람들이 걸핏하면 꼭 수련이 끝난 뒤를 설명하기를 "나는 하늘로 올라가 신선이 될 수 있으며, 태식胎息(도가에서 하는 수련법의 하나)을 이룰 수가 있으며, 나는 죽지 않고 영원히 살 수가 있다"라고들 한다. 그런데도 외롭게 몇백 년 동안 신선이 된 것을 본 사람은 거의 없다. 이것은 얼굴이 해만 따라다니다가 제 발은 땅에 붙어서 굳어진 해바

라기와 같은 짓일 뿐이다. 내가 일찍이 남궁두를 호남에서 만났는데, 나이가 아흔 살인데도 얼굴에 주름살이 하나도 없었다. 왜 그런가 물었더니 때 맞추어 음식을 적게 먹었을 뿐이라고만 했다. 수련 공부는 시작하기가 쉽지 않은데, 밥을 먹거나 자고 일어날 때 몸을 튼튼히 하고, 병에 걸리지 않도록 하는 데는 그날그날에 그 방법을 쓰는 것이 효과도 가장 빨리 거둔 것이 아닐까?

허균은 여러 학문에 해박했고, 특히 도교에도 깊은 관심을 가졌다. 장자莊子에 대해 허균이 쓴 〈독제자각제기후讀諸子各題其後〉를 보자.

내가 젊었을 때에 장자의 글을 읽고 뜻은 알지 못한 채 그 글귀만을 뽑아서 글 짓는 법으로 삼았었다. 중년에 들어 다시 읽어 보았더니 그 탁월하고 황홀함이 헤아릴 수 없을 정도여서 진실로 기뻤다. 다른 사물에 견주어 죽고 사는 것도 한결같고, 얻고 잃는 것도 매한가지라는 뜻을 은연중에 나타낸 것은 귀중한 갈파라고 하겠다. 이제 다시 읽어 보니, 그 사물을 탐내는 생각이 없음과 적적하고 막막함과 맑고 고요함과 무위와 침묵에 대한 갈파는 불교와 부합된다.

허균이 나이가 들면서 그 나이에 따라 인생과 사물을 바라보는 깊이가 달라졌음을 볼 수 있다. 여러 가지 이유로 시끄럽기만 했던 벼슬길에서 물러난 허균은 부안으로 내려가 김청이라는 사람이 벼슬에서 물러난 후 우반동 골짜기에 지은 정사암靜思巖에서 머물며 유유자적 세월을 보냈다.

허균은 오래전부터 도가道家를 가까이 했다. 그래서 "도에 가까우면 신선이 되고, 도에 어두우면 범인이 된다"라고 하면서 수련을 게을리하지 않았다. 그가 쓴 〈감흥感興〉을 보면 불사약을 얻어 신선이 되고자 했던 그의 꿈이 고스란히 담겨 있다.

한밤에 일어나 사방을 바라보니 (中夜起四望)
별이 갠 하늘에 걸려 있네 (晨辰麗晴昊)
한 바다에 물결이 눈 날리니 (溟波吼雪浪)
건너고자 해도 바람이 너무 세구려 (欲濟風浩浩)
젊음이 몇 때나 지탱할 건고 (少壯能幾時)
근심에 잠기니 사람이 늙네그려 (沈憂使人老)
어찌하면 죽지 않는 선약을 얻어 (安得不死藥)
난새 타고 삼도를 노닐어보지 (乘鸞戲三島)

부안의 정사암에서 세월을 보내던 그 무렵 허균은 다섯 편의 인물 평전을 썼고, 그해 12월 3일에 승문원 판교에 임명되었다.

이재영과 함께 사행길에 오르다

1609년 허균은 마흔 살이 되었다. 그해 1월에 허균은 사은사 서장관으로 내정되었다. 그 뒤 곧바로 종사관으로 바뀌는 과정이 〈기유서행기己酉

西行紀〉에 다음과 같이 실려 있다.

무신년(선조 41, 1608)에 나는 공산에서 부안으로 돌아와 오래 머무를 계획을 했다. 그러나 일이 있어 북쪽으로 여행하여 서울에 이르러 형님을 찾아 뵈었는데, 얼마 안 되어서 승문원 판교에 임명되었다. 2월 초하루에 유태감劉太監(유용) 원접사 이공李公 상의商毅가 나를 종사관으로 천거하니 주상께서 서장관을 바꾸어 종사관으로 이공을 따라가라 명하셨다.

이때 허균은 각별한 친구 이재영에게 다음과 같은 편지를 보낸다.

내가 또 이번 사행을 가게 되어 10년에 세 번이나 막하幕下에 들어간 것이니, 왜 지루하지 않겠는가. 사상使相이 반드시 자네와 함께 가기를 원하네. 자네가 나오고 싶지 않다면 그만이지만, 만약 이 세상에 뜻이 있다면 부디 나오기 바라네. 우리 두 사람이 서기書記로 가는 것도 즐거운 일이며, 서관西關의 천 리 길에 옛날 노닐던 곳을 다시 밟는 것 또한 하나의 유쾌한 일일 것이네. 비록 임금이 승하하신 때여서 음악과 여색으로 즐기지는 못하더라도, 여관의 푸른 등불 아래 향을 피우고 마주 앉아 고금古今을 이야기하고, 시가詩歌를 지으며 춘삼월을 보내는 일도 별로 나쁘지는 않을 것이네.

우리 두 사람은 모두 노경老境에 접어들어 모일 날은 많지 않고, 남은 날은 아주 짧네. 생각이 이에 이르면 반드시 갓을 털고 일어날 것이네. 간절히 기다려 마지않네.

허균의 간절한 편지를 받은 이재영은 허균을 따라나섰고, 이징도 함께 사행길에 올랐다. 15일에 조정을 물러난 허균은 그날 벽제원에 도착했다. 16일에는 마산에 도착하였고, 18일 낮에는 오목참에서 쉬고 날이 저물 무렵 개성에 도착했다. 2월 22일에는 봉산에서 묵고, 23일에 황주에 도착했으며, 26일에는 평양에 도착했는데, 2월 26~27일의 내용이 재미있다.

> 26일 평양에 도착했다. 배에서 성 위를 바라보니 단청한 누각이 보였다. 물어보니 새로 지은 연광정練光亭이라고 했다. (……) 27일 그대로 머물렀다. 연광정에 올라갔다. 경치가 매우 아름다웠다. 내가 여인에게 "이제야 비로소 패서객浿西客이 되었구나" 하니, 여인은 "술 권할 여자가 없는 것이 흠이로구먼" 했다. 나는 눈을 흘겨주고 웃은 다음 돌아왔다.

이러한 상황을 보면 허균은 말 그대로 천하에 풍류객이었다. 그다음 날은 조용히 지내다가 방백을 만난 뒤 돌아왔고, 29일엔 송효남에게 안주를 들게 하고서 화가 나옹의 무덤에 올리게 했다. 이재영이 시를 지어 애도하였고, 그도 역시 시를 지어 화답했다. 3월 초사흗날 평양을 떠난 허균 일행은 순안에서 묵었고, 5일에 안주에 도착했다. 그리고 4월 7일의 이야기가 재미있다.

> 웅사熊使가 진강鎭江에 도착했다. 양행兩行(유태감 원접사와 웅대행 원접사 일행)은 모든 관원을 대동하고 교외郊外에서 칙서를 맞는 예를 행했다. 성으

로 돌아오는데, 구경하는 남녀로 성곽이 꽉 찰 지경이었다. 여인은 내 곁에 서 있다가 길가의 여자들 중에 부府의 창기들이 모두 나와 줄지어 꿇어앉아 인사하는 것을 보았다. 여인이 헤어 보니 내 방에 들어온 일이 있던 자가 열두 명이었다. 나는 시를 지어 자조自嘲했다. 시의 끝 구절에 "남쪽 길가 열두 여인(十二金釵南陌上)/일시에 고개 돌려 봄바람에 웃는다(一時回首笑春風)"라고 하였는데, 여인은 풍류는 끊어지지 않고 바로 이 사람에게 있다고 크게 칭찬했다.

얼마나 재미난 이야기인가. 그 많은 기생 중에 열두 명의 기생이 허균과 하룻밤을 즐기며 풍류를 즐긴 여인들이라니! 그곳에서 허균은 〈진강에서 통군정統軍亭을 바라보면서〉라는 시 한 편을 지었다.

강 너머 아스라이 통군정을 바라보니
정든 임 본 것처럼 눈이 문득 반가운 걸
나랏일 마치고서 만 리 길 돌아오니
양옆의 살쩍 흰빛만 더 생겼소

허균은 이 사행길에서 400수의 시를 지었다. 그것은 임금의 상중이라서 연회가 별로 없었고, 따라서 기생과 만날 기회도 없었기 때문이다. 임무를 무사히 마친 허균은 기유년 5월에 홍문관의 월과月課에서 세 차례나 1등을 했다. 그리고 그해 9월에는 형조참의가 되었다.

권필과 가까이 지내다

허균은 일생 동안 가깝게 지낸 사람이 여럿 있다. 그중의 한 사람이 권필이다. 두 사람이 친하게 지낸 것은 허균의 아버지 허엽과 권필의 아버지 권벽이 아주 막역한 사이였기 때문이다.

> 습재習齋 권벽은 나의 선친과 교분이 가장 두터웠다. 공은 젊었을 때에 안명세 · 윤결과 함께 공부하였는데, 서로 뜻이 맞아서 매우 즐겁게 보냈다. 이 두 사람이 말을 과감히 하다가 화를 당하여 죽은 뒤에는 공은 입을 다물고 말을 하지 않았다. (……)
>
> 내가 어릴 때에 공이 나의 선친을 뵈러 온 것을 보았는데, 주인이 묻는 말에나 대답하고 그렇지 않으면 종일토록 무엇을 생각하는 듯이 조용할 뿐이었다. 공이 소신을 철저하게 지킴이 이러했다.
>
> –《성소부부고》 제23권 〈성옹지소록〉 중

그 무렵 허균은 권필과 아주 가까이 지냈지만 가난한 생활을 하는 그를 안쓰럽게 생각했다. 그가 2월에 조위한에게 보낸 편지를 보자.

> 이조판서를 만났더니, 여장(권필의 자)을 동몽교관童蒙教官으로 임용하고 싶다고 하였는데, 그가 나올지 모르겠습니다. 형께서 그에게 시험 삼아 물어보십시오. 벼슬은 때로는 가난 때문에 하기도 합니다.

그 편지를 보낸 뒤에도 허균은 권필에게 여러 통의 편지를 보냈다.

내가 떠날 날이 며칠 남았네. 만 리나 가야 할 여행 봇짐에 자네의 글이 없어서는 안 되니, 오언율시 여덟 수를 노자로 주게. 한 수라도 줄이면 무정하다고 할 것이네.

– 경술년 3월 권여장에게

형이 강도江都에 계실 때는 1년에 두어 차례 서울에 오시면 곧 제 집에 머무르면서 술을 마시고 시를 읊었으니 인간 세상에서 매우 즐거웠던 일이었네. 그러나 온 가족을 이끌고 서울에 오셔서는 10여 일도 한가롭게 어울린 적이 없어서 강도에 계시던 때보다도 못하니, 도대체 무슨 까닭인가?

못에는 물결이 출렁이고, 버들 빛은 한창 푸르며, 연꽃은 붉은 꽃잎이 반쯤 피었고, 녹음은 푸른 일산에 은은히 비치는데, 이 가운데 마침 동동주를 빚어서 젖빛처럼 하얀 술이 동이에 넘실대니 꼭 오셔서 맛보시기 바라네. 바람 잘 드는 마루를 쓸어 놓고 기다리네.

– 경술년 5월 권여장에게

1610년(경술) 4월 허균은 명나라 황태자의 탄생을 축하하러 가는 천추사千秋使로 임명되었지만 병이 나서 임무를 맡지 못할 형편이었다. 그래서 못 가겠다고 상소를 두 번이나 올리자 사헌부에서는 그를 붙잡아 잘못을 추궁하겠다고 했다. 이를 들은 임금은 허균의 직책을 바꾼 뒤 성절사 황시로 교체하여 보내라고 했다. 그래도 사헌부에서 허균의 죄를 묻겠다고 아뢰었으나 임금은 허락하지 않았다. 허균은 의금부에서 견책을 기다리며 〈내가 화가 동하는 병 때문에 중국에 사신으로 갈 수 없으므로 순군巡軍에서 견책을 기다리며 장구를 지어 기헌보에게 주어 회포를 풀다〉라는 시를 지었다.

세상의 인심에 따라 뜨고 부침浮沈하는 것이 해로운 것 아니나니
한세상에서 알아주는 사람 없다고 한을 마소
높은 문장 스스로 천대千代에 빛나리니
조무래기들의 중상비방이야 각자에게 돌아갈 것이네
나 또한 영락해서 가소로운 사람이라
거진車塵을 바라보며 절하는 것을 좋아하지 않네
그런 까닭에 재상들이 나를 기필코 죽이려 하며
꾸지람과 쫓아냄이 어찌 그리 분분한지
벼슬자리 빼길망정 기개 어찌 빼길 것인가
병이 비록 모질어도 나를 죽이기는 어려울 걸세
의금부에 거적을 까니 땀이 살에 흠뻑 젖고
백간白簡(파면장)에 바람이 일어 내 열을 씻어주네
평생에 문자를 가지고 원수를 맺었으니
조카들은 다투어서 붓을 쉬라 권하거든
내 스스로 이를 즐겨 놓을 줄을 모른다오
무슨 물건인가 저 인간 세상의 만호후萬戶侯가

장안이라 사흘 비에 문을 받고 있노라니

서늘한 바람 으스스하게 대나무에 불어오네

벼슬이 예전보다 낮은 정6품 무관 보직인 행사과로 바뀐 허균은 집에서 병을 치료하고 있었다. 그러던 중 우연한 일로 인하여 〈궁사宮詞〉라는 장편 시를 쓰게 된다. 본래 궁궐에서 일어난 일을 글로 써서 알리는 일은 금기시되던 시절이었다. 그러므로 허균은 그 일로 흠 잡히기를 꺼려서 "모두 임금과 왕후의 덕으로 후세에 법이 될 만한 것을 시로 지었다"라고 부연 설명한다. 허균은 당나라 사람인 왕건王建이 그 종인 대당수징으로부터 궁내의 일을 자세히 들어 100편의 궁사를 지은 것을 선례로 삼아 칠언절구 100편을 지은 것이다.

금중이라 삼월 삼질 좋은 철을 만나 보니 (禁中佳節値三三)

여러 전의 궁아들은 엷은 옷을 입어보네 (諸殿宮娥試薄衫)

상림원을 향해 가서 다투어 투초하니 (爭向上林來鬪草)

그중에도 맨 먼저 의남초를 취하노라 (就中先取翠宜男)

궁녀들의 일상사에서부터 외로움과 한 그리고 오지 않는 임금을 기다리는 마음까지, 그녀들의 한평생을 묘사한 이 글을 본 권필은 다음과 같이 평했다.

한 시대의 시사詩史에 대비할 만하다. 송원宋元 사람들도 감히 가까이 오지 못할 작품으로, 스스로 일가一家의 언言을 이루었다고 할 수 있다.

제3부

허균,
세상과 대립하다

유배를 가다

'사람을 나누는 두 가지 기준, '재미있는 괘'와 '재미없는 괘' 니체의 말이다.

천재들이 대개 그렇다. 재미있는 천재와 재미없는 천재가 있다. 그 천재를 다시 두 가지로 분류한다면, 세상을 이롭게 한 천재, 세상에 해를 끼친 천재가 있다.

세상을 이롭게 한 천재들은 그들의 말이나 사상이 역사와 인류를 발전시킨 원동력이 되었지만, 세상을 해롭게 한 천재들은 인류의 삶을 더 어렵게 만든 천재들일 것이다. 천재 중의 천재, 허균은 대부분의 천재들과 달리 외골수가 되지 않고 다정다감했으며 사람에 대한 애정이 깊었던 사람이다.

오랜만에 어디에 매이지 않고 저술에만 몰두하던 허균이 다시 산천을 유람하고 싶어서 어딘가 수守 자리가 비어 있을까 하고 찾다가 1610년(경술) 9월에 월사月沙 이정귀에게 편지를 보냈다. 이정귀는 선조 때 대제학 등을 역임하고 인조 때 좌의정을 지낸 당대의 뛰어난 문장가다.

> 들으니 수조水曹(공조의 별칭)에 결원이 있다는데, 그곳은 본래 한가하여 놀며 지낼 만한 직책입니다. 옛 시인으로 수조 벼슬을 했던 사람이 하손, 두보, 장적, 소식 등입니다.
>
> 저와 같은 사람이야 앞의 네 분에게 미치지 못한 사람이지만, 공께서도 일찍이 칭찬하고 권장했던 바입니다. 지금 마침 공께서 인사권을 가지셨으니, 이 일을 성취할 수 있을 것입니다. 그러니 저에게 이 직책을 맡겨서 앞의 네 분으로 하여금 어두움 속에서 손뼉을 치도록 해주시면 더욱 다행한 일이겠습니다.

그러나 답신이 미처 오기도 전에 허균은 전라도 나주목사 자리가 비어 있음을 알았다. 허균은 1610년 10월에 신흠에게 나주목사 자리를 추천해 달라는 편지를 보냈다.

> 나주는 서남쪽 지역의 큰 고을입니다. 저는 전에 직접 그곳을 가보고서 벼슬이 이곳의 목사에 그치면 그만둘 만하다고 여겼습니다. 지금 마침 그 자리가 비었고, 월사께서 이조를 맡으셨으니 이는 천재일우의 기회입니다. 합하閤下께서 저를 그곳에 추천해 주시기 바랍니다. 이 기회로 하여 남쪽으로 돌아가려는 계획입니다. 감히 진실을 말합니다.

이 편지를 받은 신흠과 이정귀의 관심에 힘입어 허균은 나주목사에 제수되었다. 그러나 10월 24일 그를 파직하라는 상소문이 사헌부를 통해 임금에게 전해졌다.

행사과 허균은 사람됨이 망령되고 몸가짐도 삼가지 않습니다. 더구나 괴이하고 허탄한 일이 있기 때문에 일찍이 사헌부의 탄핵을 받았으나 아직도 고칠 줄을 모르는 사람입니다. 청컨대 그를 파직하소서.

임금은 그들의 청을 허락했다. 나주목사에서 곧바로 밀려나자 허균은 〈나주목사에 제수되었다가 바로 바뀌므로 느낌이 있어서〉라는 제목의 다음과 같은 시를 지었다.

나주는 그야말로 호남의 웅진雄鎭이라
동장銅章(구리로 만든 관인으로 지방관을 말함)을 둘러차고 원님 되길 원했었네
임의 덕택 깊이 입어 발탁된 줄 알았는데
원수 놈이 탄핵할 줄 뉘라서 알았으리
유박帷箔(남녀관계가 문란한 사람)으로 사람 모함 나의 일이 아니거니
치황緇黃(승려와 도사를 일컬음)으로 세상 구경 제 스스로 꾀한 걸세
한산을 홀로 대해 한번 허허 웃었노라
봉래산 아니 가고 머뭇거려 무엇 하리

그해 왕실에는 네 가지 큰 경사가 있었다. 종묘에 선조의 위패를 모신

일, 세자의 책봉과 입학, 관례를 행하는 것인데, 그리하여 나라에서 별시別試를 베풀게 되었다. 그때 전시殿試의 명관命官에 좌의정 이항복과 대제학 이정귀, 시관은 박승종이었으며, 대독관이 조탁과 이이첨 그리고 홍서봉과 허균이었다. 그 직책을 허균이 맡은 것은 또 다른 불행의 시초였다. 허균이 시험관으로 있으면서 조카와 사위를 합격시켰다는 탄핵을 받게 된 것이다.

그때 과거에 응시한 사람들의 면면은 다음과 같다. 박승종의 아들이며 이이첨의 사위 박자홍, 허균의 조카인 허보와 조카사위인 박홍도, 조길은 조탁의 동생이었다. 그중에는 중이었던 쌍기가 환속하여 변헌이라는 이름으로 과거를 보기도 했다. 당시에도 시험관과 가까운 사람이 있으면 시험관을 다른 시험 장소로 재배치하거나 그만두도록 하는 거자상피법擧子相避法이 있었다. 그런데 그 법이 지켜지지 않으면서 그들이 모두 다 과거에 합격했다. 그러한 사실이 사람들에게 알려지자 "문중과 동네는 사돈집의 경사인데, 산골에 중이 어떻게 그 중간에 참여했는가"라는 소문이 무성해지면서 그 비난의 화살이 허균에게 쏟아졌다. 광해군 2년 11월 13일(갑인)에 지평 이현영이 '전시에서 허균이 사정을 썼다는 비난이 있음을 고하고 사직을 청하다'라는 상소문을 올렸다.

> 이번에 전시 대독관對讀官 허균이 제멋대로 일을 처리하면서 사정私情을 썼다는 비난을 많이 받았는데, 이에 대해 나라에서 말들이 자자하고 물정物情이 모두 분개하고 있기에 신이 논하지 않을 수 없다는 뜻으로 완석完席에 통보했습니다. 그랬더니 동료들이 의논하기를 "이 일은 과거라는 중대

한 일과 관련되어 있는 만큼 충분히 상의해서 처리해야 마땅한데, 뒷날 다시 의논해서 하더라도 무방할 듯하다"라고 하기에, 신 역시 그렇게 여기고 우선 놔두었습니다.

그런데 그때 자리를 같이했던 동료들 모두가 이미 체차되었고, 신 역시 전후에 걸쳐 배척을 받아 분분하게 사피하느라 동료들과 다시 의논할 겨를을 갖지 못한 지 벌써 반달이 다 되어 가고 있는데, 그 결과 공의公議를 행하지 못해 무기력하다는 비난만 앉아서 받고 있는 형편이 되었습니다. 그러던 중에 어제 사실에 입각해서 곧바로 배척하라는 분부를 삼가 받들고 보니, 신이 입을 다물고 말하지 않았던 죄를 이제 와서는 피할 길이 없게 되었습니다. 신의 직을 파척하도록 명하소서.

임금은 "사피하지 마라"라고 답했다. 그러나 그것으로 일단락되지 않았다. 광해군 2년 11월 16일, 사헌부에서 허균이 사정을 쓴 자취가 뚜렷함을 들어 사판에서 삭제할 것을 청하는 글을 올렸다.

전 목사 허균은 본디 경망스럽고 아첨을 잘하는 사람인데 조그마한 재주가 있는 것을 무기로 삼아 일생 동안 해온 일이라곤 그저 은밀히 자기 사욕을 채우는 일밖에 없었습니다. 예전에 경외京外의 대소 과거에 시관試官이 되었을 때에도 대부분 사정을 따라 행했기 때문에 사람들의 천시를 받아온 것이 오래되었습니다.

그런데 이번 전시 때에 대독관이 되어서는 더욱 거리낌 없이 자기 욕심을 채우려고 노력하였는데, 거자擧子의 답안지를 거둘 때에는 일부러 멀리 떨어지지 않은 자리에 자리를 잡고 거두는 시험지를 하나하나 가만히 살

폈으며, 또 차비관差備官이 있는 근처에서 숙박하면서 자표字標를 탐지해 누구누구가 지은 것인지를 모두 알아내고는 시험 답안지 500여 장을 모두 자신이 읽어 보겠다고 청하였습니다. 그러고는 과거 시험 성적을 매길 때 자기 멋대로 손을 써서 어떤 것은 잘되고 어떤 것은 잘못되었다고 하면서 심사할 때마다 앞장서서 의견을 제시하였으며, 자기가 뽑고 싶은 사람의 답안지가 불합격 대상에 이미 포함되어 있는 경우라도 멋대로 직접 뽑아내어 합격자 명단에 올렸으므로 동참했던 시관들이 둘러앉아 서로 돌아보면서 모두 가증스럽게 여겼습니다. 그가 제멋대로 좌지우지하면서 사정을 쓴 자취가 뚜렷하여 숨길 수가 없는데, 이에 대해 나라 안에 말들이 자자하고 물정이 날이 갈수록 더욱 분개하고 있으니, 사판에서 삭제해 버리도록 명하소서.

결국 허균은 조카와 사위를 부정으로 합격시켰다는 죄를 받고 감옥에 갇혔다. 허균은 감옥에 갇혀 있으면서 평소에 사람들로부터 들었던 수많은 이야기 가운데 다른 사람들이 읽게 되면 유익한 것 중 194편을 골라내 책으로 엮었다. 그 책의 이름이 '시간이나 보내기 위해 자잘한 것들을 기록한 것'이라 하여 〈성옹지소록惺翁識小錄〉이다.

모든 책임을 다 뒤집어쓰고 의금부 감옥에 갇혀 있던 허균은 얼마나 비통하고 답답했을까? 그해 12월에 윤명익에게 보낸 편지에 허균의 마음이 고스란히 담겨 있다.

나의 불행은 사대부로서 수치스럽게 여길 일입니다. 허나 무신년(1608) 4

월에 당했던 형의 액운에 비한다면 참으로 아비규환 지옥에 대해 평온한 인간 세계와 같았습니다. 서로의 차이가 어찌 천 유순由旬만 되겠습니까. 그런데 고맙게도 무명(布) 세 필을 재빨리 곤장 치는 사람에게 주셨으니, 이 은혜를 잊을 수 있겠습니까. 다만 옥리獄吏들이 침범하니 임금의 뜻을 헤아리기 어렵습니다. 남은 인생은 고향에 돌아가서 살기만 하여도 다행이겠습니다. 그렇지 않으면 남해 가에 있는 신선이 사는 곳으로라도 가고 싶습니다. 긴말 줄이고 대강 이것으로 감사드립니다.

허균은 운명을 달게 받아들이면서, 형을 받을 당시 무명 세 필을 옥리에게 주어 곤장을 가볍게 맞게 해준 그 고마움을 담담히 표현하고 있다. 그는 의금부에서 다음과 같은 시를 지었다.

의금부에서 행장을 묶어 놓고 보니 한 해에도 두 번씩이나 크게 웃을 일이 생기네. 천당과 지옥이 모두 정토이거늘 이 몸에 동여맨 오랏줄을 꺼릴 리가 있으리.

당시 과거 부정이 얼마나 만연했는지를 보여주는 일화는 많다. 허균의 친구인 이재영은 대리 시험의 귀재였다. 과거를 보는 사람들 중에는 글제를 미리 내주었는데도 스스로 글을 짓지 못하는 사람들이 많았다. 그때 글을 잘 짓는다고 소문난 사람이 이재영과 이진이었다. 그러므로 과거 시기만 돌아오면 권세 있는 사람들이 그들을 특별히 불러 대리 시험을 청했기 때문에 여러 날 동안 거처를 서너 군데나 바꿔 가면서 시험을 치렀다.

이재영이 고양군수가 되었을 때 경기감사가 잠시 상의할 일이 있다고 불렀다. 며칠 후에 감사의 아들이 과거에 합격했다. 이재영은 당시 소문난 족집게 과외 도사였던 셈이다. 이에 사람들은 다음과 같은 시를 지어 조롱했다.

고양의 군수는 가고 오기 바쁘더니 (高陽太守去來)
감사의 가문에는 경사도 많네 (忙方伯門前慶事昌)

허균은 그 뒤를 이어서 정시망(응운)에게 다음과 같은 편지를 보냈다.

저의 옥사獄事는 거의 끝났습니다. 원통함을 안고서 심문을 받았으니 하늘이 어둑한 듯하였으며, 해가 캄캄해지는 듯하였습니다. 그 때문에 울다가 지쳐서 피눈물이 흘렀습니다. 이태백도 야랑夜郎으로 귀양을 갔고, 소동파도 해남으로 귀양 갔듯이 옛사람도 면할 수 없었는데, 내가 왜 한 차례 귀양 가는 것으로 마음 아파하겠습니까. 남쪽으로 가는 것이 결정되었으니, 형은 술 한 말과 닭 한 마리를 가지고 길가로 나와서 시를 읊고 가지 않으시렵니까? 수많은 사연을 다 쓰지 못합니다.

허균이 그동안 여러 번 파직되고 우여곡절을 겪었지만 공정한 재판을 받지도 못하고 곤장을 맞은 채 감옥에 갇혀 있다가 유배를 가기는 이번이 처음이었다. 그런데 이 얼마나 뼈 시린 낭만인가! 유배를 가는 가까운 벗을 위하여 술 한 말과 닭 한 마리를 가지고 나와 시를 읊어 주고 가라니!

많은 사람들이 허균을 비웃었지만, 허균은 훗날을 위하여 달게 참고서 김상준(호는 여수)에게도 편지 한 통을 보냈다.

내가 아주 부득이한 일이 아니면 왜 부모가 남겨 주신 이 귀중한 몸으로 고문과 치욕의 욕을 받겠습니까. 이번 일은 내 마음속으로 결단한 것이지 남이 시켜서 한 일이 아닙니다.

부정시험 문제로 죄를 뒤집어쓴 사람은 허균뿐이었다. 그 사실을 알고 있던 이항복은 다음과 같은 계를 올렸다.

사람들이 말하기를 "허균이 사사로운 정을 베푼 사람 가운데 조카 보가 으뜸이다"라고 말하지만, 신이 사관을 책임지고 있을 때 허보의 글을 뽑아서 급제시켰습니다. 그 나머지 사람을 신이 다 일일이 기억할 수는 없지만, 대략 신이 가려 뽑은 것 같습니다. 대간에서는 허균만을 논죄하고 있으니 바라건대 신에게도 죄를 주소서.

그러나 이항복의 계는 받아들여지지 않았다.
허균의 친구인 권필도 당시의 상황을 다음과 같이 기록해 두었다.

가령 과거에서 사사로운 정을 두었다지만 당시 부형父兄으로서 자제를 합격시킨 자 비단 허균뿐이겠으며, 자제로서 부형의 덕으로 급제한 자 역시 비단 허균의 조카뿐이겠느냐마는, 허균은 이 시대에 시망時望을 얻지 못하여 세상에서 중요하게 여기는 위치를 얻지 못함으로써, 그의 조카는 홀로 취소를 당하였고, 허균 또한 홀로 죄를 받았으니, 사람들 누가 이 결정을 승복하겠느냐.

유배지 함열현에서

현재 익산시 함열읍은 전라선 기찻길이 열리면서 생긴 새로운 함열이고, 본래의 함열은 익산시 함라면으로 이름이 바뀌었다. 허균이 한적한 작은 고을 함열을 적소로 택했던 이유는 훗날 그가 올린 상소문에 남아 있다.

무신년(선조 41, 1608) 공주에서 파관罷官되고 나서 전사田舍를 물색하기 위해 부안에 갔다가 바닷가에 있는 산속의 거처할 만한 땅을 얻어 경영하고 있었는데, 오래지 않아 도로 서울로 올라왔습니다. 그 뒤 죄를 져서 유배될 적에 기필코 함열을 요구한 것은 이곳이 부안과 가까워서 사면을 받으면 즉시 돌아갈 수 있기 때문이었습니다.

당시만 해도 유배지를 원하는 곳으로 선택할 수 있었는지 허균은 함열에서 유배형을 받을 수 있었다. 허균은 42일간 의금부에 갇혀 있다가 1610년 12월에 함열로 유배 길을 떠나 다음 해 1월 15일에 도착했다. 이곳에서 이이첨의 편지를 받은 허균은 〈이관송(관송은 이이첨의 호)에게 보냄〉이라는 답신을 보냈다.

편지가 도착하여 매우 기뻤지만, 질병으로 인하여 다시 나가지 못하였습니다. 질병이 아니었다고 하더라도 어떻게 나갈 수 있겠습니까. 오직 이 마음만을 지니고서 때를 기다리는 것이 옳습니다. 남들은 내가 비방을 형과 함께 나누어 받으려고 형의 사위를 취했다고 하는데, 형께서 말해주지 않으면 내가 어떻게 알겠습니까? 이런 것이야 변명하지 않더라도 해결할 것인데, 온 세상이 의혹스럽게 여기는 것은 무슨 이유입니까? 한스러운 것은 배신자가 평소 친하게 지낸 사람 중에서 나온 것인데, 역시 하늘이 시킨 것입니다. 내가 어찌 하늘을 원망하고 남을 탓하겠습니까. 식사 잘 하시고 몸을 보중하소서.

이이첨의 사위가 합격했고 다른 사람들의 인척들도 합격했는데 유독 자신의 잘못만 들먹여 먼 남쪽 지방으로 유배를 보낸 세상인심이 너무 야속했을 것이다. 힘들고 고적했던 것도 잠시, 함열에서의 유배 생활은 그런대로 견딜 만했다. 큰형 허성이 조정의 요직인 판서로 재직 중이었고 허균 역시 벼슬이 당상관에 이르렀던 터라, 함열현감인 한회일이 무시할 처지가 아니어서 이것저것 보내주기도 하고 여러 편리를 봐주었기 때문이다.

연어알젓 한 그릇을 받아 먹어 보니, 맛이 사슴의 태胎보다도 뛰어나고 구장蒟醬(구약나물의 뿌리를 가루로 만들어 끓여서 만든 식료품)보다도 더 좋았습니다. 매우 고맙습니다.

1611년(신해) 1월에 허균이 함열현감에게 쓴 편지다. 함열현의 이웃 고을인 용안현감 이할도 유배를 온 허균에게 관심을 가지고 많은 도움을 주어 3월에는 〈용산龍山(용안의 옛 이름)의 이할에게 보냄〉이라는 편지를 보냈다.

아침에 일어나니 식지食指(집게손가락)가 움직이더니, 문득 좋은 어물魚物의 선사를 받았습니다. 하필이면 바다의 용왕만 아름다운 맛을 낸다고 하던가요. 양강襄江의 축항縮項이란 고기나 서주徐州의 독미禿尾라는 고기가 모르긴 하지만, 그 맛이 이에 대적이 될는지요.

실처럼 잘게 썰어 회를 쳤더니 군침이 흐르더이다. 젓가락으로 집어 입에 넣으니 국수나 먹던 창자가 깜짝 놀라 천둥소리를 냈습니다. 감사의 마음으로 감히 아홉 번이나 머리를 조아리지 않겠습니까.

아무리 여러 고을 현감들이 도와준다고 하더라도 유배지에서의 삶은 쓸쓸하기만 했다. 서울에서 멀리 떨어진 절해고도 같은 유배지에서 얼마나 외로웠을까? 게다가 대부분의 사람들은 그를 멀리했다. 그해 3월 허균은 이재영에게 편지 한 통을 보냈다.

나는 이곳으로 옮기고 그대를 자주 만나리라 하여 기뻐하였는데, 몇 달이 되도록 만나지 못하였네. 일이 있을 때마다 서글퍼지는데, 오직 자네가 찾아와 서글픈 마음을 해소하는 일이 더디어 하루가 천년 같이 지루하네. 물줄기 하나만 건너면 되는 거리이니 급히 서둘러 오도록 하게.

쓸쓸한 심사를 달래기 위해 허균은 거처하는 집에 이정이 그려 준 당나라의 문장가인 도연명, 이백과 북송 때의 문장가인 소동파의 초상화를 걸어 두었다. 그들을 사모했던 허균은 자신까지 포함하여 네 사람의 친구가 사는 집이라는 뜻으로 '사우재四友齋'라 짓고 〈사우재기〉를 지었다.

재齋를 사우四友라 이름 지은 것은 왜냐? 허자許子(본인을 가리킴)의 벗하는 자가 셋인데, 허자가 그중 하나를 차지하고 보니 아울러 넷이 된 셈이다. 세 사람은 누구인가? 오늘날의 선비는 아니고 옛사람이다. 허자는 성격이 소탈하고 호탕하여 세상과는 잘 맞지 않으므로 당시 사람들이 무리를 지어 꾸짖고 떼 지어 배척하므로 집에 찾아오는 사람이 없고, 나가도 더불어 한숨 쉴 사람이 없다. 그래서 탄식하며 "벗이란 오륜五倫의 하나인데, 나만 홀로 갖지 못했으니 어찌 심히 수치로 여기지 않을 수 있겠는가?" 했다.

물러나와 생각건대, 온 세상이 나를 비천하게 여기고 사귀지 않으니, 내가 어디로 가서 벗을 구할 것인가. 마지못해 옛사람 중에서 사귈 만한 사람을 가려 벗으로 삼을 수밖에 없었다.

(……)

나는 이정에게 명하여 세 군자의 상을 꼭 같이 그리게 하고, 이 초상에 찬贊을 짓고 한석봉으로 하여금 해서를 쓰게 했다. 매번 머무는 곳마다 반드시 좌석 한쪽에 걸어 놓으니, 세 군자가 엄연히 서로 대하여 권형權衡을 평정評定하며 마치 함께 웃고 이야기하는 듯하고, 더욱이 그 인기척 소리를 듣는 듯하여 쓸쓸히 지내는 생활이 괴로운 것을 자못 알지 못했다. 이러고 보니 나는 비로소 오륜을 갖추게 되었으며, 더욱 남과 더불어 사귀는 것을 즐거워하지 않게 되었다.

아, 나는 확실히 글을 못하는 자라 세 분 군자의 여사에도 능하지 못하지만 성격마저 탄솔坦率하고 망용妄用하여 감히 그러한 인물이 되기를 바라지는 못한다. 단지 그분들을 존경하고 사모하여 벗으로 삼고자 하는 정성만은 신명神明을 느끼게 할 수 있다. 그러므로 벼슬에 그 출처와 거취는 암암리에 그분들과 합치되었다. 도연명이 팽택彭澤의 영令이 되어 80일 만에 관직을 벗었는데, 나는 세 번이나 태수가 되었으나 임기를 못 채우고 문득 배척받아 쫓겨났다. 이태백은 심양潯陽과 야랑으로 가고, 소동파는 대옥臺獄과 황강黃岡으로 갔다. 이는 모두 어진 사람이 겪는 불행이지만, 나는 죄를 지어 형틀에 묶이고 볼기 맞는 고문을 받은 뒤 남쪽으로 옮겨지니, 아마도 조물주가 희롱하여 그 곤액은 같이 맛보게 하였으나, 부여된 재주와 성품만은 갑자기 옮겨질 수야 없는 것이 아니겠는가?

(……)

내가 사는 집은 한적하고 외져서 아무도 찾아오는 이가 없으며, 오동나무가 뜰에 그늘을 드리우고 대나무와 들매화가 집 뒤에 총총히 줄 지어 심어져 있으니, 그 그윽하고 고요함을 즐기면서 북쪽 창에다 세 군자의 초상을 펴놓고 분향하면서 읍을 한다. 그래서 마침내 편액을 사우재라 하고, 인하여 그 연유를 위와 같이 기록해 둔다.

신해년 2월에 쓰다.

허균은 이곳에서 '고립된 사람'처럼 살면서 현감으로 온 한후의 요청을 받아 〈함열현 객사客舍 대청大廳 중건기〉를 짓기도 했다.

> 함열의 고을됨이 외떨어져 호남의 바닷가에 있다. 땅은 사방이 모두 20리가 못 되고, 백성은 가난하여 저축이 없으며, 또한 큰 산이 없어 편남楩枏과 예장豫章 같은 좋은 재목이 없다. 그러므로 관사가 낮고 좁으며 민가는 대개 띠로써 지었다. 또한 정유년 난리를 겪으면서 왜적이 몹시 잔학하여 노비는 죽거나 도망친 자가 반이 넘고, 논밭은 황폐한 채 버려진 것이 십 중 칠팔이다.

허균이 쓴 글을 보면 당시 작은 고을의 생활이 얼마나 피폐했는지를 미루어 짐작할 수 있다. 유복한 어린 시절을 보냈고, 세상을 오랫동안 편력했던 허균은 유달리 음식에 대해서 아는 것이 많았다. 요즘 말로 식도락가였던 그가 유배지에서 궁핍한 생활을 하고 있으니 얼마나 답답하고 서글펐겠는가. 그런 마음을 추스르면서 그해 4월 21일에 우리나라 전역에서 나는 특산물인 채소와 과일, 생선과 음식 등을 총망라한 《도문대작屠門大嚼》을 지었다. 우리나라 식품영양사에서 이 분야의 책으로는 최초의 저술로 꼽히는 책을 짓고서 다음과 같은 서문을 남겼다.

> 우리 집은 가난하기는 했지만, 선친이 생존해 계실 적에는 사방에서 나는 별미를 예물로 바치는 자가 많아서 어릴 때 온갖 진귀한 음식을 고루 먹을 수 있었다. 커서는 잘사는 집에 장가들어 산해진미를 다 맛볼 수 있었다. 임진왜란 때 병화를 피해 북쪽으로 갔다가 강릉으로 돌아왔는데, 그곳에서 지내는 동안 기이한 해산물을 골고루 맛보았고, 벼슬길에 나선 뒤로는 남북으로 전전하면서 우리나라에서 나는 별미를 모두 먹어볼 수 있

었다.

먹는 것과 성욕은 사람의 본성이다. 더구나 먹는 것은 생명에 관계되는 것이다. 선현들은 먹는 것을 좋아하는 자를 천하게 여겼지만, 그것은 먹는 것만을 탐하고 자기의 이익을 추구하는 자를 지적한 것이지, 어떻게 먹지도 말고 말하지도 말라는 것이겠는가. (……)

내가 죄를 짓고 바닷가로 유배되었을 때 쌀겨마저도 부족하여 밥상에 오르는 것은 상한 생선이나 감자, 들미나리 등이었고, 그것도 끼니마다 먹지 못하여 굶주린 배로 밤을 지새울 때면 언제나 산해진미도 물리도록 먹어 싫어하던 때를 생각하고 침을 삼키곤 했다. (……)

마침내 종류별로 나열하여 기록해 놓고 가끔 보면서 한 점의 고기로 여기기로 했다. 쓰기를 마치고 나서 《도문대작》, 즉 '푸줏간 앞을 지나가면서 입맛을 다신다'라고 하여 먹는 것에 너무 사치하고 절약할 줄 모르는 세속의 현달한 자들에게 부귀영화는 이처럼 무상할 뿐이라는 것을 경계하고자 한다.

허균은 이 책에 날마다 먹는 음식, 과일과 별미 그리고 지역 특산물과 만드는 방법을 간결하게 쓰고, 우리나라 사람들이 만들어 먹는 법을 소개했다. 허균이 기술한 여러 가지 중 몇 가지를 보자.

게 : 삼척에서 나는 것은 크기가 강아지만 하여 그 다리가 큰 대(竹)만 하다. 맛이 달고 포脯를 만들어 먹어도 좋다. 요즘 봄마다 사람들의 입맛을 돌게 하는 영덕과 울진 지역뿐만이 아니라 동해 전 지역에서 나는 대게를

말함이다.

큰 전복 : 제주에서 나는 것이 크다. 맛은 작은 것보다는 못하지만 중국 사람들이 매우 귀하게 여긴다.

백산자白散子 : 속명은 박산薄散인데, 전주 지방에서만 만든다.

앵도 : 저자도楮子島에서 나는 것이 작은 밤만큼이나 크고 맛이 달다. 흰 앵도는 영동 지방에서 많이 나는데, 맛이 붉은 앵도만은 못하다.

저자도는 옥수역 앞에 있던 섬으로 지금은 한강 개발로 인하여 사라지고 없다. 나라 곳곳의 음식과 특산물을 써 놓고 입맛을 다셨을 허균의 모습이 눈에 선하게 그려진다.

당시 선비들은 음식을 천하게 여겼다. 그래서 "군자는 배부른 것을 구하지 아니한다"라는 말이 선비들 사이에서 회자되었는데, 허균은 그들과 달리 음식을 인간에게 가장 중요한 것 중 하나로 보았던 것이다.

또한 유배지 함열에서 정리한 작품이 바로 《성수시화》다. 신라의 문장가인 최치원과 고려 때의 빼어난 시인 정지상에서부터 조선의 유희경과 백대붕에 이르는 기간, 즉 약 800년 동안의 시화詩話이며 시사詩史이다.

신해년에 함열로 귀양을 가게 되자 한가하여 일이 없으므로 일찍이 담화談話하던 것을 기술하여 종이에 옮겨 쓰고 나서 보니 또한 마음에 들어 이를 시화라 이름 지으니 무릇 96관이었다. 그 상하 800년 사이에 뽑은 것이 다만 이에 그치니 너무 간략한 것도 같지만, 요컨대 이 역시 마음을 다 썼을 뿐이니 보는 자는 짐작이 있을 것이다.

1611년 4월 20일에 《성수시화》를 엮고 나서, 사흘 뒤인 23일에 그의 한 평생을 쏟아 부은 시문집인 《성소부부고》를 마무리했다. 대개 문집은 사후에 그를 기리는 사람들이 엮는 것이 보통이다. 그러나 허균은 자신의 문집을 자신의 손으로 엮었다.

이 책을 읽은 이항복은 다음과 같이 평했다.

> 시에는 무슨 좋은 것이 있고, 또한 무슨 귀한 것이 있으며, 세상 사람들이 즐겨 마지않는 것은 무슨 까닭인가? 이것은 아로새기고 홍얼거리며 사람을 한때 웃기거나 감탄케 하는 데에 불과할 뿐이다.
>
> (……)
>
> 옛사람의 말에 이르기를 "귀한 자는 남을 부리고, 천한 자는 남에게 부림을 받는다"라고 하였으니, 물物은 어찌 그리 평등하지 않은 것인가? 나는 늦게야 그러한 것을 깨닫고 마침내 손가락을 깨물며, 시詩를 말하기를 꺼려했다. 그러나 시를 만나기만 하면 매양 좋아하여 마치 술병이 나서 술을 절제하는 사람이 이내 해장술을 마시려 드는 것과 같은 실정이다.
>
> 지금 허 군(허균을 가리킴)은 삼교(유교, 불교, 도교)를 비롯하여 백가百家에 이르기까지 통관通觀하였고, 더욱 축어竺語(불교를 말함)를 독실하게 믿는 데다 시로써 외관을 장식했다.
>
> (……)
>
> 나는 늘그막에 와서 심하게 끊어버린 것이 바로 시다. 그런데 지금 저물게 돌아가다가 허 군이 사냥하는 것을 보고는 자신도 모르게 수레에서 내리었으니, 누가 나를 이 지경에 이르게 하였단 말인가. 시는 과연 좋아하

여 귀하게 여길 만한 것인가?

—이항복, 《백사집白沙集》 제2권 〈성소잡고惺所雜稿에 대한 서〉

이항복이 말한 "저물게 돌아가다가 허 군이 사냥하는 것을 보고는"이라는 글은 정명도의 이야기다. 그는 15~16세에 사냥하기를 좋아했다. 그로부터 12년이 지난 어느 날 저물게 돌아가다가 어떤 사람이 사냥하는 것을 보고는 자신도 모르게 기쁜 생각이 들었다는 고사다. 또한 '수레에서 내렸다'는 것은 진나라 때의 풍부馮婦라는 사람의 이야기다. 그는 호랑이를 맨손으로 때려잡곤 하다가 마침내 선사善士가 되었는데, 그 후 어느 들판을 가던 중에 마을 사람들이 호랑이를 만나서 감히 덤벼들지 못하고 풍부에게 부탁하자 수레에서 내렸다는 고사에서 비롯한 말이다. 이는 이항복이 얼마나 이 책을 읽으며 큰 감흥을 받았는지 알 수 있는 글이다.

〈성옹지소록〉을 지을 때의 허균의 상황을 보자.

경술년 내가 죄를 짓고 순군옥巡軍獄에 갇힌 지 무릇 42일 만에 함산으로 배소配所가 결정되었다. 옥에 갇혀 있는 동안 많은 날짜를 사물과 접하지 못했고, 밤도 또한 길었으나, 잠을 이루지 못했다. 등불을 켜 두고 화롯불을 피웠다. 이불을 둘러쓰고 홀로 앉았으니 평소에 들었던 조종조朝宗朝 이래로 어진 사대부들의 행적과 사건으로서 장고掌故에 도움 될 만한 것을 생각하던 차에 문득 한 가지가 떠올랐다. 그리고 기이한 이야기와 이상하게 본 것들이 많았다. 이에 얼어붙은 붓을 녹여서 종이에다 기록하는 대신 상자 속에 갈무리했다. 그저 세월을 보내기 위한 것뿐이고, 문사文辭를 다

듣지도 않았다. 배소에 가서도 한가하여 하는 일이 없었다.

하루는 상자를 열고 본즉 기록했던 것이 있으므로 죄다 벌려 보았다. 하찮은 것이나 능히 떼어 버리지 못하고 약간 차례를 매겨서 그대로 기록했다. 그리고 일한 것이 자잘한 것이므로 지소識小로 했다. 사건이 다른 사람의 악함을 나타내는 것은 삭제하고, 응보를 말한 것, 명부귀신을 서술한 것, 꿈과 점술을 기록한 것, 부정한 짓에 가까운 것은 모두 다 삭제했다. 남은 것이 다만 149칙則이지마는 그 담소를 돕고 빠뜨린 것을 보충하는 데에 조금은 취할 바가 없지 않을 것이다.

만력萬曆 39년 신해 4월 19일 교산이 쓴다.

이 글로 보아 〈성옹지소록〉은 허균이 순군옥에 갇혀 있으면서 썼던 글이며, 함열로 온 지 네 달이 지난 뒤에 다시 붓을 들었다는 것을 알 수 있다. 이곳 함열에서 생활했던 흔적이 《성수시화》의 서문에도 나온다.

나는 어려서부터 형과 스승의 말씀을 익히 들었고, 조금 장성해서는 문필文筆을 임무로 한 지가 벌써 30년이다. 그 기억하고 본 바가 많다 하지 않을 수 없고, 망령되나마 일찍이 마음속에 구별한 것도 있었다. 동국 사람 중에 조금이라도 시로써 전기에 나타난 것과 일찍이 귀로 듣고 눈으로 본 것을 널리 캐서 아울러 나열했다. 자황雌黃해서 평정하지 않은 것이 없었는데, 무릇 두 권이었다. 이 품평한 것이 훌륭한 문인들이 보기에는 혹 어긋나기도 하겠지만 많은 글을 찾아내고 캐어 냈으므로 한 시대의 문헌을 갖추기에는 모자람이 없을 것이다.

책을 완성한 다음 초고를 줄여서 다만 두 벌을 썼다. 한 벌은 낭주浪州(부안의 옛 이름)에 있었는데 어쩌다 잃어버렸다. 다른 한 벌은 서울 집에 두었는데, 이도 또한 없어졌다. 이것은 아마도 정신丁神이 내려와서 가져간 것이리라. 다시 기록하고자 했으나 하늘이 꺼리는 것을 감히 기록하지 못하고 애오라지 손을 오그릴 뿐이었다. 신해년 함산에 귀양을 가서 한가하게 하는 일이 없었다. 그래서 일찍이 시에 대하여 이야기했던 것들을 글로 지어서 종이에다 썼다. 마친 다음에 보니 또한 내 마음에 들었다. 이 책의 이름을 시화詩話라고 했는데, 모두 마흔여섯 항목이다. 근 800년 동안의 시를 찾아낸 것이 다만 이뿐인 것은 너무 간략한 듯하지만 요긴한 것은 다 한 듯싶다. 보는 사람이 이것을 밝혀라.

허균이 역모사건으로 구금되기 전에 《성소부부고》를 외손자인 이필진에게 미리 보냈는데, 그때의 상황을 이필진은 다음과 같이 기록했다.

부부와 문부 여섯 권 말고 또 시부가 있어서 모두 여덟 권이었는데, 손으로 옮겨 써서 전질로 만들었다. 또 〈갑진명주고甲辰溟州藁〉, 〈서관행록西關行錄〉, 〈계축남유초癸丑南遊草〉, 〈을병조천록乙丙朝天錄〉 등이 있었다. 옥사가 일어나던 날, 끝내 목숨을 부지할 수 없음을 알고 이에 이 글들을 찾아 우리 집으로 보냈다.

허균은 자신의 인생이 순탄치 않을 것을 미리 예감했던 것이 아닐까? 그는 당시 상황이 불리한 것을 알았고, 일단 구금되면 도저히 화를 피할 수 없을 것이라 생각했다. 그래서 《성소부부고》 초고와 문집에 실리지 않은 원고를 외손인 이필진에게 보냈던 것이다.

허균이 살다 간 비운의 일생을 되돌아보면 이 문집이 세상에 남아 있는 것만 해도 천만다행한 일이 아닐 수 없다. 이필진은 발문에서 "허균이 죽은 지 50여 년의 세월이 지나서야 겨우 주변 사람들에게 공개했다"라고 적었다. 그러한 우여곡절을 겪은 후 허균의 생각이 고스란히 담긴 책이 오늘날까지 이어진 것이다.

한편 허균이 자신의 문집을 편찬하고자 했던 이유가 있다. 명나라 사신 주지번이 그의 시문을 읽어 보고 감탄하여 그의 전집을 보여 달라고 청했으나 만들지 못해서 보여 주지 못한 뒤부터였다고 한다. 허균이 엮은 《성소부부고》의 '부부'란 '장독이나 덮을 정도로 하찮은 글'이라는 뜻이다. 이 책은 시詩 · 부賦 · 문文 · 설說 4부로 이루어졌고, 문집 64권으로 엮였다. 이 문집을 완성하고서 주지번에게 책머리를 장식하는 머리글을 써달라고 부탁했다.

> 허균의 글은 물굽이가 부드럽게 흐르는 모양과 같고, 변화와 아취가 훤하게 스며 있어서 감주의 만경 같고, 그의 시는 심오하고 미묘하며 화려하여 화천의 정치가 있다.

주지번이 당시 명나라의 대문장가인 이정기에게 받아 가지고 보내 준 허균의 《성소부부고》 서문의 내용이다. 그리고 이 문집을 엮은 허균은 시 한 편을 지었다.

사십이라 삼 년을 한 길로 글이나 짓겠다고
부질없는 마음고생을 하며 천금을 다 털어 썼네
시와 문장을 열 권의 책으로 겨우 써서 다 마치니
성옹惺翁은 이제부터 다시는 시를 짓지 않을 것이네

당대의 빼어난 시재詩材를 지닌 허균이었다. 하지만 자신과의 약속을 지키기 위해서였는지, 아니면 혼탁한 시대에 시를 쓰는 것이 부질없다고 여겼는지 몰라도 허균은 그 이후 한 편의 시도 쓰지 않았다. 헬렌 켈러는 “하나의 문이 닫히면 다른 하나의 문이 열리기 마련이다. 그러나 가끔 우리는 그 닫힌 문만 너무 오래 보기 때문에 우리를 위해 열려 있는 다른 문을 보지 못한다”라고 했다. 전라도 함열 땅에서 견디기 힘든 유배 생활을 보냈지만 그가 관직에 있었다면 쓸 수 없었던 진귀한 책을 남기게 됐다. 그것이 허균의 운명이었다. ‘운명애’, 그 운명애가 인간의 삶에 핵심이라는 것을 허균은 유배 생활을 통해 절실히 체득했는지도 모른다.

친구 권필의 죽음

1611년(광해군 3) 11월에 허균은 1년여에 걸친 유배가 풀려 서울로 되돌아갔다. 그리고 1612년(임자) 3월 그믐날, 절친한 친구 권필이 억울하게 죽었다.

조선 중기의 빼어난 시인인 권필은 자가 여장汝章이고, 호는 석주石洲

다. 정철의 문인으로 성격이 자유분방하고 구속받기 싫어하여 벼슬하지 않은 채 야인으로 일생을 마쳤다. 이정귀를 따라 중국 사신을 접대하고서 문명이 세상에 자자했던 그는 술로 낙을 삼아 부인이 금주를 권하자 〈관금독작觀禁獨酌〉이라는 시를 지었다. 동료 문인들의 추천으로 제술관이 되고 또 동몽교관童蒙教官에 임명되었으나 끝내 벼슬길에 나아가지 않았다. 성격이 대쪽 같아서 불의를 보면 참지 못했고, 광해군 재위 초에 권신 이이첨이 교제를 청했으나 거절했다.

광해군의 처남인 유희분 등의 방종을 임숙영이 책문策文에서 공격하다가 광해군의 뜻에 거슬려 삭과削科된 사실을 들은 권필은 분함을 참지 못한 채 〈궁류시宮柳詩〉를 지어서 풍자, 비방했다.

> 대궐 안 버들이 푸르니 꽃이 흩날리고 (宮柳靑靑花亂飛)
> 만조백관으로 하여 봄빛이 더욱 빛나는 구나 (滿冠蓋媚城春輝)
> 조정이 모두 태평세월을 구가하는데 (朝家共賀昇平樂)
> 누가 위태로운 소리를 포의에서 나오게 했는가 (誰遺危言出布衣)

궁궐 뜰의 버들은 광해군의 처갓집인 유씨 형제를 빗댄 것이고, 벼슬을 하지 못한 포의는 임숙영을 가리킨 것이다. 광해군이 크게 분노하여 시의 출처를 찾던 중 1612년 김직재의 옥에 연루된 황혁의 집을 수색하다가 이 시가 발견됨으로써 권필은 친국을 받게 되고, 결국 해남으로 유배를 가게 되었다. 그는 귀양길에 동대문 밖에서 행인들이 동정으로 주는 술을 폭음하고는 그 이튿날 죽었다. 그의 나이 44세였다. 저서로는 한문 소설 《곽색

전郭索傳》, 《장경천전章敬天傳》, 《주생전周生傳》 등이 있고, 유저遺著에 《석주집石洲集》이 있다.

허균이 지은 시 중에 〈전오자시前五子詩〉와 〈후오자시後五子詩〉가 있는데, 〈전오자시〉의 서두는 이렇다.

> 나는 세상과 틀어져서 현세의 공경公卿들과는 사귀지 못하고
> 오직 쓸쓸하게 문장을 공부하는 두세 사람에게서만 알아줌을 받았다

허균은 이렇게 술회하면서 전오자를 권필, 이안눌, 조위한, 허자하, 이재영이고, 후오자는 정응운, 조찬한, 기윤헌, 임숙영이라고 했다(병화兵火에 시 한 편이 유실되어 한 사람의 이름은 알 수 없다). 그리고 그들을 위해 한 편씩 시를 썼는데, 〈전오자시〉에 나오는 다섯 사람은 "문장이 세상에 드물고 가난하게 사는 것도 마찬가지"라며 권필에 대해 다음과 같은 시를 썼다.

> 석주는 천하의 높은 선비라
> 그 재주는 진실로 왕좌王佐나 다름없네
> 포부를 베풀어 풀어 쓰려 하지 않고
> 가난 속에서 달갑게 굶주린 생활을 하네
> 시를 써서 천규天竅를 뚫어 냈으니
> 절창이라 뉘 능히 화답하리오

권필 역시 세상과의 불화를 스스로 만들어 낸 사람이다. 그러므로 세상이 그를 용납하지 않았다. 그가 화를 입고 비명에 가게 된 이야기가 정재륜의 《공사견문록公私見聞錄》에 실려 있다.

권필이 일찍이 친척 집에 가서 술을 마시고 취해서 누워 있었다. 그때 유희분이 마침 그 집을 찾아왔다. 주인이 발을 차면서 말하기를 "문창文昌 대감이 왔소"라고 하자, 그 말을 들은 권필이 눈을 부릅뜨고 한참을 바라보다가 다음과 같이 말했다.

"네가 유희분이냐, 네가 부귀를 누리면서 국사를 이 지경에 이르게 하였느냐. 나라가 망하면 네 집도 망할 것이니, 도끼가 네 목에는 이르지 않겠느냐."

유희분은 기가 막혀서 말을 잇지 못하고 있다가 가 버렸다.

사람들이 말하기를, 석주의 화禍는 순전히 시詩 때문이 아니라고 말했다. 권필이 당시의 국사에 분개하여서 시를 지어 기롱譏弄하고 풍자했으며, 또 능히 권력 있는 외척을 만나면 욕하여 억센 권력을 두려워하지 않음이 이와 같았다. 그 기개와 절조로 천문天門(궁궐의 문)에 항소하고 머리를 대궐의 뜰에 부수기도 하였지마는 도리어 방 안의 사소한 일로 화를 당하여 죽음이 그곳을 얻지 못하였으니 가석可惜하도다.

그가 화를 당하자 이항복과 이덕형이 임금 앞에 나아가 울면서 죄를 사해 달라고 요청했다. 하지만 눈물로 호소한 보람도 없이 권필은 북변으로 귀양길에 올랐다. 동대문 밖에서 권필이 첫날밤을 보낼 때 그가 유숙하던 집 주인이 권필을 알아보고 술을 대접하여 많이 취해서 잠이 들었다. 이튿날 아침에 문을 열어 보니 권필은 이미 이 세상 사람이 아니었다. 장독杖毒에다가 술을 너무 마신 것이 원인이었다. 주인은 방 문짝을 떼어서 시상屍牀을 만들었는데, 그 문짝에는 권필이 죽기 직전에 쓴 것으로 보이는 시 한 수가 적혀 있었다.

삼월은 거의 다 갔고 사월이 오는데
복사꽃 어지러이 떨어져 붉은 비 같으니

그리고 그 아래에 다음과 같이 낙서 같은 글이 쓰여 있었다.

이것이 시참詩讖이다, 내가 죽으리로다.

권필이 비명에 가자, 이항복은 두고두고 한스러워했다.

우리들이 정승 자리에 있으면서 한 사람의 권필을 능히 살피지 못하였으니, 선비 죽인 책망을 어찌 면할 것인가.

큰형 허성의 죽음

권필이 죽은 그해 1612년 8월에 허균의 맏형인 허성이 죽었다. 작은형 허봉과 누이 허난설헌이 일찌감치 세상을 뜨고 허성만이 남아 항상 위태위태한 허균의 보호막이 되어 주었는데, 이제 큰형마저 세상을 뜨자 허균 홀로 세상에 남게 되었다. 허균의 이복형인 허성(1548~1612)은 조선 중기의 문신으로 자는 공언功彦, 호는 악록岳麓 · 산전山前이다. 이름난 문장가였던 허성은 동생 허봉과 함께 유희춘에게 글을 배웠다. 허균이 지은 〈성옹지소록〉에 당시의 내용이 다음과 같이 실려 있다.

나의 두 형님은 젊은 날에 미암(유희춘)에게서 수학했다. 공은 학문이 매우 정밀하고 행실이 독실하였으며 배우는 이를 대할 때마다 반드시 성명지학誠明之學을 자세히 가르쳐서 게을리하지 않았다.

그러나 성품이 매우 세상물정에 어둡기 때문에 가사家事를 다스릴 줄 몰랐고, 의관과 버선이 때 묻고 해져도 부인이 새것으로 바꾸어 주지 않으면 꾸밀 줄을 몰랐다. 거처하는 방은 책을 펴 놓은 책상 외에는 비록 먼지와 때가 끼어 더러워도 쓸고 닦지 않았다. 남을 만나 세상일을 말할 때에는 완전 무식한 사람 같았지만, 이야기가 격물치지格物致知와 성의정심誠意正心하는 공부와 신심身心을 다스리는 방법에 이르면 뛰어난 의견과 해박한 지식이 다른 사람의 상상을 뛰어넘어 세밀히 분석하여 통쾌하고 명백하니 듣는 이들의 정신이 쏠려 피곤한 줄 몰랐다.

대개 이러하였으므로 강석講席에서 하는 말이 임금의 마음을 움직여서 배운 것을 시행하게 함으로써 성덕을 도왔던 것이다. 선왕(선조)의 초년 정사 중 청명하여 일컬을 만한 것은 공이 선도善導한 힘이었다고 한다.

허성은 1568년(선조 1) 생원이 되고, 늦은 나이인 1583년 별시문과에 병과로 급제했다. 1590년 전적典籍으로서 통신사의 종사관이 되어 일본에 다녀왔고, 같은 해에 조선통신사 황윤길, 부사副使 김성일과 함께 서장관으로서 일본에 다녀왔다.

허성은 65세에 세상을 떠날 때까지 여러 벼슬을 거쳤다. 1594년 이조참의에 제수되었고, 대사성 · 대사간 · 부제학을 역임했다. 이어 이조참판을 지내고 전라도 안찰사로 나갔다가 예조와 병조의 판서에 제수되었으며, 그 뒤 이조판서에까지 이르렀다. 이조판서로 재직 중이던 1606년 6월 3일 자 《선조실록》에 '허성이 체직을 자청하다'라는 글이 실려 있다.

> 지금의 인재가 본디 일세一世의 소용에 부족한 것이 아닌데도 사론士論이 괴리되어 사분오열된 탓으로 한정이 있는 인재가 이리저리 나뉘게 되었습니다. 그리하여 끝내는 묘연하게 간 곳을 모른 채 늘 부족하다는 탄식만 하고 있으니, 이는 괴이하게 여길 것이 없습니다. 만일 피차를 구분하지 않고 오직 재기材器만을 보고서 진실로 죄가 없으면 널리 구하여 모두 포용함으로써 국사를 협력하여 이뤄 간다면 이는 오늘날 가장 먼저 해야 할 급무일 것입니다.

그러나 선조는 그의 체직을 받아들이지 않았다. 1607년 선조의 유교遺教를 받게 되어 세인들이 고명칠신顧命七臣이라 칭하게 되었다. 선조의 뒤를 이은 광해군 시절에도 임금의 신임을 받았던 그가 1610년 3월에 몸 한쪽이 마비되는 증세가 있어 지돈령부사를 사임했다. 그때 광해군이 돌아가신 친어머니 공빈恭嬪김씨를 왕비로 높이려 하자 이를 비판했다.

임금은 적자 승계로 보는 것이 타당합니다. 이미 자식 없이 돌아가신 의인왕후에게 전하가 양자로 들어갔으므로 비록 낳으신 어머니를 성모聖母로 받들지만 분수와 의리는 법 아래입니다. 의인왕후와 똑같은 반열에 생모를 올릴 수는 없습니다.

신뢰하던 신하로부터 그것이 불가하다는 말을 들은 광해군은 실망감을 감추지 못하고 "그대는 몸만 흔들리는 것이 아니라 마음도 흔들리네. 이미 정해진 일이니 집에 가서 몸이나 잘 조리하고 있게"라고 말했다. 당시를 실록의 사관은 다음과 같이 기록했다.

허성은 평생 욕심이 많아 재물을 욕심냈고, 일본에 사신으로 갈 때 김성일에게 업신여김을 당했다. 평생 파당을 좋아하였고, 논의는 편벽되었다. 형제로는 봉과 균이 있는데, 모두 문장으로 능했지만 품행이 좋지 않았다. 특히 균은 간사하고 음탕해서 행동이 금수禽獸와 같았다. 하지만 이날 허성이 말한 것은 그가 평생을 살면서 진실로 한 번 바른 말을 한 것이다.

허성에게 그러한 글을 남긴 사관은 허성과 반대되는 사람이었을 것이다. 허성은 선조 대에 학문과 덕망으로 촉망을 받았으며, 성리학에 조예가 깊었고 글씨에도 뛰어났다. 훗날 찬성에 추증되었다. 그의 무덤은 광주 부근에 모셔졌고, 비문은 그의 사위인 의창군義昌君 광珖이 썼으며, 저서로는《악록집岳麓集》이 있다.

최초의 한글 소설《홍길동전》

광해군 4년인 1612년 12월 15일 임금의 배려로 허균은 일본진주사日本陳奏使로 임명되었다. 그러나 그 이튿날 사간원에서 "이번에 가는 진주사는 매우 중요한 일을 완수해야 합니다. 그러나 허균은 위인이 경망하면서도 잔꾀가 많다고 알려져 모든 사람에 의해 버림을 받은 사람입니다. 일을 그르칠지도 모르니 어떤 일이 있어도 허균을 그렇게 중요한 자리에 임명해서는 안 됩니다"라고 하며 허균의 임명이 잘못되었다는 계를 올렸다. 그들의 주장을 임금은 받아들였고, 결국 그다음 날 허균에게 임명했던 진주사 자리를 다른 사람으로 교체해 버렸다.

그 후 다시 부안으로 내려간 허균은 호남 지방을 두루 돌아다녔고, 가장 한가한 시간에 태인현에 머물면서 한글 소설인《홍길동전》을 지은 것으로 추정된다.《홍길동전》의 주인공 홍길동은 첩에게서 낳은 아들, 즉 서얼이다. 당시 서얼은 양반이 첩과의 사이에서 낳은 자손을 말하는 것으로, 양인 이상의 신분에 속하는 '첩이 낳은 서자庶子'와 천인에 속하는 '첩이 낳은 얼자孼子'를 함께 부르는 말이었다. 또한 서자와 얼자의 자손도 서얼로 불렸다. 서얼은 아버지의 신분에 따라 형식적으로는 양반 신분에 속했지만, 가족 내에서 심한 차별을 받았고 상속에서도 차별이 심했다. 서자의 법정상속분은 재산의 6분의 1, 얼자는 재산의 9분의 1에 불과했다.

조선시대에는 혈통이나 결혼으로 인한 인척 관계로 출세가 규정되어 서얼은 문과에 응시할 기회가 사실상 막혀 있었다. 하지만 무과는 그나마 신분차별이 덜해 서얼이 과거를 볼 수 있었다. 그렇지만 과거에 붙어도 대부분 실직實職이 아닌 벼슬이 주어졌다. 이러한 서얼 차별은 조선시대의 국교였던 유교의 적서에 대한 명분론과 귀천의식에서 나온 것이었다. 그러나 전 왕조인 고려와 중국의 당이나 명에서도 찾아볼 수 없는 차별이 조선의 서얼 차별이었다.

조광조가 서얼 차별을 철폐하자고 주장했고, 선조는 자신도 서자였기에 서얼 차별을 철폐하고자 했지만 제대로 시행되지 못했다. 그러나 조선 중기에 이르러 북방 여진족의 침입이 잦아지면서 군 인력이 보강되어야 했기에 이이를 비롯한 여러 사람 사이에서 일정한 부역을 하는 자에 대하여 서얼을 허통許通하고 천민을 양민으로 하여 관직에 진출할 수 있는 기회를 주자는 논의가 있었다. 《선조실록》에 홍문관 차자가 다음과 같이 보고한 내용이 실려 있다.

> 양사가 일을 말할 때 곧바로 처리하지 못할 뿐만 아니라, 요즘 들어 '서얼을 허통한다', '공사천을 양민으로 만든다', '곡물을 바치고 죄를 면한다'는 등 실로 국전을 훼손하고 방형을 무시해 버리는 일들이 일어나고 있는데도 입을 다물고 한마디 말이 없으니 모두 교체하겠습니다.
>
> -《선조실록》 선조 16년 4월 26일

선조는 "양사를 자주 교체하는 것이 일에 도움이 없다"라고 대수롭지 않게 대답했다. 그때 이이를 달갑지 않게 생각했던 사람들은 "이이는 적자는 없고 서자만 있기 때문에 그와 같은 말을 했을 것이다"라고 비난했다. 그런 말을 들어서 그랬는지 이이는 양자를 들이지 않고 서자에게 대를 잇게 했다.

임진왜란 때의 의병장인 조헌 역시 서얼소통에 적극적으로 개입했다. 그는 상소를 올려 천예 출신인 송익필의 재기才氣를 높게 평가하며 "중국의 제도로 말하면 어진 이를 쓰는 데 출신을 따지지 않는 것이 고금을 통해 변함없는 원칙"이라고 했다. 당시 조선만이 서얼의 벼슬길을 막고 있었다. 작은 나라, 더구나 북쪽에 중국, 남쪽에 일본이라는 적을 두고도 행여나 서얼들이 반역을 도모할까 하는 우려 때문에 그들의 재능과 경세를 이용할 줄 몰랐다. 그러면서 '조선엔 인재가 없다'고 탄식만 하고 있었다. 그뿐인가, 당시 민중의 삶이 얼마나 피폐했으면 실록을 쓴 사관이 백성을 일컬어 "모이면 도둑이요, 흩어지면 백성이라?"라는 글을 썼을까.

허균은 이미 한문 소설을 여러 편 지어 소외된 사람을 주인공으로 삼았는데, 그 비슷한 착상을 한글 소설로 구체화했을 가능성이 있다. 허균이 《홍길동전》을 지었다는 말은 허균보다 15세 아래인 택당 이식의 《택당선생별집澤堂先生別集》 제15권에 실려 있다.

세상에 전해지는 말에 의하면 《수호전水滸傳》을 지은 사람의 집안이 3대 동안 농아聾啞가 되어 그 응보를 받았는데, 그 이유는 도적들이 바로 그 책을 높이 떠받들었기 때문이다. 그런데 허균과 박엽 등은 그 책을 너무도 좋아한 나머지 적장賊將의 별명을 하나씩 차지하고서 서로 그 이름을 부르며 장난을 쳤다고 한다. 그런가 하면 허균은 또 《수호전》을 본떠서 《홍길동전》을 짓기까지 하였는데, 그의 무리인 서양갑과 심우영 등이 소설 속의 행동을 직접 행동으로 옮기다가 한 마을이 쑥대밭으로 변하였고, 허균 자신도 반란을 도모하다가 복주伏誅되기에 이르렀으니, 이것은 농아보다 도 더 심한 응보를 받은 것이라고 하겠다.

이식은 허균이 《홍길동전》을 지은 뒤 그를 추종하는 세력이 그 책을 돌려 읽으면서 반역을 도모했다는 이야기를 한 것이다. 그러나 《홍길동전》은 《수호전》과는 근본적으로 다른 작품이다. 두 책의 닮은 점은 도둑 이야기라는 것뿐인데도 이식이 그렇게 평한 것은 《수호전》을 끌어오면 《홍길동전》을 지은 허균에 대한 단죄가 더욱 확실해지기 때문일 것이다. 허균은 홍길동이라는 인물에서 책의 모티브를 찾고, 당시 어지러운 시대와 스스로 겪은 경험을 뒤섞어서 《홍길동전》을 지었다.

이 책을 허균이 지었다는 것에 대하여 이론이 제기되기도 했는데, 그중에는 '허균 같은 악인이 《홍길동전》 같은 훌륭한 작품을 지었을 까닭이 없다'는 말도 있다. 하지만 이식의 글을 뒤엎을 만한 근거가 없는 이상 허균을 《홍길동전》의 저자로 보는 것이 타당할 것이다. 특히 그의 생애와 그의 논설 〈호민론豪民論〉에 나타난 이상적인 혁명가상을 연결해 볼 때 그 구체적인 형상화가 홍길동으로 나타났다고 봐도 좋을 것이다.

주인공 홍길동은 조선 세종 때 서울에 사는 홍 판서의 시비 춘섬의 소생인 서자였다. 길동은 어려서부터 도술을 익히고 장차 훌륭한 인물이 될 기상을 보였으나, 서자인 탓으로 아버지를 아버지라 부르지 못하고 형을 형이라 부르지 못하는 한을 품는다. 가족들은 길동의 비범한 재주가 장래에 화근이 될까 두려워하여 자객을 시켜 길동을 없애려고 한다. 길동은 위기에서 벗어나자 집을 나와 방랑의 길을 떠나고 도적의 소굴에 들어가

힘을 겨루어 두목이 된다. 그 후 기이한 계책을 세워 해인사의 보물을 탈취하였으며, 그 뒤로 자신의 무리를 활빈당活貧黨이라 자처한다. 기계奇計와 도술로써 팔도 수령들의 불의의 재물을 탈취하여 빈민에게 나누어 주고 백성의 재물은 추호도 손대지 않았다. 팔도가 다 같이 장계를 올리는데, 도적의 이름이 홍길동이요, 도적당한 날짜가 한날한시였다.

왕은 홍길동을 잡으라는 체포 명령을 전국에 내렸다. 그때 전국에서 잡혀 온 길동이 300여 명이나 되었다. 그러나 호풍환우呼風喚雨하고 둔갑장신遁甲藏身하는 초인간적인 길동의 도술을 당해낼 수 없었다. 조정에서는 홍 판서를 시켜 회유하고 길동의 형 인형도 가세하여 길동의 소원을 들어주기로 하면서 병조판서를 제수해 회유하기로 한다. 그리하여 길동은 서울에 올라와 병조판서가 된다.

그 뒤 길동은 고국을 떠나 남경으로 가다가 산수가 수려한 율도국을 발견한다. 그는 요괴를 탈취하여 볼모로 잡혀 온 미녀를 건지고 율도국의 왕이 되었다. 그러나 아버지가 죽었다는 부음을 듣고 고국으로 돌아와 아버지의 삼년상을 마치고 다시 율도국으로 돌아가 나라를 잘 다스렸다고 한다.

이 작품은 도적을 주인공으로 한 영웅소설, 양반 가정의 모순을 척결하고 서얼 차별의 불합리에 항거한 사회소설이다. 또한 이상향을 그린 낙원사상의 소설, 도교적인 둔갑법과 축지법 · 분신법 · 승운법乘雲法 등을 담은 도술소설 등 다양한 이야기를 포함하고 있다. 그러므로 《홍길동전》은 한국 소설사에서 아주 특이한 위치를 차지하고 있다. 최초의 한글 소설이라는 점에서 중요할 뿐만 아니라, 후대 소설에서 찾기 어려운 다양성을 보이고 있어 더욱 주목된다. 그러나 기본적인 성격이 사회소설이고, 다른 속성은 보조적인 구실을 한다고 보아 마땅하다. 이는 당시 중국의 연의소설의 영향이라고 보는데, 이런 것들은 고대소설의 수법에 관한 것으로 당시의 유행에 따랐다고 본다.

《홍길동전》의 국내 모델은 연산군 6년(1500)에서 7년 초까지 가평 · 홍천을 중심으로 활약한 명화적明火賊 홍길동洪吉同에서 시작되었다. 이익의 《성호사설》 제14권 〈인사문〉 '임거정'에 다음과 같은 글이 실려 있다.

> 옛날부터 서도西道에는 큰 도둑이 많았다. 그중에 홍길동이란 자가 있었는데, 세대가 멀어서 어떻게 되었는지는 알 수 없으나 지금까지 장사꾼들이 맹세하는 구호에까지 들어 있다. 명종 때 임거정이 가장 큰 괴수였다. 그는 원래 양주 백성인데, 경기로부터 해서에 이르기까지 연로沿路의 아전들이 모두 그와 밀통되어 있어 관가에서 그를 잡으려 하면 그 기밀이 먼저 누설되었다.

이익의 글과 같이 당시 기층 민중으로부터 국가가 신뢰를 얻지 못하자 이곳저곳에서 도둑이 들끓었다. 홍길동이라는 큰 도둑과 함께 이야기되는 도둑이 활빈당이다. 민간에 전해 오는 이야기에 따르면, 활빈당에는 '홍길동패'와 '남강염패'가 있었다.

《홍길동전》은 연산군 때의 실제 인물인 홍길동이라는 전설적인 큰 도적과 활빈당이 활동하던 어지러운 시대 상황을 모델로 하여 쓰인 작품이다. 《연산군일기》 연산군 6년 10월 22일(계묘) 자에 영의정 한치형, 좌의정 성준, 우의정 이극균이 임금에게 "듣건대, 강도 홍길동을 잡았다 하니 기쁨을 견딜 수가 없습니다. 백성을 위하여 해독을 제거하는 일이 이보다 더 큰 것이 없으니, 이 시기에 그 무리를 다 잡도록 하소서"라고 아뢰는 내용이 있다. 또한《연산군일기》연산군 6년 12월 29일 자 내용을 보면 의금부의 위관委官 한치형이 다음과 같이 아뢴다.

> 강도 홍길동이 옥정자玉頂子와 홍대紅帶 차림으로 첨지僉知라고 칭하며 대낮에 떼를 지어 무기를 가지고 관부官府에 드나들면서 기탄없는 행동을 자행하였는데, 그 권농勸農이나 이정里正들과 유향소留鄕所의 품관品官들이 어찌 이를 몰랐겠습니까? 그런데 체포하여 고발하지 아니하였으니, 징계하지 않을 수 없습니다. 이들을 모두 변방으로 옮기는 것이 어떻겠습니까?

그때 관리로서 홍길동에게 협력했던 사람이 동래현령을 지낸 엄귀손이었다. 영의정 한치형을 비롯한 대신들이 임금에게 보고한 바에 따르면 엄귀손은 본래부터 탐욕이 많은 사람이었다. 동래현령에 재임하던 당시 관물을 도취했으며, 평안도 우후虞侯로 재직 시엔 공물을 훔친 일로 쫓겨나기도 했다. 하여간 당상관을 지낸 사람까지 홍길동과 음식을 나누어 먹으며 정을 서로 주고받는 관계까지 되었으니, 당시 사회가 얼마나 어수선했는지를 알 수 있다. 그 뒤로도 홍길동에 대한 이야기가 많이 떠돌았다.

허균의《홍길동전》은 여러 가지 요소가 복합적으로 얽혀 있는 가운데 쓰인 소설이다. 아울러 이상국 건설에 대한 것은 조선 선비들이 가지고 있던 이상향의 동경 사상이 일부 노출된 것으로, 허균도 평소 참위설讖緯說을 신봉했음을 감지할 수 있다.

이렇게 보면《홍길동전》이야말로 당시로서는 가장 한국적인 소설이라고 할 수 있을 것이다. 조동일은 《한국문학통사》에서 《홍길동전》을 다음과 같이 평했다.

> 이름은 '전'이라고 했지만, 《홍길동전》이 한문학에서 마련한 전의 격식을 따른 것으로 해서 인정받아야 할 필요는 없었다. 작품을 구성하는 기본 원리는 탁월한 능력을 지니고 비정상적으로 태어난 영웅이 어려서의 죽을 고비와 자라서의 도전을 물리치고 마침내 승리를 거둔다는 '영웅의 일생'에서 가져왔다.
>
> 그런 유형은 주몽이나 탈해를 주인공으로 한 고대의 신화에서부터 나타나고 서사무가로 이어져, 널리 공감을 얻을 수 있는 토대를 갖추고 있었다.
>
> 그런데 홍길동이 도술을 발휘하는 것은 신화적인 능력의 연장이라고 하겠지만, 적대적인 세계와의 대결이 도술로 일거에 해결할 수 없는 복잡한 상을 띠고 있어서 위대한 주인공이 또한 왜소한 주인공이게 한다.

하늘을 날아다니며 신출귀몰하는 홍길동 역시 인간이기 때문에 인간이 갖는 한계를 극복하기 어려웠다는 말일 것이다. 정주동은 《홍길동전 연구》에서 허균을 다음과 같이 평했다.

> 허균의 시대는 서구에서는 중세기의 절대 권위주의에서 벗어난 휴머니즘을 배경으로 한 문예부흥과 종교개혁이 이루어진 때였다. 조선의 절대의 권위 앞에 용감히 도전한 인간주의자 허균의 마음엔 의식적이든 무의식적이든 위대한 근대성이 싹트고 있었고, 이 사상은 그대로 연암(박지원)

으로, 개화기로 그 계보를 전하는 것이다.

그는 《홍길동전》이 중국 소설 《수호전》의 영향을 받은 것임을 다음의 네 가지로 설명한다.

> 첫째로, 작품의 사회적인 배경이 비슷하다. 조정이 무능하고 나라의 기강이 헐고 탐관오리가 날뛰는 부패한 사회였다. 둘째로, 무대의 중심이 다 같이 녹림이다. 곧 《홍길동전》에선 녹림에 있는 도둑의 소굴이 무대의 중심이고, 《수호전》에서도 녹림의 양산박이 그 중심이다. 셋째로, 등장인물이 다 같이 부패한 현실에 불만을 품은 협객이다. 넷째로, 이 모인 사람들은 다 같이 의협심이 있었고, 자기들의 모든 행동을 의적 행위라고 자처했다.

《홍길동전》은 《수호전》뿐만 아니라 《서유기》와 《전등신화》 그리고 《삼국지연의》까지 다 망라하여 조선의 현실에 대입한 소설이라고 볼 수 있다. 그러나 《홍길동전》이 당시의 환경에서 한계성이 있었다는 것도 비인할 수 없는 사실이다. 그래서 이주형의 〈주인공의 변신을 중심으로 본 '홍길동전'〉은 설득력을 지닌다.

> 《홍길동전》은 유교적인 봉건사회의 군주제도, 곧 체제 자체를 근본적으로 뛰어넘거나 민중의 삶의 문제를 보다 더 집요하게 파고들어가 이를 확대하여 심화하지 못했다는 한계를 지닌다. 한계를 문제 삼을 때에 전자의 경우는 허균이 산 시대의 한계에 의한 것이기에 현대인의 기준에서 이를 근본적으로 비판할 수는 없다.

그 시대인의 한계 안에서 할 수 있는 최선의 체제적 도전을 이 작품은 보여주고 있는 셈이다. 표면적으로 왕은 권위를 지켰지만 실질적으로는 오히려 홍길동에게 패배하고 있다.

후자의 경우는 시대적 한계 내에서도 가능할 수 있었던 문제였다는 점에서 한계로서의 비판이 될 수도 있다.

허균보다 앞선 시대를 살았던 김시습은 금오산(지금의 경주 남산)에서 《금오신화金鰲新話》를 지었다. 그는 그 책을 세상에 용납될 수 없는 책이라 여겨 석실에 감추어 두고 나중에 알아줄 사람을 기다렸다. 훗날 그 책이 발견되어 사람들에게 널리 알려졌다.

그러나 허균은 그가 살았던 시대에 사람이 사람을 차별하지 않는 새로운 나라를 만들기 위해 그 책을 유포했다. 《홍길동전》은 김시습의 《금오신화》보다 더 직접적이고, 정치적이고, 적극적으로 사회를 개조하고자 지은 책이다. 게다가 당시 언문이라 하여 천대받던 한글로 조선의 현실을 다루면서 시대 상황에 불만을 품은 기층 민중이 널리 보도록 했던 것이다. 《홍길동전》에서 홍길동이 의병장으로 자처하며 율도국 왕에게 "대저 인군은 한 사람의 인군이 아니요, 천하 사람의 인군이라. 이러므로 탕왕이 벌걸伐桀하시고, 무왕이 벌주하시니 하늘 아래 자연스러운 일이다"라고 편지를 보낸다. 이렇게 쓴 것은 당시 허균이 폭군이라고 생각했던 광해군에 대한 그의 생각을 완곡하게 표현한 것으로 볼 수 있다.

허균은 세상을 개혁하고자 지은 《홍길동전》과 〈엄처사전嚴處士傳〉, 〈손곡산인전蓀谷山人傳〉, 〈장산인전張山人傳〉, 〈남궁선생전南宮先生傳〉, 〈장생전

蔣生傳〉 같은 한문 소설 다섯 편을 비롯하여 수많은 글을 남겼다. 그 외에도 평생에 걸쳐 펴고자 했던 주장을 담은 열두 편의 논論과 세 편의 설說을 지었다.

허균의 개혁 사상

허균은 이름 있는 유교 명문가에서 태어나 문장으로 크게 이름을 떨쳤고, 여러 벼슬을 역임한 사람이다. 신분계급제도가 엄격한 봉건사회에서 신분이 다른 계층과 친밀하게 지내는 것 자체만으로도 큰 모험이었다. 그럼에도 허균은 서얼 출신인 스승 이달을 존경했고 마찬가지 신분인 친구들을 마음 깊이 사랑했다. 그뿐만 아니라 그들의 처지를 십분 이해하고 동조했다. 그와 친밀하게 사귄 권필, 조위한, 이재영 등은 모두가 뛰어난 문장가로 알려졌지만, 가난하고 천한 운명 속에서 제대로 빛을 발할 수 없었던 사람들이었다. 허균의 〈유재론遺才論〉은 그들과의 오랜 만남을 통해 쓰게 된 글이다.

동서고금을 막론하고 국가가 해야 하는 가장 중요한 일은 인재를 적재적소에 쓰는 것이다. 그러나 국가의 일을 집안일이나 친구들 간의 일처럼 여겨 자신과 성향이 비슷한 사람이나 가까운 사람을 재량권이라는 허울 좋은 명분 아래 쓰게 되면, 결국 큰코다치게 된다. '인재를 골고루 쓰라'는 뜻의 허균의 〈유재론〉을 한번 들여다보자.

국가를 다스리는 사람과 함께 하늘이 맡겨 준 직분을 다스릴 사람은 인재가 아니고서는 되지를 않는다. 하늘이 인재를 태어나게 함은 본래 한 시대의 쓰임을 위해서였다.

그래서 인재를 태어나게 함에는 고귀한 집안의 태생이라 하여 그 성품을 풍부하게 해주지 않고, 미천한 집안의 태생이라 하여 그 성품을 인색하게 주지만은 않는다. 그렇기 때문에 옛날의 선철先哲들은 명확히 그런 줄을 알아서 더러는 초야에서도 인재를 구했으며, 더러는 병사兵士의 대열에서 뽑아냈고, 더러는 패전하여 항복한 적장을 발탁하기도 했다. 더러는 도둑 무리에서 고르며, 더러는 창고지기를 등용했었다.

그렇게 하여 임용한 사람마다 모두 임무를 맡기기에 적당하였고, 임용된 사람들도 각자가 지닌 재능을 펼쳤다. 나라는 복을 받았고 다스림이 날로 융성하였음은 이러한 방법을 썼기 때문이다. 그래서 천하를 다스리는 큰 나라로서도 혹시라도 그러한 인재를 놓칠세라 오히려 염려하여, 근심 많은 듯 앉거나 누워서도 생각하고 밥상머리에 앉아서도 탄식했었다.

허균이 안타깝게 여겼던 것은 그토록 많은 인재가 산림과 시골에서 나라에 쓰임을 받지 못한 채 살고 있으며, 영특하고 준수한 인재가 지위 낮은 벼슬에 침체하여 끝내 그 포부를 펴지 못하는 현실이었다.

조선은 땅까지 비좁아 인재가 드물게 나와서 조정에서는 오래전부터 걱정하고 있었다. 조선 초기에 접어들면서 인재를 등용하는 길이 더욱 좁아져, 대대로 벼슬하던 명망 높은 집안이 아니면 높은 벼슬에는 오를 수 없었다. 암혈巖穴이나 띠집에 사는 선비들은 비록 기재奇才가 빼어나더라도 억울하게 쓰이지 못했다. 과거에서 급제하지 못하면 높은 지위에 오를 수 없기 때문에 아무리 덕이 훌륭한 사람도 끝내 경상卿相(판서나 정승)에 오르지 못하는 것이 당시의 상황이었다. 하늘이 인간에게 재능을 부여한 것은 평등한데도 대대로 벼슬하던 집안과 과거 출신으로만 한정했으므로 항상 인재가 없어 쓸 수가 없다고 여겼던 것이다. 허균의 글을 더 보자.

예부터 지금까지 시대가 멀고 오래이며, 세상이 넓기는 하더라도 서얼 출신이어서 어진 인재를 버려두고, 어머니가 개가했으니 그의 재능을 쓰지 않는다는 것은 듣지 못했다. 우리나라는 그렇지 않으니, 어머니가 천하거나 개가했으면 그 자손은 모두 벼슬길의 차례에 끼이지 못한다. 변변찮은 나라로서 두 오랑캐 나라 사이에 끼어 있으니, 모든 인재들이 나의 쓰임으로 되지 못할까 오히려 염려하더라도 더러는 나랏일이 구제될지 예측하지 못한다. 그런데 자신이 그러한 길을 막고는 자탄하기를 "인재가 없군, 인재가 없군" 하니, 월나라로 가면서 수레를 북쪽으로 돌리는 것과 무엇이 다르랴! 이웃 나라에 알리지 못할 일이다.

한 사내, 한 아낙네가 원한을 품어도 하늘은 그들을 위해 감상感傷하는 건데, 하물며 원망하는 남정네와 홀어미들이 나라 안의 절반이나 되니, 화평한 기운을 이루는 것은 또한 어려우리라.

옛날의 어진 인재는 대부분 미천한 데서 나왔다. 그 시대에 우리나라의 법을 사용했다면, 범문정은 정승의 공업이 없었을 것이고, 진관 · 반양귀는 직신直臣이 되지 못했을 것이다. 사마양저 · 위청과 같은 장수, 왕부의 문장 등은 끝내 세상에 쓰이질 못했으리라.

하늘이 낳아 주었는데 사람이 그걸 버리니, 이건 하늘을 거역하는 짓이다. 하늘을 거역하고 하늘에 빌어 영명永命할 수 있었던 사람은 없었다. 나라를 다스리는 사람이 하늘을 받들어 하늘의 뜻대로 행한다면 경명景命을 또한 맞이할 수 있으리라.

허균은 하늘이 재주를 낼 때에 누구에게나 고르게 냈다는 것을 강조한다. 그리고 세상에 인재가 많이 있는데도 신분 차별을 이유로 골고루 쓰지 않는 것은 직무 유기라고 하면서 당대의 현실을 적나라하게 비판한다. 그 연장선상에서 허균의 〈호민론〉이 등장했다.

천하에 두려워해야 할 것은 오직 백성뿐

허균이 자신의 개혁사상을 가장 많이 표출한 글이 바로 〈호민론〉이다. 허균은 이 글에서 신분 차별이 없는 새로운 이상향을 꿈꾸었다. 허균은 잠자는 민중을 이끌고 나가는 지도자를 호민이라고 보았다. 그런 이유로 이 글의 첫 부분은 "천하에 두려워해야 할 바는 오직 백성일 뿐이다"라고 시작한다.

홍수나 화재, 호랑이, 표범보다도 훨씬 더 백성을 두려워해야 하는데, 윗자리에 있는 사람이 항상 업신여기며 모질게 부려먹음은 도대체 어떤 이유인가?

대저 이루어진 것만을 함께 즐거워하느라, 항상 눈앞의 일들에 얽매이고, 그냥 따라서 법이나 지키면서 윗사람에게 부림을 당하는 사람들이란 항민恒民이다. 항민은 어떤 일도 두려워하지 않는다. 모질게 빼앗겨서 살이 벗겨지고 뼛골이 부서지며, 집안의 수입과 땅의 소출을 다 바쳐서 한없는 요구에 제공하느라 시름하고 탄식하면서 그들의 윗사람을 탓하는 사람들이란 원민怨民이다. 원민도 결코 두렵지 않다. 자취를 푸줏간 속에 숨기고 몰래 딴마음을 품고서, 천지간을 흘겨보다가 혹시 시대적인 변고라도 있다면 자기의 소원을 실현하고 싶어 하는 사람들이란 호민豪民이다.

대저 호민이란 몹시 두려워해야 할 사람이다. 호민은 나라의 허술한 틈을 엿보고 일의 형세가 편승할 만한가를 노리다가, 팔을 휘두르며 밭두렁 위에서 한 차례 소리 지르면, 저들 원민이란 자들이 소리만 듣고도 모여들어 모의하지 않고도 함께 외쳐대기 마련이다. 저들 항민이란 자들도 역시 살아갈 길을 찾느라 호미, 고무래, 창 자루를 들고 따라와서 무도한 놈들을 쳐 죽이지 않을 수 없는 것이다. (……)

지금의 우리나라는 그렇지 않아, 변변치 못한 백성에게서 거두어들이는 것으로써 귀신을 섬기고, 윗사람을 받드는 범절만은 중국과 동등하게 하고 있다. 백성이 내는 세금이 5푼分이라면 관청으로 돌아오는 이익은 겨우 1푼이고, 그 나머지는 간사스러운 사인私人에게 어지럽게 흩어져 버린다. 또 고을의 관청에는 남은 저축이 없어 일만 있으면 1년에 더러는 두 번씩 부과하고, 수령들은 그것을 빙자하여 마구 거두어들임은 또한 극도에 달하지 않음이 없었다.

그런 까닭으로 백성의 시름과 원망은 고려 말엽보다 훨씬 심하다. 그러나 위에 있는 사람은 태평스러운 듯 두려움을 모르니 우리나라에는 호민이 없기 때문이다. 불행스럽게 견훤 · 궁예 같은 사람이 나와서 몽둥이를 휘두른다면, 시름하면서 원망하던 백성이 가서 따르지 않으리라고 어떻게 보장할 것인가?

'호민'의 본래 의미는 중국 전한 때의 환관桓寬이 지은 《염철론鹽鐵論》 중 "호민이 아니면 그 이익이 통하게 할 수 없다"라는 말에서 나온 것으로 '세력 있는 백성'을 말하는 것이다. 허균이 직시한 호민은 '호걸스럽고 준걸스럽다'는 뜻을 지녔다. 허균은 '잠자는 민중을 이끌고 가는 사람'을 호민이라고 보았으며, 민중을 '호민', '원민', '항민'으로 나누었다. 무식하고 천하며 자기 권리나 이익을 주장할 의식도 없는 민중을 항민으로 보았고, 수탈당하면서도 내가 왜 이렇듯 압박을 받아야 하나를 고민하는 민중을 원민이라고 보았다. 허균은 시대의 소명을 스스로 깨달아 올바른 사회를 지향하기 위해선 반드시 지도자가 있어야 한다고 보았고, 그 지도자를 호민으로 보았다.

허균이 우리 역사에서 찾아낸 호민은 후백제를 창건한 견훤이었고, 후고구려를 창건한 궁예였다. 이렇게 반체제적인 〈호민론〉을 저술했던 허균은 그 당시 조선 상황을 호민이 일어날 수 있는 시기로 판단했다. 나라가 어지러워지자 국정에 불만을 품은 백성(원민)은 날이 갈수록 늘어났고, 그들이 동조할 것이라고 여긴 허균이 호민론을 주창하며 혁명의 전사로 나섰다. 그러자 당시 사회에서 억압받고 억눌려 있던 아전과 서자 그리고 승려와 무사, 종이 벌 떼처럼 동조하고 일어섰다. 그러나 허균의 혁명은 실패로 돌아갔고, 다시 호민들이 새로운 혁명의 도화선을 지핀 것은 19세기 전반이었다. 1811년 홍경래의 난으로 촉발된 수많은 민란이 1894년의 동학농민혁명으로 이어진 것이다. 역사학자 이이화는 호민을 다음과 같이 보았다.

> 호민은 영웅적인 유형을 뜻한다. 시대의 사명을 스스로 깨달아서 남과 사회와 국가를 나와 관계 지을 줄 알고, 자기가 받는 부당한 대우와 사회의 부조리에 도전하는 무리다. 자기의 권익과 남의 권익을 위해서 조직력, 행동력 그리고 지도자로서의 자질을 갖추고 앞장서는 것이다. 이들은 비겁하지도 않고 나약하지도 않으며 자기를 지향하면서도 사회를 지향한다.
>
> 그들은 본질적으로 인간주의자이고 사회 속에 있으면서 그 사회질서를 밑바탕부터 파괴하려는 불순한 세력에 저항하는 혁명가다.

윤태림도 《의식구조상으로 본 한국인》에서 '호민'을 다음과 같이 평한다.

> 호민은 현재의 지식인, 지성인이라 할 수 있다. 그들은 권력도, 금력도 무서워하지 않는 존재요, 사리를 바르게 판단하고 검은 것은 검다 하고 흰 것은 희다고 할 수 있는 존재요, 남에 의해서 그 의사를 매수당할 염려가 없는 사람이다.

또 하나 재미있는 글이 관리들에게 후한 임금을 줄 것을 주장한 〈후록론厚祿論〉이다. 옛날에 벼슬하던 사람들은 녹이 풍족하여 처자를 돌보기에 충분했다. 그러므로 벼슬아치들은 뇌물을 받지도 않았을 뿐더러 백성들과 이익을 다투지 않았다. 그들은 부모를 섬기고 처자를 양육하는 물품이 넉넉하였으므로 여유 있게 스스로의 포부를 널리 펼칠 수가 있었다. 중국의 한나라나 송나라에서도 녹봉을 후하게 주고 관리를 우대하였기 때문에 관리의 청렴한 정신이 세워지면서 자기 직분에 충실했다고 한다.

그러나 당시 조선 벼슬아치의 상황은 어떠했던가? 신라 때 1품 벼슬의 녹은 대개 1년에 300석이었고, 고려 때는 그 절반이었다. 허균이 살았던 당시에는 관직이 세 곱으로 늘어나서 녹을 3분의 2로 깎았기 때문에 봉급이 적었는데, 임진왜란이 끝난 뒤에는 전란으로 중단되었던 녹을 다시 주게 되었지만 예전의 절반으로 줄여서 주었다. 그 녹으로는 열흘이나 한 달밖에 살 수가 없었기 때문에 벼슬아치들의 부패가 극에 달했다.

> 그런 상황에도 관리들은 의복과 말(馬)을 꾸미고 음식은 사치스러우면서도 절제하지 못하여 공덕 높은 임금 때보다 열 배나 더했다. 그래서 어쩔 수 없이 백성과 이익을 다투고, 뇌물까지 받았다. 그래서 사유四維(관자에 나오는 예 · 의 · 염 · 치의 네 덕목)가 펴지지 못하고 풍교風敎는 날로 야박해지건만, 사대부들은 태평하게 부끄러운 줄을 모르고, 백성은 윗사람을 두려워하지 않았다. 뇌물을 바쳐서 관직을 얻고 죄를 가볍게 여기는 자들이 연달아 서 있는데, 이것은 모두 선비를 권장하는 제도를 시행할 수 없어서 그렇게 되었다. 이것 또한 가슴 아픈 일이다.

허균은 이러한 폐단을 고치려면 녹을 후하게 주어야 한다고 보았다. 그는 이어서 헛되이 들어가는 관비官費를 줄이고 윗사람이 공손하고 검소한 태도로 통솔한다면 해결될 것이라고 보았다.

허균이 살았던 당시가 아니고 오늘날과 비교해 눈여겨보아야 할 글이 〈관론官論〉이다. 허균은 관직을 함부로 늘린다면 권한이 분산되고 지위가 높아지지 못한다고 보았다. 그는 또한 간원이 많아지면 녹祿만 허비되고 일은 성취되지 않을 것이라고 했다. 당시의 상황을 보건대, 하나의 관청에 한 사람이면 될 것도 두 자리로 만들었거나 많은 경우는 열서너 명, 아무리 적더라도 예닐곱 명이 넘었다고 한다.

> 관청의 책임자도 하나하나 가려 뽑을 수 없어 대부분 어리석고 재능 없는 사람으로 구차스럽게 채워진 사람은 서리들이나 멍청히 쳐다보며 일이 되어 간다. 갑작스럽게 자기 맡은 책임을 물으면 아무것도 모른 채 대답하지 못하므로, 이런 것으로 연유하여 지위도 높임을 받지 못한다.

허균이 활동하던 시기인 선조와 광해군 때 파생된 붕당과 거짓 선비들 그리고 문묘에 배향한 오현五賢에 대해서도 허균은 제 나름의 입장을 밝혔다.

> 오늘날의 거짓 선비는 실속 없고 근거 없는 말을 하여 입을 열면 탕을 도와 은나라의 왕도정치를 이룩한 재상 이윤伊尹, 은나라 고종 때의 어진 재상 부열傅說, 주공周公, 공자의 사업을 자신이 담당할 수 있다고 하지만, 그가 나서면 손과 발을 놀리지도 못하고 실패하여 자신을 수습할 수도 없게 되어 당세의 비웃음과 후세 사람들에게 말을 듣기 십상이다. (……)

국론이 두 갈래로 나뉘기 시작하면서부터 사사로움에 치우친 논의가 매우 치열하게 일어났다. 더러는 저들이어야만 한다고 이들을 헐뜯고, 더러는 갑甲만을 높이고 을乙은 배척하여 소란하게 결렬되어서 그 옳고 그름이 정해지지 않았다. 이거야말로 모두 사심으로 듣고 보아서 그렇게 되지 않음이 없으니, 누구를 탓하랴. (……)

얼마 전에 이른바 오현을 문묘에 배향했다. 당시 의논하던 사람들은 "다섯 분 이외에 배향하여서는 안 된다"라고 했는데, 이것은 매우 가소로운 일이다.

허균은 붕당이 나뉜 뒤에 사사로움에 치우쳐 갑과 을로 나뉜 세태를 가감 없이 논하고, 문묘에 배향된 다섯 현인 외에 다른 사람들에 대해서도 자신의 입장을 밝혔다. 고려 때의 길재나 서화담, 이율곡 같은 사람들의 밝은 식견과 큰 아량을 취할 것이 없다고 거론하지 않은 것을 통렬하게 꼬집은 것이다. 이러한 일이 비일비재한 것이 당시의 조정 풍속이었다. 이러한 허균의 사상과 이야기가 밀알이 되어 하나의 큰 사건으로 비화되었다. 그 사건이 바로 지금으로부터 400여 년 전에 일어났던 '칠서七庶의 난'이다.

칠서의 난과 허균

1613년 3월 문경새재에서 은상銀商을 죽이고 은 700냥을 강탈한 강도사건이 일어났다. 은장수의 노복 춘상이 이들의 뒤를 추적하여 포도청에 고발하여 범인이 붙잡혔다. 강도를 잡았다고도 하고, 역적을 잡았다고 하면서 야단들이었다. 그런데 문초를 하니 붙잡힌 사람의 이름이 박응서였다. 그의 자백에 따라 밝혀진 사건이 '계축옥사'라고 불리는 '칠서의 난'이다. 이 사건의 중심에 허균과 각별하게 지냈던 서얼 출신 서양갑을 비롯한 일곱 명의 서자가 있었다. 허균이 계축옥사, 즉 칠서의 난에 관계된 사람들과 교류하기 시작한 것은 오래전으로 거슬러 올라간다.

선조 말엽부터 왕위 계승을 둘러싸고 광해군을 지지하는 대북파와 영창대군을 지지하는 소북파 간의 암투가 심각했다. 그러던 어느 날이었다. 정확히 1608년 2월 초하루에 선조가 죽었다. 《광해군일기》에는 "이날 미시에 상의 병이 갑자기 위독해져 정릉동 행궁의 정전正殿에서 홍薨하니, 나이 57세였다"라고 실려 있다. 선조가 죽고 광해군이 즉위하자 대북파가 집권하게 되었다. 이때 선조의 병을 고치지 못한 죄를 물어 허준을 비롯한 어의들은 희생양이 되었다. 양사에서 합계하여 임금께 아뢰었다.

"먼저 어의를 잡아다가 국문하소서."

임금의 윤허가 떨어지자 허준, 이명원, 조홍남, 박지지가 붙잡혀 와 감옥에 갇혔다. 명의로 조선을 뒤흔든 허준도 권력의 암투 앞에서는 당해낼 재간이 없었다. 그 뒤 사간원에서 다시 허준을 율律로 다스리기를 청하자 다음과 같이 답했다.

"허준은 의술이 천박하고 재주가 없어 할 수 없었기 때문이니, 이것으로 죽이는 것은 정당한 율이 아니다."

허준은 의술이 천박하다는 이유로 난을 피해갈 수 있었다. 곧바로 복수의 화살은 유영경을 겨냥했다. 선조 말 영창대군을 세자로 옹립하려 했다는 구실로 소북파의 영수인 영의정 유영경을 탄핵한 것이다. 선조가 살아있을 당시 지근거리에 있던 충주목사 이홍로는 강계로 귀양을 갔고, 1608년 유영경 등은 소북 일파로 몰려 다시 제주에 유배되었다가 사사되었으며 1612년에 다시 부관참시되었다. 그 뒤 소북파를 축출하는 한편, 영창대군과 그 측근에 대하여 박해를 가했다. 모든 것이 불확실하던 이 시기에 칠서의 난이 일어났다. 이 사건이 조선의 풍운아인 허균을 이해하는 열쇠가 된다.

칠서의 난 주인공들은 나라에 알려진 명문가의 서자들이었다. 영의정을 지낸 박순의 서자 응서, 심전의 서자 우영, 의주목사를 지낸 서익의 서자 양갑이었다. 또한 평난공신 박충간의 서자 치의, 북병사를 지낸 이제신의 서자 경준, 박유량의 서자 치인, 서얼 허홍인이었다. 이들은 허균과 이사호 그리고 김장생의 서제 경손 등과 사귀면서 스스로를 죽림칠현竹林七賢 혹은 강변칠우江邊七友라고 일컬었다. 그들은 서로 삶과 죽음을 함께하기로 맹세하고서 시를 읊고 술을 마시며 교유했다.

그들 대부분은 서자로 태어났지만 어려서부터 재주가 많았다. 그러나 서얼 차별로 관리에 등용되지 못함을 불만으로 여기며 살아가던 중 같은 서얼들을 만나게 된 것이다. 그들은 여강麗江(여주 부근의 남한강)에 굴을 만들고 춘천 도처에 곡식을 쌓아 두어 훗날 병란兵亂을 피할 본거지를 만들었다. 또한 소양강가에 무륜정無倫亭이라는 정자를 세운 뒤, 위선적인 구속에서 벗어나 병든 사회를 뜯어고쳐 보겠다는 큰 뜻을 세웠다. 그들이 마련한 굴 안에 많은 양식과 고금의 병서兵書를 쌓아 두고서 낮이면 병서를 읽고, 밤이면 강가나 산에서 칼과 활 쓰는 법 그리고 진법 훈련을 계속하며 때를 노렸다.

1608년 마침 선조가 죽자 중국에서 사신이 온다는 소문이 들렸다. 허균은이 좋은 기회를 놓치지 않도록 서자들에게 독촉했다. 서자들은 며칠을 두고 혁명 계획을 짰다. 무술에 뛰어난 서양갑, 허홍인 등이 화살을 가지고 남별궁南別宮 문 밖에서 중국 사신을 쏘아 잠시 얼을 빼놓고 아수라장이 된 틈을 타서 미리 매복해 둔 병졸을 풀어 궁전을 점령하기로 했다. 그러나 이 계획은 중국 사신의 경호가 너무나 엄중하였기 때문에 이루어지지 못하고 말았다.

1611년(광해군 3)에 서양갑이 황해도 해주 지방에서 소금장수를 하다가 사람을 죽이고 도망쳐 왔고, 그 뒤 1612년에 김직재의 옥이 일어났다. 봉산군수 신율이 병조의 문서를 위조해 사용하다가 붙들린 김경립이란 자를 문초하는 중이었다. 그때 성균관 학유學諭로 있던 김직재 부자父子가 모반을 계획한다고 발설한 것이다. 친국을 당한 김직재는 매에 못 이겨 거짓 자백을 한다. 즉 임금의 형인 순화군順和君의 양자 진릉군晋陵君을 받들어 난을 일으키고, 이이첨 · 이창준 등 대북 일파를 제거하려 했다고 자백한 것이다. 이 사건으로 김직재 등은 사형되고, 진릉군과 100여 명의 소북파가 처벌을 받았다. 훗날 밝혀진 바로 이 사건은 소북파를 제거하기 위한 대북파의 조작극이었다.

이때 서양갑 일파 중 이경준이 흥의군문興義軍門이란 명호로 격문을 사대문에 붙이고 민심을 움직여 군사를 일으킬 계획을 세웠다. 그러나 김직재의 옥이 뜻밖에 확대되는 바람에 이문학관 이경준은 격문을 도로 빼앗아 불태웠다. 그리고 다시 뒷날을 기약하지 않을 수 없게 되었다.

두 차례의 계획이 실패로 돌아갔지만, 죽음을 각오한 서자들의 투지는 조금도 꺾이지 않았다. 다만 두 차례의 실패 경험으로 보다 많은 혁명 동지의 필요성을 느꼈다. 그들은 혁명 동지로서 불우한 하급 관리나 무사를 매수하기로 하고 매수 자금 조달에 전력을 기울였다. 그 뒤 서양갑, 심우영, 허홍인, 유효선 등은 여강에서 같이 살면서 날마다 반역 계획을 의논했다. 그는 정협, 허홍인, 박종인 등이 임금의 사신을 사칭하여 부자인 이승송의 집에 들어가 역적 문서를 수사한다고 트집을 잡아 금과 은을 탈취했고, 그 해 가을에서 봄 사이에 허홍인 등이 영남으로 세 번 왕래하였으며, 서양갑은 허홍인, 유인발, 김평손 등과 함께 여러 차례 경상도를 내왕하면서 문경새재에서 은장수를 때려죽이고 은 600~700냥을 얻었다. 오매불망 기다려왔던 혁명 자금을 마련한 그들은 거사 계획을 치밀하게 세웠다.

장사壯士 300여 명과 함께 밤을 타서 몰래 대궐 안에 들어가 먼저 무사와 친하게 맺고 뇌물을 조정의 집권자에게 쓴다. 그리고 선전관, 내금위장, 수문관 등의 관직에 임명되어 안에서 응하도록 한다. 또 금과 은으로써 국정을 잡은 사람에게 뇌물을 주어 정협을 훈련대장으로 임관되게 한다. 남은 금과 은을 다 써서 장사들을 사귀어 밤을 틈타 궁궐에 침입하여 왕과 세자를 사로잡은 뒤, 국보(국새)를 갖고 인목대비 앞에 나아가 수렴청정을 요청한다.

곧바로 성문을 닫고 문무백관을 바꾸고 조정의 부패분자들을 모조리 숙청한다. 그리고 혁명을 함께 도모한 사람들을 조정의 여러 자리에 앉힌다. 그때 서양갑이 영의정이 되며 그 나머지는 차례로 관직에 들어간다. 그다음은 당시 억울하게 유배 간 사람들을 풀어 주면서 벼슬을 주어 동지로 삼게 하고 영창대군을 옹립한다. 또한 팔도 감사와 병사를 모두 같은 무리에서 임명한 후 사신을 명나라에 보내 즉위의 허락을 얻도록 한다.

그러나 막상 거사를 일으키려고 보자 아직도 병마 수가 부족했다. 그래서 지난번의 실패를 되풀이하지 않게끔 더욱 신중을 기하기 위해 일단 보류하기로 했다. 하지만 기회는 언제나 새가 날아가듯 금세 날아가는 법, 하늘은 그들에게 더 이상의 행운을 주지 않았다. 이 서자들의 역모사건은 서자들 스스로 불합리한 사회제도를 뜯어고치고 썩어 빠진 사회를 순화하려는 것이었으며, 조직과 계획이 다른 역모사건에서는 찾아볼 수 없을 정도로 치밀하고 주도면밀했다.

이 모든 거사 계획은 허균의 배후 조종 아래 이루어졌을 것이다. 허균 자신도 서자들과 직접 어울렸으며, 심지어 《수호전》의 108 영웅을 본떠 거사 자금을 얻기 위하여 돌아다니며 도둑질을 하기까지 했다. 심우영과 서양갑 등은 모두 허균과 친구처럼 지내던 사람들이다. 특히 허균은 서양갑에게 호까지 지어주면서 당세의 영웅이라 격찬했다.

그러나 그들의 꿈은 물거품이 되고 만다. 포도청의 고발로 붙잡힌 박응서의 자백에 따라 쿠데타의 전모가 만천하에 드러났고 주모자들의 명단이 속속들이 밝혀지기 시작했다. 결국 서양갑까지 붙잡혀 들어왔고, 혁명을 도모했던 일행은 일망타진되고 말았다.

그 무렵 대북파의 이이첨은 영창대군이 인목대비의 곁에 있는 것이 몹시 거슬려서 어떻게든 영창대군을 죽이고자 했다. 그때의 상황이 《연려실기술》 제 20권 〈폐주 광해군 고사본말廢主光海君故事本末〉에 실려 있다.

박응서의 죄가 사형에 해당하는 것이라는 말을 듣고 크게 기뻐하여 포도대장 한희길의 집에 가서 공손히 절했다.

"영공令公께서 나에게 절하는 것이 무슨 뜻입니까?"

한희길이 물었다.

"공의 얼굴을 보니 복스럽게 생긴 상입니다. 머지않아 큰 공을 세울 것이므로 하례하는 것입니다."

이이첨이 대답했다.

그날 밤에 이이첨이 친척뻘 되는 이의숭을 시켜서 비밀히 박응서에게 말을 전했다.

"너의 죄는 사형이 될 것이다. 그렇게 죽는 것보다는 내 말을 따라 소를 올려서 반역을 고발하는 것이 좋겠다. 네가 고발하면 죽음만 모면하는 것이 아니라 정훈正勳에 기록될 것이다."

결국 박응서는 이이첨의 속임수에 넘어가 이경준에게 격문을 짓게 하고, 김경손과 김평손을 격문을 전하도록 끌어들였는데, 그 격문은 다음과 같았다.

"진짜 용은 아직 일어나지 않았는데(眞龍未起)/가짜 여우가 먼저 우는구나(假狐先鳴)."

여기서 진짜 용은 영창대군을 가리키는 말이고, 가짜 여우는 광해군을 가리킨다고 했다.

4월 27일에 심우영, 박종인, 김비, 박치인이 붙잡혀 와서 국문을 받았지만 자백하지 않았다.

4월 28일에 서양갑, 김경손을 잡아 와서 국문을 했다. 심우영은 압슬壓膝형을 당했지만 자백하지 않았다. 서양갑은 그의 어머니가 고문 중 매를 몹시 맞는 것을 보고는 분연히 큰 소리로 말했다.

"전하께서 세 가지 큰 죄악이 있기에 우리들이 의병을 일으켜 적(광해)을 토벌하려고 하는데, 어째서 우리들을 보고 반역을 했다고 하는가?"

서양갑은 다시 말을 이어 나갔다.

"아버지(선조)를 죽이고, 형(임해군)을 죽이고, 친족의 위 항렬의 부인을 간음하지 않았느냐" 하고 임금 앞에서 크게 부르짖었다. 사관은 차마 그 말은 쓰지 못했다.

4월 29일에 유효선, 박치순을 붙잡아 와 국문을 했다. 그때 허홍인의 처 선이가 다음과 같이 공술했다.

"남편 허홍인은 서양갑, 심우영과 함께 내년에 대궐을 침범하기로 약속하였습니다."

그때 박응서도 다음과 같이 공술했다.

"서양갑이 둔갑천서遁甲天書를 생원장원 이사호에게 배웠습니다."

5월 1일에는 이사호, 김건, 박치안, 이경준, 박치강, 박치웅, 심우영 등이 압슬형과 단근질형을 받았지만 아무도 자백하지 않았다.

5월 3일에는 사헌부에서 임금에게 고했다.

"권순성이 반역의 무리와 서로 결탁하였으니, 잡아다 국문하기를 청합니다. 평양서윤 이명준과 철원부사 김장생은 죄인의 동기지친이니 파직하기를 청합니다."

5월 4일에 사간원에서 고했다.

"연흥부원군 김제남은 자신이 국구가 되어 평상시의 행동에 조금도 어렵게 꺼리는 일이 없어, 한강의 별영別營을 제 마음대로 헐어 버렸습니다. 그리고 그곳에 정사亭舍를 지었으니 이미 더 말할 것이 없사오며, 대궐 안에서 성기省記 없이 유숙한 것이 한두 번이 아닙니다. 이런 말을 들은 사람은 놀라지 않는 사람이 없는데, 지금 그의 외손자인 대군(영창대군)의 이름이 이미 역적의 공초에 나왔으니 제남은 마땅히 거적을 깔고 엎드려 처분을 기다리기도 바쁠 것입니다. 그런 상황은 아랑곳없이 집에 있사오니 그 죄는 결코 용서하기 어렵습니다. 관작을 삭탈하기를 청합니다."

임금은 단호하게 대답했다.

"관작을 삭탈하라."

드디어 옥사가 대비의 아버지이자 영창대군의 외할아버지인 김제남에게까지 파급되었다.

곧바로 김평손, 신윤선, 권순성을 잡아다가 국문하였고, 심우영과 그의 아들로 열네 살이었던 심섭 그리고 박종인은 죄를 고백하였으므로 사형을 집행했다.

5월 6일에 서양갑이 죄를 자백했으므로 형을 집행했는데, 당시의 상황이 《일월록》에 다음과 같이 실려 있다.

세상에 전하기를, 이 옥사는 다만 정항鄭沆의 무리가 만들어 낸 것만이 아니다. 서양갑을 비롯한 그 무리는 실로 재주가 뛰어난 사람들이었다. 그들은 말하기를 "선조의 대군(적자)으로서는 다만 '의璣'가 가장 사랑을 받았고, 광해는 정치가 문란하니 마땅히 일을 도모하자"라고 했다. 이에 상인들을 습격하여 재물을 모은 일이 있었던 것이다. 그렇지만 그들이 김제남 등과 통한 적은 없었다.

그런데 박응서가 잡히자 서양갑 등이 궁중에 뇌물을 써서 일을 마무리하려 했는데, 박응서가 먼저 겁을 먹고 스스로 발설을 했다. 서양갑이 형벌을 여러 번 당하고 그의 어머니까지도 신문을 받자 심우영을 부르면서 "나는 죄를 스스로 고백하겠다"라고 했다. 심우영이 놀라서 "왜 그러느냐?" 하고 묻자 서양갑은 다음과 같이 답했다.

"제(광해군)가 나의 어머니를 죽이니 나도 제 어머니(인목대비)를 죽여야 되겠다."

드디어 서양갑은 죄를 스스로 자백했다.

"김제남도 함께 모의하고 대비도 함께 참여하여 이 모반 사실을 알았다."

결국 서양갑 때문에 김제남의 한 집안이 혹독하게 큰 화를 당하고 마침내 대비까지 화를 입어 서궁으로 옮겨지게 된 것이다.

많은 사람의 불행이 몇 사람에게는 큰 행운으로 돌아왔다. 이 사건을 고변한 박응서는 사면되었으며, 정항과 한희길 등은 큰 공훈을 세운 것으로 인정받았다.

고변사건은 점차 그 범위를 넓혀 영창대군과 김제남에게로 옮겨갔다.

이이첨은 임금의 뜻에 맞추어 반드시 영창대군을 죽여 자신들의 공로로 하기 위해 영창대군을 '화禍의 근본'이라 하였고, 이이첨의 무리 중 유생 이위경 등은 영창대군의 목을 하루속히 베고 김제남을 처단하라는 상소를 올렸다. 처음에 임금은 "불민한 내가 불행하여 이런 변을 만났지만, 차마 형벌을 쓸 수 없으니 다시는 번거롭게 하지 마라"라고 답했다. 그러나 그들이 계속 상소를 올리자 "김제남을 고문하여 때릴 수 없다. 사형을 감하여 안치하라"라고 말했다. 이이첨을 비롯한 무리는 영창대군의 사사를 청했지만 영의정 이덕형과 좌의정 이항복은 그들의 말에 따르지 않았다.

며칠 후 이이첨의 사주를 받은 수십 명의 유생들이 역적의 괴수인 김제남과 영창대군을 죽이라는 상소를 올렸다. 당시 영창대군의 나이는 여덟 살이었다. 사헌부와 사간원에서는 김제남을 죽이라는 요구가 빗발쳤다. 그러나 광해군은 "쥐를 잡기 위해 돌을 던지고 싶어도 그릇을 부술까 걱정된다"라며, 외딴 섬에 위리안치하라는 명을 내렸다. 그날이 5월 24일이었다. 그럼에도 승정원에선 삼사가 지금 엄하게 국문하기를 요청한다고 하여 섬으로 보내라는 전교를 받들지 않았다. 결국 29일에 영창대군을 폐하여 서인庶人으로 삼도록 명하였고, 6월 초하룻날 영창대군의 외할아버지 김제남은 최후를 맞았다. 6월 22일 오후 영창대군은 어머니인 인목대비 곁을 떠나 정릉동의 사가私家로 쫓겨났다.

김제남이 죽자 광해군은 백관을 거느리고 대비에게 문안을 가서 상복을 올리며 '자식은 어머니를 원수로 대하지 않는다'는 뜻을 밝혔다. 어린 아들은 어디론가 쫓겨나갔고, 더구나 아버지를 잃은 인목대비의 마음은 얼마나 참담하고 막막했겠는가.

이때까지 허균의 이름은 어디에서도 찾을 수 없다. 그러나 이 사건이 마무리될 즈음인 6월 17일 김응벽을 공초하는 과정에서 허균의 이름이 등장했다. 형틀 위에 묶어 놓고 고문을 하면서 광해군이 친히 물었다.

"김제남과 가깝게 지냈던 이들이 누구냐?"

"서성과 허성 그리고 김상용과 허균 등이 김제남의 집을 자주 찾아와 의논을 했습니다."

"이덕형이나 허성, 허균은 원래 서인이 아니고 동인인 것을 내 잘 알고 있다. 그런데 너는 왜 그들을 끌어들이는 것이냐?"

그때 김응벽은 얼토당토한 말을 쏟아냈다. 임금을 비롯한 대사헌 윤효전은 고문이 너무 심해 횡설수설하며 허위 자백한 것으로 여겨서 고문을 끝낸 뒤, 더 이상 문제 삼지 않았다. 그 뒤 임금은 신하들의 청에 못 이겨 서인으로 만들었던 영창대군을 강화도에 감금하여 위리안치하라는 명을 내렸는데, 그때가 7월 26일이었다. 그리고 도사 박정생이 강화도로 가서 영창대군이 거처할 집을 수리했다. 1614년 1월 11일 사헌부에서 보고가 들어왔다. 강화부사 기협이 영창대군을 도와주고 있다는 것이었다. 그러자 1월 13일에 정항을 강화부사로 임명하여 그날로 떠나게 하였고, 그 일에 관련이 있는 병조정랑 최명길과 선전관 윤우를 잡아 가둔 후 28일에는 모두 관직을 삭탈하여 내쫓았다. 그 뒤 1614년 2월 10일 강화부사 정항을 시켜 영창대군을 참혹하게 죽이고 말았다. 《광해군일기》에 실린 그때의 상황을 보자.

강화부사 정항이 영창대군 이의를 살해했다. 정항이 고을에 도착하여 위리圍籬 주변에 사람을 엄중히 금하고 음식물을 넣어 주지 않았다. 침상에 불을 때서 눕지 못하게 하였는데, 의가 창살을 부여잡고 서서 밤낮으로 울부짖다가 기력이 다하여 죽었다. 의는 사람됨이 영리했다. 비록 나이는 어렸지만 대비의 마음을 아프게 할까 염려하여 괴로움을 말하지 않았으며, 스스로 죄인이라 하여 상복을 입지도 않았다. 그의 죽음을 듣고 불쌍하게 여기지 않는 사람이 없었다.

영창대군의 죽음이 부당하다고 소를 올린 사람은 부사직 정온이었다. 먼저 소를 지은 정온은 강화로 들어가서 영창대군을 학살한 실제의 정황을 탐지한 뒤 돌아와 소를 올렸다. 이 소장을 받은 임금은 크게 노한 뒤 소를 들여온 승지를 꾸짖고 파면해 버렸다. 그 뒤부터 '정온이 곧은 말을 했다'고 말하면 즉시 역적으로 몰렸기 때문에 사람들은 감히 말을 꺼내지 못했다. 정온은 임금의 친국을 받은 뒤 제주도 대정현에 위리안치되었다. 그 후 영창대군의 생모인 인목대비는 덕수궁 안에 있는 경운궁으로 쫓겨 나가 폐비가 되었고, 제주도에 유배된 인목대비의 어머니 노씨는 막걸리를 팔며 생계를 연명해야 했다.

이때부터 실질적으로 인목대비를 폐위하려는 움직임이 시작된 것이라고 볼 수 있다. 폐모 논의는 무려 5년여를 끌었고, 그것을 주도했던 이이첨은 절대 권력을 갖게 되었다.

칠서의 난(계축옥사, 박응서의 옥사) 주역들은 허균이 지은 《홍길동전》을 읽으며 혁명의 불꽃을 피웠을지도 모른다. 여러 가지 상황으로 보건대, 칠서의 난 주모자가 허균이었을 것으로 지목되었다. 그러나 허균은 그들과의 관계를 강력하게 부인하였고, 불행인지 다행인지 그들은 모진 국문 중에도 허균을 끌어들이지 않은 채 처형되었다. 그들이 다른 무고한 사람들은 끌어들였으면서도 허균과의 관계를 부인한 것은, 허균을 통해 미완의 혁명을 완성하고자 했던 것인지도 모른다. 계축옥사가 수많은 사람들의 죽음으로 끝난 뒤 허균은 신변 안전을 도모하기 위하여 이이첨에게 가까이 다가갔다. 그렇게 허균은 궁여지책이기도 하고 다시 새로운 꿈을 꾸기 위해 이이첨이 중심인 대북파에 참여하게 된다.

계축옥사 이후 허균의 행보

허균과 함께하던 동료들이 피비린내를 풍기며 모진 고문을 받았던 1613년 4월, 허균은 전라도 태인에 머물고 있었다. 당시 허균과 절친했던 동악 이안눌이 금산군수로 재직하고 있었는데, 그는 세상을 뜬 권필과 함께 오랫동안 허균과 가까이 지낸 친구였다. 이안눌과 편지로 시를 주고받으며 모처럼 한가하게 이곳저곳을 유람하던 중 서울에서 급박한 소식이 들려왔다. 서양갑을 비롯해 그 일파가 고문을 받고 있다는 것이었다. 허균은 눈앞이 캄캄했다. 아직은 그들이 허균의 이름을 발설하지 않았다고 해도 혹독한 고문과 꼬임에 빠져 언제 허균의 이름을 발설할지 모르는 일이었다.

가까스로 정신을 가다듬은 허균은 이 난관을 어떻게 극복해야 할 것인지 궁리하기 시작했다. 지금 일어나는 모든 일을 모르는 척하고 심산유곡으로 은둔해 버리는 방법, 체념하고 기다리는 방법, 어느 것도 마음이 편하지 않은 일이었다. 하지만 그 일로 인하여 평생 꾸었던 꿈, 즉 새로운 세상을 만들고자 하는 혁명을 포기할 수는 없는 일이었다. 그때 전광석화처럼 이이첨이 떠올랐다. 허균보다 아홉 살 위였지만 성균관에서 동문수학했던 사람이었다. 그는 현재 대북파의 우두머리이자 광해군의 절대적인 신임을 얻고 있었으므로 이용가치가 충분히 있었다. 그러나 허균은 이이첨을 별로 좋아하지 않았다. 마음속으로는 항상 그를 경멸했다. 그는 문득 1608년 8월에 이이첨의 편지를 받고 보냈던 답신이 떠올랐다.

> 형께서 옛날에 서로 가까이 지내던 정을 생각하여 뭇 비방 속에서 나를 구해주셨으니 재주를 아끼시는 마음이 지극합니다. 이것은 옛사람도 어렵게 여긴 일인데, 그 일을 실천하셨으니 이제부터는 온 세상의 현사賢士들이 모두 공의 문하에 있을 것입니다.

아무리 생각해도 별다른 방도가 없었던 허균은 이재영과 함께 서울로 향했다. 그리고 곧바로 당시에 수많은 사람들의 생살권을 쥐고 있는 이이첨을 찾아갔다. 이이첨이 허균을 의아한 눈빛으로 바라보았다. 허균은 "관송, 나에게 벼슬 한자리 마련해 주게. 나라와 자네를 위해서 힘껏 노력해 보겠네"라며 난생처음으로 비굴한 부탁을 건넸다. 그것은 자신의 목숨을 부지하기 위한 것이 아니었고, 그들의 절대적인 신임을 얻어야 미래를 담보할 수 있기 때문이었다. 그 무렵 대북파는 명분에서 밀리고 있었다. 정권의 실세인 이이첨으로서도 허균과 같은 대문장가가 절실히 필요한 시기였다. 이이첨은 옛 친구인 허균을 반갑게 받아들였다. 전해 오기로는 그때 허균은 이이첨에게 살려달라고 무릎을 꿇고 빌었다고 한다. 역사학자 이이화는 이때 허균의 처신을 다음과 같이 평하며 아쉬워한다.

이 구명책으로 말미암아 허균의 생애는 뒷사람들이 올리고 깎는 것의 대상이 되었고, 그의 사람됨을 평가할 때에 늘 이것으로 저울질하게 되었다. 그때에 벼슬길에 나가지 않았던들, 그는 역적으로 몰리지 않았을 수도 있고, 또 그때의 선비들도 그를 덜 나무랐을 것이다. 아무튼 이 사건은 오늘날에도 흔히 보는 나약한 지식인으로 그를 평가하는 구실이 된 것이다. 이렇게 하여 허균은 이이첨의 적극적인 추천으로 폭군이라 일컫는 광해군의 조정에 들어가게 되었다.

이때부터 허균은 그의 장기인 뛰어난 문장과 학식을 가지고 광해군과 이이첨의 두터운 신임을 얻게 되었고, 대북파의 선봉장으로 활발한 활동을 전개하게 된다. 1613년(광해군 5, 계축) 12월 1일 허균은 이이첨 덕에 예조참의에 오르게 되었다. 그때 실록의 사관은 작은 글씨로 다음과 같이 썼다.

허균의 사람됨이 요망하고 간사하고 조행이 없어서 이미 청의清議에 버림받아 뜻을 상실하고 우울하게 지냈는데, 서양갑의 옥사가 일어남에 미쳐 제자인 심우영 등이 모두 역적죄로 복주되자, 허균이 마침내 '화를 피한다' 칭하고 이이첨에게 몸을 맡기니 이이첨이 매우 후하게 대우했다.

그때 과거 시험의 글이나 상소를 그가 대신 지어준 것이 많았다. 허균이 족인族人에게 준 편지에 "세상을 피한 완적阮籍이 부득불 사마의의 가문에 의탁했다" 하였는데, 그 말을 들은 자들이 그가 불궤不軌한 뜻을 가지고 있음을 알았다. 그런데 본직에 제수되자 사람들이 해괴하게 여겼다.

그러나 사간원에서는 허균을 그대로 놔두지 않았다. 허균의 벼슬을 파직해야 한다는 계를 올린 것이다. 결국 허균은 파직되고 말았다. 어려운 상황 속에서 예조참의에 임명된 지 겨우 이틀 만이었다.

허균의 화려한 부활

1614년 허균은 마흔여섯 살이 되었다. 그해 2월 10일 강화도에 유배되어 있던 영창대군이 죽었다는 보고가 올라왔다. 계축옥사가 마무리된 것이다. 며칠 뒤인 2월 15일 허균은 호조참의에 제수되었고, 이때부터 허균의 벼슬길은 순조로웠다. 이 시기를 후세의 평자들은 '목숨을 보존하고 뜻을 얻은 보명득의保命得意의 시대'라고 일컫는다.

호조참의가 된 지 몇 달 만에 허균은 천추사가 되어 중국에 갔다. 조정에서도 국제 정세에 민감하고 외교수완이 뛰어난 허균의 능력을 높이 평가했기 때문이다. 허균에게 주어진 임무는 명나라 황태자의 생일을 축하하는 것이었다. 천추사로 가는 길에 때마침 조선에 표류되어 온 명나라 사람 42명을 데리고 갔다. 이때 수행원으로 같이 간 사람이 외가 쪽의 서얼인 현응민이었다. 현응민은 중국말을 잘하므로 통역 역할을 했다.

조선 역사상 허균처럼 책읽기를 좋아한 사람도 그리 흔치 않을 것이다. 언제나 책에 목말라했던 허균이 현응민과 함께 수많은 책이 즐비한 중국에 갔으니, 마치 오랜 가뭄에 물 만난 고기처럼 시간이 허락하는 틈틈이 중국의 서점을 돌아다니며 책을 샀다. 그중에서도 특히 선조와 광해군 이야기가 실린 책을 사들였다. 그때 샀던 책 중에는 중국 사람인 오원췌가 지은 《임거만록林居漫錄》이 있었다. 이 책에는 조선의 불미스러운 내용이 여럿 실려 있었는데, 선조가 백성들로부터 덕망을 잃었다는 이야기와 광해군의 왕위 계승에 문제점이 있다는 것 등등이었다. 이러한 고의적인 비난 기사가 있음을 발견한 허균은 명나라 예부禮部에 알려 이 사실을 항의하고 돌아와 그 사실을 임금에게 알렸다. 그때의 상황이 《광해군일기》 광해군 6년 10월 10일 자에 다음과 같이 실려 있다.

허균이 중국의 서적 중에서 우리나라가 무고를 입은 기록을 얻었으니 진실로 놀랍게 여기고 변명의 주문을 진달하여야 됩니다. 그러나 종계宗系의 개정改正은 《대명회전大明會典》에 밝게 게재되었고, 임진왜란에 관한 무고의 변명도 중국에서 깨끗이 씻어서 밝게 변명하고 시원스럽게 풀려 마치 저 밝은 태양처럼 명백해졌습니다. 제가諸家의 문집과 상도常道가 아닌 소설에 실린 것은 다 없애지 못했으나 어찌 꼭 이를 믿겠습니까. 천천히 변명하여 아뢰어도 안 될 것이 없는데, 주상께 아뢰기도 전에 지레 먼저 정문呈文하여 깊이 감춰진 것을 적발하여 사람들이 보고 듣게끔 하여 그 사이의 처사가 뒤죽박죽이 되고 말았습니다. 각부閣部에서는 책임을 미루면서 진정陳情하라고 하니 우리의 도리에 있어서는 잠시라도 늦출 수 없습니다. 다만 이같이 중대한 일을 사신이 오지도 않았는데 급작스레 진소陳訴하는 것도 온당치 못하니, 잠시 사신이 나오기를 기다렸다가 방법을 의논하여 조용히 진주陳奏할 것을 묘당으로 하여금 상세히 조사하여 처치하게 함이 어떻겠습니까?

이 말을 들은 임금은 "윤리를 펴고 기강을 세웠으며, 그 밝은 충성은 일월과 같이 빛나도다"라며 극찬했다. 그러나 인조반정으로 광해군이 물러난 후의 《광해군일기》에 작은 글씨로 쓰인 글은 다음과 같다.

허균은 행실이 좋지 않아 폐기를 당했다. 그가 비록 이이첨에게 빌붙어 청현淸顯의 길을 트기는 하였으나, 그 당류들이 많이 저지한 바람에 크게 등용되지 못하자, 항상 울울하여 뜻을 얻지 못했다. 마침내 절사節使가 되고 또 서리書吏 현응민과 함께 가게 되었는데, 응민은 사람이 간교하고 재주가 많았으므로 허균이 목숨을 바치는 문객으로 길렀다.

드디어 몰래 공모하여 거짓으로 명나라 사람 오원췌가 지은 《임거만록》이란 책을 만들었는데, 그 가운데 선조의 실덕失德과 왜노倭奴와 내통한 일 등은 정응태가 무고한 내용과 대략 같았다. 또 광해가 임금 자리를 물려받은 것이 분명하지 못하다고 말하였는데, 그 말이 지극히 교묘하고 참담했다.

그러나 판각板刻하지 못하고 초본草本을 연경燕京의 저자에 내다 팔게 하였다가 뒤따라 즉시 사들였는데, 사람들은 그것이 거짓인 줄을 모두 알았다. 또 명나라의 잡사雜史와 《소대전칙昭代典則》, 《오학편吾學編》 등의 책 가운데는 간혹 우리나라 국계國系의 거짓 무고한 데 대한 옳고 그른 것을 말하였는데, 전부터 우리나라의 사대부 중 그걸 본 사람이 많았으나 모두들이는 여염의 소설일 뿐, 《대명회전》, 《통기統紀》에 비할 바가 아니므로 낱낱이 변명하기 어렵다고 했다.

그런데 이때에 이르러 그 책들을 모두 처음 본 것으로 여겨 사들여 놓고 먼저 예부에 스스로 정문하여 그것이 무고임을 변명하고 나서 치계하였는데, 이것이 변무卞誣한 대개의 일이다. 허균은 문재가 매우 뛰어나 수천 마디의 말을 붓만 들면 써내려갔다. 그러나 허위적인 책 만들기를 좋아하여 산수참설山水讖說과 선불이적仙佛異迹으로부터 모든 것을 거짓으로 지어냈다. 하지만 그 글이 평상시 지은 글보다 나았기 때문에 사람들은 그것을 분별하지 못했다. 심지어 나라를 비방하는 문서를 지어 놓고 제 자신의 변설辨說을 만들어 공功을 바라는 자료로 삼았으니 그 계책이 극도에 이르렀다.

사관이 이 글을 썼을 당시 허균과 현응민은 이미 이 세상에 없었으므로 '조작설'을 확인할 길은 없다. 어쨌든 그 일이 있고부터 허균에 대한 임금의 신임은 나날이 두터워졌다. 이듬해인 1615년 2월 14일에 허균은 승문원 부제조가 되었다. 그때부터 허균은 그를 따르는 유생들을 배후 조종하여 인목대비를 폐해야 한다는 상소문을 올리도록 했다.

국내외적으로 어수선한 상황에서도 허균은 승승장구했다. 5월에 치른 여러 차례의 문신정시文臣庭試에서는 1등을 차지했다. 5월 22일에는 동부승지가 되었고, 6월 5일에는 승지 가운데 제일 높은 품계로 올랐다. 승지는 정3품 통정대부인데 허균만 품계를 올리면 종2품 가선대부가 되므로 도승지와 서열이 어긋나게 된다. 이조에서 이 일을 어찌하면 좋겠느냐며 다시 계를 올리자, 임금은 도승지와 좌 · 우승지까지 가선대부로 올려 주었다. 그런 연유로 가선대부 승지가 네 사람이나 되는 기현상이 일어났다. 이 사건을 두고 훗날 역사가들은 '너무 지나쳤다'고 기록했다.

중국에 다녀온 허균은 수많은 책을 사 가지고 왔는데, 당시의 상황이 《한정록閒情錄》의 '범례' 서두에 실려 있다.

> 내가 일찍부터 집이 가난하므로 집에 역사에 관한 책이 매우 적은 것이 아쉬웠다. 여기에 남은 역사책을 더 보태서 '전서全書'로 만들 생각을 한 지가 오래되었다. 그러나 일이 바빠 시간이 없었다. 갑인년과 을묘년에 일이 있어 중국의 북경에 두 번이나 가게 되어, 그때 집에 있는 돈으로 약 4000권의 책을 구입했다.

책을 좋아하는 허균은 집에서 가져간 돈과 공무를 보고 남은 돈을 들여서 수많은 책을 샀던 것으로 보인다. 그의 삶이 평온했더라면 사마천의 《사기史記》와는 또 다른 역사서를 썼을 수도 있었을 것이다. 그러나 허균에게 그것까지는 허용되지 않았고, 그는 그런 삶과는 전혀 다른 길로 가고 있었다.

허균은 1616년(병진) 1월 6일 북경에서 비밀히 계를 올렸다.

> 국사와 야사에 잘못 기록되어 있던 조선의 종계를 이번에 신들이 예부에 장문을 올려서 제대로 고쳤습니다.

허균이 말한 것은 《대명회전》에 실린 글로, 원래 황정욱과 윤근수가 오래전에 바로잡아 놓은 것이었다. 내막을 몰랐던 광해군은 그 소식을 듣고 무척 기뻐했다.

그러나 다른 이야기도 있다. 그때 허균과 현응민은 명나라 황제의 옥새와 문적을 만들어서 찍은 다음 황제가 인준한 것처럼 했다는 것이다. 하지만 그 사실을 모른 채 보고를 받은 광해군은 기쁨에 넘쳐서 "그대는 나의 해와 달이네"라며 허균을 칭찬했다고 한다. 조선 조정으로서는 더할 수 없이 기쁜 일이었다. 광해군은 종묘에 가서 이 일을 고하고자 했고, 만조백관들이 모두 나열한 가운데 종묘에 책을 올리고 절을 했으며 축하하는 의미로 특사령과 함께 과거를 베풀었다. 당시 이이첨의 곁에 있던 영돈령부사 심희수가 혼잣말처럼 중얼거렸다.

"대감! 돈을 갖고 역사를 고치는 일은 누구나 할 수 있는 일이 아니겠소?"

이 말이 많은 사람들에게 회자되어 광해군의 귀에까지 들어갔고, 격노한 광해군은 심희수를 불러 크게 꾸짖었다. 그 사실을 안 허균과 사헌부 그리고 사간원이 들고 일어나 심희수를 파직하라는 상소가 빗발쳤다. 14년 전에는 심희수가 허균을 몰아세웠는데, 이제 허균이 심희수를 몰아내는 일이 일어난 것이다. 역사는 이런 반전이 있기 때문에 묘미가 있는 것이다.

하지만 인조반정 후에 엮은 《광해군일기》에는 다른 이야기가 실려 있다.

> 허균이 현응민과 함께 이 책을 지은 뒤, 붓으로 몇 부를 베낀 다음 북경의 시장에서 팔았다. 그때 허균이 가져온 책이 남아 있지 않으므로 조작했

다는 것이 참인지, 거짓인지 제대로 확인할 수가 없다.

두 차례의 사행에서 돌아온 허균은 〈을병조천록乙丙朝天錄〉을 엮었다. 그러나 이 책은 지금 전하지 않는다. 그 이유는 허균이 반역을 꾀하다가 붙잡히기 하루 전 사위인 이사성의 집으로 보냈는데, 어느 사이엔가 분실되고 만 것이다.

조선 최초로 천주교 서적을 들여오다?

조선에 천주교를 처음 들여왔다고 알려진 사람이 여럿 있다. 허균이 중국에서 천주교 서적을 가져왔다고도 하고, 임진왜란 당시 왜군을 따라 들어와 경상남도 하동 지방에 머물렀던 예수회 선교사 세스페데스Gregorio de Céspedes가 조선에서 제일 처음 천주교를 포교했다는 설도 있다. 본격적으로 조선에 천주교가 알려진 것은 중국을 통해서였다. 1583년 광동에서 이탈리아 선교사인 마테오 리치가 포교를 시작했고, 1601년에는 중국의 수도인 연경에서 중국 정부로부터 포교를 허락받았다. 하지만 조선은 지정학적 위치 때문에 천주교가 전파되지 않고 있었다. 이때의 상황이 역사학자 한우근이 지은《이조 후기의 사회와 사상》에 다음과 같이 실려 있다.

> 첫째로 조선의 지리적 위치가 한쪽으로 치우쳐 있고, 서양인의 조선에 대한 지식이 빈곤하여 조선이 직접 그들의 항해 목적지가 되지 못했다.

둘째로 그들에게 설사 그런 계획이 있었을지라도 조선의 봉건적 척의 정책이 그들의 읍국을 거절하였던 것이다. 그러나 당시에 동양 문화상의 중심이고, 그것이 그대로 전래될 것을 약속하는 것이나 다름이 없었다.

한우근은 허균을 조선에 제일 먼저 천주교를 소개한 사람으로 본 것이다. 다른 하나는 허균의 큰동서이자 《지봉유설》을 지은 이수광이 가져왔다는 설도 있다. 이수광이 《천주실의天主實義》를 가져온 것은 1611년이었고, 그가 《지봉유설》에 소개한 것은 1614년 7월이었다. 이수광의 《지봉유설》 제2권 〈외국〉 편에 실린 '마테오 리치'라는 글에는 다음과 같은 내용이 있다.

구라파국을 또한 대서국大西國이라고도 한다. 이마두利馬竇(마테오 리치)라는 자가 있어, 8년 동안이나 바다에 떠서 8만 리의 파도를 넘어 동월東粵에 와서 10여 년이나 살았다. 그가 저술한 《천주실의》 두 권이 있다.

첫머리에 천주(하느님)가 처음으로 천지를 창조하고 편안히 기르는 도를 주재主宰한다는 것을 논하고, 다음으로 사람의 영혼은 없어지지 않는 것으로 새나 짐승과는 크게 다르다는 것을 논했으며, 다음에는 불교 윤회설의 잘못과 천당 · 지옥 · 선악의 응보應報를 변론하고, 끝으로 사람의 성품은 본래 착하다는 것과 하느님을 존경해 받드는 것을 논하고 있다. 그 풍속에는 임금을 교황이라고 일컬으며, 결혼하는 일이 없기 때문에 교황의 지위를 물려받을 때는 어진 사람을 가려서 세운다. 또 그 풍속은 우의友誼를 소중히 여기며 개인적인 저축을 하지 않는다.

이수광 다음으로 천주교를 언급한 사람이 조선 중기의 문장가로 《어우야담》을 지은 유몽인이다. 그는 《어우야담》 제2권 〈서교西教〉에서 천주교와 허균에 대하여 다음과 같이 수록했다.

> 천축(인도)의 서쪽에 구라파라는 나라가 있다. 구라파는 그 지역의 말로는 '큰 서쪽'이라는 뜻이다. 그 나라에 한 도道가 있어서 기례달伎禮怛(크리스천)이라고 한다. 그 지역 말로는 '하늘을 섬긴다'는 말이다. 그 도는 유교도 아니고, 불교도 아니고, 선교仙教도 아닌, 별도로 한 갈래를 세운 것이다. 무릇 마음을 먹고 일을 행할 때 하늘의 뜻에 어긋나지 않아야 한다고 한다. 그리고 제각각 천존天尊의 상像을 그려서 봉안하고 섬기며, 부처와 노자老子와 같이 우리 교教를 배척하여 원수처럼 여긴다. 우리의 도에 대해서 기술한 바가 많지만, 큰 근본에서는 현격히 다르다. 불교에 대해서는 윤회설을 깊이 배척하지만, 천당과 지옥은 있다고 말한다. 그 풍속에는 혼인하는 것을 숭상하지 않으며, 평생 동안 여색을 가까이하지 않는 자를 가리어 군장君長으로 삼고, 교황이라고 부르며, 천주를 계승하여 가르침을 반포하는데, 대대로 세습하여 계승하지 않고, 현인賢人을 가려 세운다. 사사로운 집이 없고, 오직 공무公務만 보며, 또 아들이 없고, 오직 백성을 아들로 삼는다.

유몽인이 기술한 천주교를 중국에 제일 먼저 들여온 사람은 이탈리아 선교사인 마테오 리치였다. 유몽인이 《어우야담》에 쓴 것처럼 그는 1580년 마카오에 들어와 소주와 남창을 돌아다니며 선교에 힘을 기울였다. 1587년에는 남경으로 들어가 그 지역의 고관과 명사들에게 천문과 지리를 비롯한 여러 학문을 가르쳤다. 그리고 1601년에는 명나라 황제 신종의 눈에 들어서 북경에서 선교를 할 수 있게 되었고, 북경의 선무문 안에 성당도 지었다.

또한 마테오 리치는 한문으로 《천주실의》를 지었다. 천주는 상제上帝를 말하고, 실實은 비지 않았음을 말한다. 이는 노자와 불교의 공空과 무無를 배척한 것이다. 그는 중국 최초의 지도인 〈곤여만국지도坤輿萬國地圖〉를 제작하기도 했다. 이 지도는 1603년 명나라에 사신으로 갔던 이광정이 구해 와서 홍문관에 보냈다. 유몽인은 이어서 예수에 대한 이야기와 조선에 들어오게 된 배경을 다음과 같이 말한다.

> 그 나라에 내려온 동정녀는 혼인하지 않고 잉태하여 아들을 낳았는데, 야소耶蘇(예수)라고 했다. '야소'라는 말은 '세상을 구한다'는 뜻인데, 몸소 종교를 세웠다. (……)
>
> 지난날 일본 장수 평행장平行長은 이 도를 존중하였다고 하는데, 오직 우리나라에만 알려지지 않았다. 허균이 중국에 이르러 그 지도와 찬송가 12장을 얻어왔다.

그 뒤의 천주교에 대한 이야기는 안정복이 지은 《순암집順菴集》 제17권 〈천학고天學考〉에 실려 있다.

> 서양의 책이 선조 말년에 동쪽으로 왔다. 그런데 이름난 벼슬아치나 큰 선비들이 보지 않는 사람이 없다. 그리하여 그것을 제자백가와 도교, 불교

등과 견주어 보면서 서재의 진귀한 것으로 갖추어 두고 있다. (……) 어떤 사람이 말하기를, 고금을 통하여 하늘의 학을 말하는 사람이 있었는데, 그런 중에서도 옛적에는 추연이 있었고, 우리나라에는 허균이 있다.

안정복의 글에 따르면 당시 고관대작이나 수많은 선비가 《천주실의》를 비롯한 천주학 관련 책을 암암리에 많이 읽었음을 알 수 있다. 박지원 역시 《열하일기》에서 서교, 즉 천주교의 법이 윤리를 허물고 유교를 돌아보지 않으며 남녀가 섞여 지내고 상하 간의 분별이 없다고 비난했다. 연암의 뒤를 이어 이규경은 허균이 천주학 책을 가져왔을 뿐만 아니라 독실하게 믿었다고 하면서 허균이 처음 천주교의 책을 얻어 와서 읽어 보고는 "남녀의 정욕은 곧 천성이요, 윤기倫紀의 구분은 성인이 가르친 것이다. 하늘이 성인을 내어 가장 높였으니, 나는 하늘을 따를 것이요, 성인을 따르지는 않겠다"라고 말했다고 했다. 그러니 그가 천주를 믿은 조짐이 이에서 나타났다.

이탁오의 글을 접하다

그 무렵 허균은 새로운 사람을 만나게 된다. 그가 바로 중국 역사상 최대의 이단아인 이탁오李卓吾다. 허균이 세 번째로 중국에 갔던 1615년에 사 왔을 것이라고 추정하는 이탁오의 글이 《한정록》 제13권에 다음과 같이 실려 있다.

나는 일찍이 바둑은 세상을 피할 수 있고, 잠은 세상을 잊을 수 있다고 생각했다. 그러나 바둑은 짝을 지어 밭을 가는 장저長沮 · 걸닉桀溺과 같아서 한쪽이 없으면 할 수 없지만, 잠은 바람을 타고 다니는 열자列子와 같아서 홀로 가고 홀로 올 수 있으니, 아, 훌륭하다. 희이希夷(송나라 진박陳搏의 호)여, 잠의 뜻을 깊이 터득하였구나.

—《이씨분서李氏焚書》 이상은 바둑에 대해 말했다.

이씨는 명나라의 사상가인 이탁오를 이르는 말이다. 명나라에서 이탁오는 '유교반도儒教叛徒'로 알려져 있으며, 이단異端의 대명사였는데, 허균이 그의 책을 가져온 것이다. 이탁오의 저서로는 《장서藏書》와 《속장서續藏書》 그리고 《분서焚書》와 《속분서續焚書》가 있다. 그런 이탁오의 책을 가지고 온 허균의 마음과 일맥상통한 글이 아마도 그의 친구인 경정리의 형 경정향이 이탁오에게 보낸 글일지도 모른다. 그는 39세에 남직례南直隷에 숭정서원崇正書院을 창건하여 천하의 인재들을 구름같이 모여들게 했던 사람이다.

그는 맛있는 음식을 좋아하는 것이 성性이라고 했다. 나 역시 성이라고 한다. 인륜을 모르는 수치를 경계하고 연희와 향연의 예를 바로잡은 것은 성인이 성을 다한 것이다. 진준陳遵이 군주를 보좌하면서 마음껏 마신 것 역시 솔성무애率性無碍(거리낌 없이 본성을 따름)라고는 감히 말할 수 없다. 그는 아름다운 색色을 좋아하는 것이 성이라고 한다. 나 역시 성이라고 한다. 남녀가 정분이 나서 담을 넘는 추한 행실을 천시하고 남녀의 구별을 삼가는 것은 성인이 성을 다한 것이다. 사마상여司馬相如가 비파 연주로 탁씨네 여인을 유혹한 것 역시 솔성무애라고는 감히 말할 수 없다. 그는 불끈 분노하는 것이 성이라고 한다. 나 역시 성이라고 한다.

천하의 일로 분노하여 공자가 밀조密徂를 막고 정묘正卯를 주벌한 것은, 성인이 성을 다한 것이다. 왕수가 방자하게 굴어 위공魏公에게 허물을 입히고 호곤胡寬이 신의를 잃어 주희朱熹에게 비난이 돌아가게 한 것 역시 솔성무애라고는 감히 할 수 없다. (……) 구구하나마 네 생각으로는 똑똑하고 뛰어난 자들이 그 때문에 사람과 금수 사이의 이 미미한 경계에서 혼동을 느껴 큰 고통이 될까 봐 걱정이다.

경정향의 이 진성론盡性論은 이탁오만이 아니라 허균에게도 적용되는 것이다. 허균이 그의 글 도처에서 주장했던 것이 바로 이 진성론과 비슷한 내용이다. 허균은 이탁오의 《분서》를 읽으며 머지않은 훗날 이탁오와 같이 비명에 갈 스스로의 운명을 예감했던 것은 아닐까.

제4부

혁명이 시작되다

폐모론의 시작

1615년 1월 광해군은 서울과 시골에 교서를 반포해 인목대비의 죄상을 알렸다. 그 교서에서 저주의 일과 흉측한 글(격문을 뜻함)을 돌린 사실을 강조했다. 이원익은 반포한 교서를 보더니 탄식하며 "이 일은 윤상倫常에 관계되는 것이니, 종척宗戚의 늙은 신하인 나 같은 자가 감히 한 번 죽음을 아껴서 한마디 없을 수 있으랴" 하며 차자箚子(격식 없이 사실만 간단히 적어 올리던 상소문)를 올렸다.

> 어머니가 비록 자식을 사랑하지 않더라도 자식은 어머니에게 효도하지 않을 수 없습니다. 어머니와 자식 사이는 명분이 지극히 크고 윤기倫紀가 무겁기 때문입니다. 성스럽고 밝은 전하의 시대에 어찌 이런 일이 있겠습니까? 저주와 흉측한 글은 역적들의 사주에서 나온 것이고, 궁녀들이 한 짓이지, 대비가 직접 관여한 것은 아닙니다.
>
> –《광해군일기》 광해군 7년 2월 5일

그러나 이원익의 차자를 받은 임금은 크게 노했다.

"경은 어디에서 이와 같은 근거 없는 말을 듣고 문자로 나타내어 여러 사람을 놀라게 하는가? 마땅히 바른 대로 진술하여 대답하게나."

그러자 이원익은 다음과 같이 답했다.

"계축년에 그런 논의를 낸 사람들이 다시 대각臺閣에 있으므로, 신의 마음이 크게 의심하는 것은 이 때문입니다."

– 김시양, 《하담파적록》

삼사에서는 이원익의 관직을 삭탈하고 성문 밖으로 내쫓고, 이에 동조한 남이공은 멀리 귀양 보내 위리안치 하도록 청했다. 그러나 광해군은 그들의 말을 듣지 않았다.

내가 평상시에 대비를 섬김에 효도를 다하지 못하여 궁중은 망측한 참변을 만나고, 대신이 처우함에 정성스럽지 못하여 천고에 없었던 악명을 얻게 되어 다만 밤낮으로 나 자신을 책망할 뿐인데, 어찌 남의 허물을 탓하랴.

그러나 광해군은 집요한 삼사의 요청을 받아들여 이원익은 홍주에, 남이공은 송화에 유배를 보내고 말았다. 《일월록》에 실린 이원익이 유배지에서 쓴 글을 보자.

이때 원익이 오랫동안 충원忠原에 있으면서 항상 하늘을 쳐다보고 한숨

쉬었다. 친구들이 보낸 한 됫박의 쌀과 한 치의 베(布)도 받지 아니하고 손수 짚으로 자리를 짜면서 세월을 보내었다.

당시 광해군은 인목대비를 모시고 창덕궁에서 경운궁으로 옮겨서 머물다가 혼자서 창덕궁으로 되돌아갔다. 인목대비를 서궁에 유폐하기 위한 일종의 절차였다. 광해군은 여러 지시를 내렸다. 대궐에 사나운 귀신이 있으니, 화포장 20명을 동원하여 이틀에 걸쳐 대궐과 동궁에 총포를 쏘라고 했다. 그리고 을묘년 3월 17일 "대비께서 거처를 옮기신 후에 북문 밖의 대비 궁전 근처에는 담 밖 사면에 군사가 있는 작은 성을 만들고, 군사들을 배치하여 잡인의 출입을 엄하게 지키고, 또 창덕궁과 창경궁의 가위장假衛將을 전부 지휘하며 경운궁의 사면을 숙직게 하라"라는 전교를 내렸다. 나머지 한 가지가 사헌부 집의 이하의 관원들에게 차례로 경운궁에 입직하여 모든 일을 살펴서 보고하게 한 것이었다.

1615년 6월 21일에 유학幼學 조숙이 "대비를 한 궁 안에 받들지 않고서, 다만 이원익을 죄주어 사람들의 입을 막는 것으로서 방법을 삼으니, 이는 마치 물을 끓이면서 끓는 것을 그치게 하려는 것과 같은 것입니다"라며 대비를 어머니로서 공경하는 것이 예의이고 충정을 다하는 신하들을 옹호하라는 소를 올렸다. 임금의 어머니인 인목대비가 어린 자식마저 비명에 가게 하고 서궁에 유폐되어 있는 것을 많은 사람들이 안타까워했다. 그런 연유로 당시 사람들의 입에 오르내렸던 시詩가 서궁의 호위를 맡았던 조우인이 지은 시였다.

적막한 행랑에 새소리만 슬프구나
대낮의 빈 뜰은 풀숲에 가려졌네
(……)
제비는 옛 주인 찾아 주렴 틈새로 날아들고
나비는 시든 꽃 따라 섬돌 모퉁이에 노니네
(……)
저녁 무렵 주렴 그림자 어두워지기를 앉아 기다리니
박쥐만이 나는 파리를 낚아채는 구나

형조판서가 되다

1616년(광해군 8, 병진) 4월에 허균은 사직제조社稷提調가 되었으며, 5월 11일 변무辨誣의 공을 세웠다 하여 정2품의 형조판서가 되었다. 우여곡절을 겪으며 오랜 세월 벼슬살이를 하는 동안 가장 높은 품계의 벼슬에 오른 것이다. 더불어 허균은 그 공을 인정받아 녹비를 왕으로부터 받았으며, 이어서 동지사 겸 진주부사의 공으로 토지 전田 20결과 노비 네 명을 받았다. 허균에 대한 광해군의 신임이 두터워졌고, 이이첨도 그를 가까이서 보살펴 주었다.

그러나 1616년 10월 8일 지난날 과거에서 몇 사람을 부정으로 합격시킨 것이 밝혀져 "허균은 품질이 높은 재신으로서 죄인에게 글을 보내어 원정元情의 초기草記를 구해 보고자 하였으니, 일이 매우 놀랍다. 마땅히 잡아다 국문하여 무겁게 다스려야 한다. 다만 허균은 만 리 먼 길을 칙서를 받들고 왔으며 직접 역모를 범한 것은 아니니, 우선 관대한 법을 따라 파직하여 뒷날을 경계하도록 하라"라는 탄핵을 받았다. 형조판서에 오른 지 3개월 만의 일이었다.

모든 것이 잘 되어가던 때 허균은 자신의 운명을 바꾸는 모험에 뛰어들게 된다. 인목대비 폐위 사건에 개입하게 된 것이다. 그때의 상황을 정주동은《홍길동전 연구》에 다음과 같이 실었다.

> 이이첨의 이용물이 된 허균이 그 본심이 아닌 행동에 세인들의 의혹도 있었으나 이로부터 그의 무기인 문장과 학술로서 광해 6~7년에 두 번씩이나 중국에 드나들면서 활약하여 왕의 두터운 신임을 얻기에 성공하여 일약 왕의 반열에 이르러 세론의 요지부동의 터전을 만들고 일방 자기가 두둔하던 인목대비를 도리어 폐위함을 극론하고, 이를 반대하는 무리를 호역의 당이라고 몰아쳐 죄상을 감추려 했던 것이다.

그해 가을부터 대비를 폐하자는 의논이 다시 일어났다. 서신과 송문규 등이 이이첨의 명을 받아 서로 잇달아 소를 올려 벌주기를 청하였고, 정조 · 윤인 · 유숙 등이 삼사를 나누어 점거하고서 7대신을 귀양 보내라고 청했다.

1616년 12월 21일 진사進士 윤선도가 임금에게 다음과 같이 상소했다.

> 삼가 아뢥니다. (……) 신하 된 자가 참으로 나라의 권세를 오로지 쥐게

되면 자기의 복심腹心을 요직에 포열布列시켜 상과 벌을 자기에게서 나오게 합니다. 설령 어진 자가 이렇게 해도 안 될 일인데, 만약 어질지 못한 자가 이와 같이 한다면 나라가 또한 위태하지 않겠습니까. 지금 훌륭하신 상께서 위에 계시어 임금과 신하가 각기 자신의 직분을 다하고 있으니 이러한 자가 없어야 마땅하겠습니다만, 신이 삼가 예조판서 이이첨의 하는 짓을 보니 불행히도 이에 가까우므로 신은 삼가 괴이하게 생각합니다. (……)

이이첨의 네 아들이 모두 미리 시험 문제를 알아내거나 차작借作을 하여 과거에 오른 일에 대해서 온 나라 사람들이 모두 말을 하고 있습니다. 대개 그 네 아들이 혹은 많은 사람들에게 알려진 재주와 명망이 없는데도 잇따라 장원을 차지하기도 하였고 혹은 전혀 문장을 짓는 실력이 없는데도 과거에 너무 쉽게 오르기도 하였기 때문입니다. 그러나 이이첨의 도당이 이미 과거를 자신들의 소유물로 삼았다면, 이이첨의 아들들에 대한 일은 많은 말로 논변할 것도 없기 때문에 신은 다시 운운하지 않겠습니다.

윤선도는 이이첨의 잘못을 조목조목 지적하면서 그를 내칠 것을 건의했다. 하지만 임금은 그의 요청을 받아들이지 않았다. 그 뒤에 양사의 합계로 "윤선도를 외딴 섬에 안치安置하라. 윤유기尹惟幾는 윤선도와는 전혀 다르니 단지 관작을 삭탈하기만 하여 시골로 내려 보내라"라고 전교했다. 그해 12월 23일에 이이첨이 사직서를 올렸다. 그러자 임금은 "내가 지금 병을 앓고 있으니 이러한 때에 약방제조는 출사하지 않아서는 안 된다. 들어가지 말고 편안한 마음으로 속히 나와 직무를 보도록 하라"라고 전교했다. 이이첨을 신뢰하는 광해군의 변함없는 마음이었다.

경운궁에 날아든 익명의 흉서

허균이 자신의 심복들에게 폐비를 주장하는 상소를 올리던 시절, 경운궁에 유폐된 인목대비는 여론에 의해 폐비가 될 날만 기다리고 있었다. 그리고1617년 1월 20일 경운궁에 약시투격約矢投檄 사건이 일어났다. 그날 새벽에 인목대비가 외부와의 교류가 막힌 채 혼자 거처하고 있는 경운궁에 화살에 동여매인 익명서가 날아들었다는 것이다. 그날의 《광해군일기》를 보자.

"해가 막 뜰 때쯤 동소東所에 입번入番한 겸사복 김윤황이, 어제 내약방內藥房 동쪽 뜰에 백지白紙에 싸인 장전長箭 하나가 땅에 떨어져 있는 것을 보고, 가지고 와서 고하였습니다. 그 장전을 살펴보니 과연 백지 한 조각을 찢어서 붙였는데, 그 안에 무슨 물건이 들어 있는지 모르겠습니다. 이에 감히 열어 보지 못하고 감봉監封하여 계달합니다."

임금은 알았다고 전교했다. 그런데 그 격문은 글 내용과 자획이 아주 정교하였으며, 글 중에는 가끔 은어隱語를 사용했다. 또 큰 동그라미와 작은 동그라미를 사용하여 구별 지었으며, 주상의 허물을 나열하면서는 "서자로 외람되이 왕위에 올랐으며, 아비를 죽이고 형을 죽였다"라고 했다.

그리고 또 "산山과 천川은 이미 끝났고 원해가 장차 이루어질 것이다(山川

已矣 原海將成)"라는 구절이 있었는데, 산은 금산군錦山君 이성윤李誠胤을 가리키고, 천은 귀천군龜川君 이수李睟를 가리키며, 원해라는 글자 역시 종실인 원해군原海君을 가리킨다. 또 "유씨柳氏를 협박하고 박씨朴氏를 몰아치고 기씨奇氏를 강제한다(脅柳驅朴勒奇)"라는 구절이 있었는데, 이는 대개 이달 28일에 거병하고자 하면서, 대비에게 밀부密符를 내주기를 청하여 서로 호응하게 하려는 뜻이다.

분병조分兵曹에서 아뢴 글이다. 이 사실을 보고받은 임금은 크게 놀라 대신大臣, 삼사三司, 대장大將을 불러 상의하게 했다. 그때 영의정 기자헌은 다음과 같이 말했다.

지난가을에 신의 집에서도 이와 같이 화살에 매어 쏘아 넣은 일이 있었는데, 이것은 신 한 사람만 지적하였기에 익명서라 치부하고서 내버려 두었습니다. 지금 삼가 화살에 매인 글을 보니, 그 말이 흉악하고 참혹하여 차마 볼 수가 없었습니다. 만약 이것이 참말이라면 그가 어찌하여 드러내 놓고 상변上變하지 않고서 이와 같이 익명으로 하겠습니까. 신이 지난번에 헌의하면서 이른바 '그의 뜻으로 말하자면 차마 아뢰지 못하겠다'고 한 것이 바로 이러한 일을 두고 한 말입니다. 무릇 드러내 놓고 고하는 경우에도 사실이 아닌 경우가 오히려 많은데, 더구나 이런 익명서야 더 말해 뭐하겠습니까. 이것은 간사한 사람이 화를 남에게 넘겨씌우려는 계책이고, 반드시 다른 일은 없을 것입니다.

그러나 왕은 기자헌의 말을 듣지 않고 그 격서를 쏘아 넣은 범인을 하루속히 붙잡으라고 명했다. 1월 21일 기자헌은 자신의 이름이 흉서에 실려 있었다면서 사직을 청했다. 광해군은 기자헌의 사직을 허락하지 않았다.

익명서는 어째서 서궁(경운궁)으로 날아왔을까? 당시 인목대비는 궁중에서 가장 어른이었다. 그러므로 반정을 하려면 명분상 인목대비의 윤허가 필요했다. 그런 연유로 인목대비가 기거하던 서궁에 반정을 하겠다는 내용의 격문을 던진 것으로 보인다.

경운궁 익명서 사건이 일어난 지 나흘 뒤인 24일 왕이 "내일부터 삼청동 및 산골짜기 계곡에서 모여 술 마시고 활 쏘는 사람을 엄히 금하되, 착실히 거행하는 일을 병조로 하여금 살펴서 하게 하라"라고 전교했다. 그래도 조정의 인심이 흉흉하자 1월 26일에는 왕이 익명서의 범인을 잡으라는 현상금을 내걸었다.

> 거짓이든 참이든 간에 이미 화살에 매어 익명서를 투입한 변고가 있는데도 어찌하여 대신은 의론을 아뢰지 않고서 도피하고 있으며, 의금부에서도 의논해 아뢰지 않는가. 옛날에도 상을 걸고 죄인을 찾는 일이 있었으니, 후한 상을 걸고 진범을 고발하게 하면 될 것이다. (……)
>
> 이들의 역적모의를 고변하는 자는 상금으로 은 100냥을 주고 부원군으로 봉하겠다. 그 무리 가운데 나와서 고하는 자는 역시 상금으로 은 1500냥을 주고 부원군으로 봉하겠다. 나는 식언하지 않으니, 너희들을 속일까 의심하지 마라.

이전에도 이후에도 이런 파격적인 포상금은 없었을 것이다. 이 소식을 듣고 당황한 허균은 따르는 무리 40여 명을 삼청동에 모아 놓고 대책을 세우기도 했다.

왕의 전교가 있은 뒤, 종로와 남대문 길가에 범인을 고발하라는 방이 나붙었다. 그러나 왕의 조치를 비웃기라도 하듯 그와 유사한 익명서가 대궐의 기둥에 어김없이 꽂혀 있었다.

1월 28일은 익명서를 쓴 이들이 대궐을 침범하겠다고 밝힌 날이었다. 광해군은 대궐을 철통같이 방비하라고 명령하여 병조판서 박승종은 군사를 몇 겹으로 배치하고 밤새 수비를 펼쳤다. 이이첨은 가족들에게 검을 주면서 "역적들에게 패하였다는 소식을 들으면 자결하라"라고 말하는 비장한 모습을 보였다. 이것은 자신의 흉계를 가족들에게까지 속이기 위해 위장한 것이라고 《실록》은 기록했다. 하지만 결과는 마찬가지였다. 광해군이 이런 조치를 취했는데도 그날 밤에도 어김없이 익명서가 날아들었다.

기자헌은 광해군이 자신의 말을 듣지 않자 말을 타고 성 밖으로 나가 곧바로 강릉의 절로 들어가 나오지 않았다. 복잡한 국사를 혼자 결정할 수 없는 광해군이 승지 이홍주를 보내 불렀으나 오지 않고, 강릉에서 차자를 올려서 화살에 꽂힌 글의 변고는 그것을 한 사람이 있다고 진술했다. 그리고 사람들이 "이런 짓을 한 사람이 있다"라고 말한다면서 "어떤 사람이 이런 짓을 하였을까?(如許人如許)"라는 문구를 넣어 허균이 한 짓임을 은연중에 암시했다. 기자헌은 그때 '허許' 자를 많이 넣어서 글자를 만들어 허균의 짓임을 지목하고는 "그 흉격의 내용은 허무맹랑하니 이루어질 리 없다. 나는 오래 정승을 했으니 이제 그만두겠다"라고 말했다. 그러나 허균을 신뢰하는 왕은 기자헌의 말을 믿지 않았다. 이때부터 기자헌과 허균은 다시 화해할 수 없는 원수 사이가 되었다.

민인길의 허균 고발

나라가 경운궁의 익명서 사건으로 뒤숭숭하던 1617년 2월 1일 사용司勇 민인길(이재용의 처삼촌)이 비밀 상소를 올렸다.

> 신이 오늘 아침에 별장別將의 직소直所에 있었는데, 학관學官 이원형이 와서 신을 보고는 말하기를 "이번의 이 흉격을 이재영이 지은 일을 교산이 영공令公에게 말하였는데, 영공이 명가名家에 전하였다고 어떤 사람이 나에게 말했다. 영공은 그 사실을 알고 있는가?" 하기에, 신이 답하기를 "그 말을 비록 듣지 못하였으나, 이미 그런 말이 있다. 어느 곳에서 그 말을 들었는가?"라고 하였습니다. 그러자 이원형이 말이 나온 곳을 말하지 않고 다만 말하기를 "나에게 말해 준 사람에게 다시 물어서 말해 주겠다"라고 했습니다.

민인길이 지목한 교산은 허균의 호이고, '그 흉악한 투서는 허균의 친구인 이재영의 짓'이라는 것이었다.

허균을 고발한 민인길은 허균의 사위인 이사성의 집안사람이고, 오래전부터 허균과 친교가 있는 사람이었다. 그는 허균의 〈병오기행〉에도 등장한다. 허균이 명나라 사신인 주지번을 영접하러 가던 길에 접한 민인길에 대한 글을 보자.

> 생양에서 점심을 먹고 황주에서 묵었다. 민숙정(민인길의 자)이 문 중간에 있으므로 나는 상사의 왕장반에게 귀띔을 하여 그의 뺨을 후려치게 하였더니 숙정은 아슬아슬하게 피하였으니 재미있다.

아마도 민인길이 졸고 있었던 모양이다. 그처럼 장난을 할 정도로 가깝게 지냈던 인연이 돈에 눈이 어두워지자 허균을 고발하는 지경에까지 이른 것이다. 그러자 허균도 가만히 있지 않고 "민인길의 말은 허망하고 사실이 아니다"라는 상소를 올렸다. 허균의 상소에 이어 그의 친구 이재영과 허균의 사위인 활인서 별좌 이사성, 허균의 식객이었던 이원형 등이 번갈아 허균의 무죄를 주장하는 상소를 올렸다. 그때 사헌부와 사간원에서도 허균의 편을 들었으므로 민인길이 죄인으로 몰리고 말았는데, 그것은 당시 허균의 심복들이 조정에 많이 있었기 때문이다.

그런데 민인길의 비밀 상소가 이재영이 썼다고 알려지게 되었고, 그때부터 허균과 이재영의 사이도 소원해졌다.

인목대비 폐출에 대한 의견 분분

이렇게 조정이 어수선하던 1617년 3월 9일 흉미로운 모임이 만들어진

다. 당시의 실력자였던 이이첨, 박승종, 유희분 세 사람이 평생 변하지 말고 뜻을 같이하며 살자는 결의를 맺은 것이다. 이들의 모임 이름은 '삼창결의三昌結義'였고, 별칭은 '과원果園의 모임'이었다. 당시 나라의 알 만한 사람들은 이 세 사람을 '삼창'이라고 불렀다. 그들이 왕의 측근으로서 광창부원군은 대북파의 우두머리인 이이첨이고, 밀창부원군은 박승종이며, 문창부원군 유희분은 왕의 처남이자 소북파의 우두머리였기 때문이다. 이들 모임은 박승종과 유희분 등이 폐모론을 반대하기 때문에 이이첨이 자기 처지가 크게 궁색해지자 그들과 동맹을 맺으려 만든 자리였다.

박승종과 이이첨은 사돈지간으로 맺어진 인연이기도 했는데 이이첨은 자신의 약한 입지를 강화하기 위해 딸을 박승종의 아들(박자흥)에게 시집보냈다. 즉 이이첨은 박승종과 사돈이 된 것이다. 그리고 곧 박자흥의 딸(이이첨의 외손녀)이 세자빈으로 간택되었다. 그리하여 박자흥과 이이첨은 왕실의 외척이 되었다.

이들 세 사람이 똘똘 뭉쳐서 국권을 농락한다는 사실을 알고 일찍이 그들의 잘못을 다스리라는 상소문을 올린 사람이 윤선도다.

> 아, 이이첨의 도당이 날로 아래에서 번성하고 전하의 형세는 날로 위에서 고립되고 있으니, 어찌 참으로 위태하지 않겠습니까. 그러나 전하를 위하여 말을 하는 자가 없습니다. 아, 우리나라의 삼백여 개의 군에 의로운 선비가 한 사람도 없다는 말입니까. 유희분과 박승종 같은 자들은 의리상 휴척을 함께해야 하는데도, 오로지 몸을 온전히 하고 처자를 보호할 마음으로 임금의 위망을 먼 산 보듯이 하며 구제하지 아니하니, 그들이 임금을

잊고 나라를 저버린 죄가 큽니다.

(……)

삼가 바라건대 성상께서는 어리석은 신이 앞뒤로 올린 글을 자세히 살피시고 더욱 깊이 생각하시어, 먼저 이이첨이 위복을 멋대로 농단한 죄를 다스리시고, 다음에 유희분과 박승종이 임금을 잊고 나라를 저버린 죄를 다스리소서.

-《광해군일기》 광해군 8년 12월 21일

윤선도가 상소문에서 지적한 대로 이 세 사람의 위세는 하늘을 찌를 만큼 높아서 그 누구도 그들을 제어할 수 없는 분위기였다. 장원서掌苑署에서 결의를 맺고 축하연을 가진 그들은 그곳에서 자기들의 의사에 맞지 않는 몇 사람을 내치자고 결정했다. 제일 먼저 도마에 오른 사람이 정조 형제였다. 그 사실을 알고 크게 분노한 정조는 이이첨의 집 대문에다 다음과 같은 내용의 시를 써서 붙였다.

만나면 반갑다고 호들갑 떨었지 (層層相親事事忙)
바쁘게 왕래한 것이 어제 일 같은데, 어느 사이 꼬였네 (忙中之事摠洋裝)
정원에 핀 저 꽃은 봄날에만 피지만 (園花只在春三月)
꽃이 가지에서 떨어지면 향기 역시 저절로 끊어지네 (散落枝頭自斷香)

고금을 막론하고 좋은 시절이 지나면 굳게 맺었던 동맹이라도 금세 깨질 것이라는 내용이었다. 광해군도 병중에 그 모임이 만들어진 것을 기뻐

했으나 결국 그들은 끝내 화합하지 못했고 모임도 깨지고 말았다.

광해군은 그해 5월에 임진왜란 때 불타버린 경덕궁과 인경궁을 새로 짓도록 지시를 내렸다. 그때 광해군이 거처할 곳이 마땅치 않았으므로 그해 완공을 목표로 서두르라고 재촉했다. 그러나 공사는 빨리 진척되지 않고 지지부진하기만 했다. 임진왜란과 정유재란이 일어나 나라 경제가 피폐해지기도 했지만, 무엇보다 관료들의 기강이 해이해졌기 때문이다.

> 오늘날 인심은 흉흉하고 새 대궐에 내가 옮겨 갔지만 좁아서 대궐을 새로 지어야 한다. 그런데 사대부들이 집을 짓는데, 기술이 좋은 목수들을 다 빼내 가서 일할 사람이 없다고 한다. 급하게 불러 모으니 서울 장안의 목수는 절름발이 노인들 몇 사람뿐이라서 일을 시작할 상황이 아니니 참으로 한심한 일이다. 어찌하여 사대부들 집 단장에 그렇게 많은 목수들이 필요하단 말인가?
>
> -《광해군일기》 광해군 9년 5월 25일

조선의 국왕인 광해군의 이렇게도 저렇게도 할 수 없는 무력함을 피력하는 넋두리다. 전쟁의 상처가 가시지 않았기 때문에 백성들은 최소한의 생존도 할 수 없어 유리걸식하는 사람들이 날로 늘어나고 있었다. 그런데도 고관대작들은 뇌물을 받아 고대광실 같은 집을 짓느라 어명까지도 무시하고 있었던 것이다. 고관대작뿐 아니라 병사, 수사, 목사 등 아래위 가릴 것 없이 뇌물 수수가 판을 쳤다.

이렇게 나라의 상황이 어지럽게 돌아가자 자연스레 경운궁 흉서 사건은 수면 아래로 잠시 묻혔다. 그해 가을부터 허균과 이이첨은 힘을 합해 무뢰배들을 불러 모았다. 시골 구석구석의 비렁뱅이들이 날로 허균의 집 앞에 모여들어 옷을 얻어 입고 밥을 얻어먹게 되었다. 그들은 선비의 옷을 갖추어 입고 날마다 패역悖逆한 말을 올렸으며, 이건원과 한보길 등은 대비를 욕하면서 역적이라고 말했다.

이때부터 허균은 문을 열어 소청疏廳을 설치하고 손수 소疏를 준비하여 글을 늘이기도 줄이기도 하면서 문장을 만들어 날마다 예닐곱 번이나 올렸다. 또 성균관과 사학四學의 유생을 시켜 대궐문 앞에 엎드려 대비를 폐하도록 청하는 한편, 허균의 무리 김개와 원종은 안에 들어가서 일을 꾀하도록 했다. 이때 한효순은 거의 죽게 될 나이로서 겨우 목숨이 붙어 있는 형편이었는데, 이이첨의 문간에 굽실거려 정승의 관직을 얻었다. 그때부터 이이첨의 명을 받아 마치 개와 파리처럼 행동하므로 사람들은 반드시 이 사람이 큰일을 저지를 것이라고 했다.

10월 3일에는 영의정 기자헌이 "대비를 폐하는 일은 일찍이 없던 일이므로 놀라고 당황하여 어떻게 처리해야 인심을 복종시키고 천하 후세에 변명할 말이 있을지 모르겠다"라는 내용으로 차자를 올렸다. 13일에는 박승종이 건강이 나쁘다며 사직을 청했다. 그 속내는 허균을 비롯한 강경파가 인목대비를 폐위하기 위해 정치적 공세에 나설 것이 분명했기 때문에 훗날의 화근을 미리 방지하기 위해서였다. 하지만 22일에 대사헌 이각과 대사간 윤인, 부제학 정조가 대비를 폐하여 내쫓아야 한다는 의논을 바로 꺼냈다. 그리고 그 자리에 합석한 사람들을 향하여 "이 일을 순종하고 거역하는 것으로 죽고 사는 것이 결정될 것입니다"라며 위협했다. 그 말을 들은 공경대부들은 몹시 두려워 얼굴빛이 변하였고, 유생이나 벼슬을 떠나 집에서 한가하게 지내던 사람들도 놀라 멀리 도망치고 말았다.

23일에 사인舍人 유충립이 봉해서 내린 유생들의 소 아홉 통을 초저녁에 영의정 기자헌에게 가지고 가서 전하자 기자헌은 "지금은 날이 저물었을 뿐만 아니라 대신이 먼저 의견을 드려야 될 것이니 우의정에게 가서 전하라"라고 말했다. 유충립이 우의정에게 가져가자 한효순은 "지금 병으로 휴가를 청하는 중이므로 정신이 흐려서 감히 열어볼 수 없다"라고 답했다. 유충립이 다시 이러한 상황을 기자헌에게 전하자 "오성(이항복)과 봉래(정창연)도 모두 대신의 반열에 있으니, 낭청을 시켜 가서 의논하게 하고, 좌의정에게도 한 통을 동시에 보내지 않으면 안 된다"라고 대답했다. 당시 대신들 중 어느 누구도 그 일에 책임지기를 꺼려했다. 그 일이 있은 직후 곧바로 기자헌이 차자를 올렸다.

> 신은 본래 배운 것이 없는 사람으로서 마침 인재가 모자라는 시기를 당하여 의정부의 자리를 채웠습니다. 이제 신이 주장하여 대비를 폐한다면 국사에 '아무개가 함부로 대비를 폐했다'고 기록되어 신만이 만세의 죄인으로 기록될 것입니다. (……)
>
> 지금 영부사 이항복과 좌의정 정인홍은 밖에 있으며, 우의정 한효순은 병으로 휴가를 청하고 나오지 않은 지가 몇 달이 되어 홀로 신만이 서울에 있사온데, 이 같은 막중막대한 일을 어찌 혼자서 잘 처리하겠습니까?

기자헌은 중국의 여러 예를 들면서 중국 사람들은 욕심이 많기 때문에 이 일을 가지고 수만 냥의 뇌물을 요구한다면 어떻게 되겠느냐며 그 처리의 불가함을 들었다. 이때 허균이 김개와 이강을 시켜 호남과 영남의 무뢰배를 꾀어 모아서 거짓으로 유생처럼 하여 서로 잇달아 소를 올렸는데, 이항복의 《백사집》에는 그 무렵의 상황이 다음과 같이 실려 있다.

> 정사년 가을에 폐모론이 마침내 결정되어 이이첨, 김개, 허균 등이 역적 무리를 불러서 상소문을 들고 대궐에 들어갔는데, 외람되이 태학생太學生이라 칭하는 자들 또한 사주를 받고 모여들어 날로 그 수를 헤아릴 수가 없었다. 그들이 주장했던 것은 '먼저 화근을 제거하고, 다음은 영상(기자헌)이 역적의 괴수를 두호한 죄를 다스려야 한다'는 것이었다.

당시 여론은 여러 갈래로 나뉘어 있었다. 인목대비를 지금 당장 몰아내야 한다는 강경파가 허균을 비롯한 세력이었다면, 명나라에 인목대비 문제를 보고한 뒤 허락을 받고서 폐출하자는 온건파는 이이첨 세력이었다. 또 하나는 절대 폐출해서는 안 된다는 이항복과 기자헌 같은 세력이 있었다.

11월 26일에 영의정 기자헌은 도당에 나와 조정 배관들의 의견을 받아들였다. 그러나 대부분의 관리들은 자신의 생각을 소신껏 밝히지 못한 채 묘당廟堂에서 선처할 일이라고 책임을 유보했다. 당시 여론에 따라 폐비를 찬성했다가 역사의 죄인으로 남을 것을 두려워했기 때문이다. 그러나 당장 대비를 폐위하기로 결정한 광해군의 입장을 정면으로 거절하기도 쉽지 않았기 때문에 어중간한 입장을 취할 수밖에 없었다. 《어우야담》을 지은 유몽인은 이렇게 말했다.

저는 본래 편협한 소견과 얄팍한 지식으로 고금의 사실을 널리 통달하지 못했고 또 사리를 잘 분별하지도 못합니다. 더구나 막대한 조정의 변고처리에 대하여 어찌 감히 함부로 입을 놀릴 수 있겠습니까. 일찍이 듣건대 옛사람은 말하기를 "이른바 조정이란 세 가지로 구성되는데, 첫째는 상신相臣, 둘째는 대간臺諫, 셋째는 시종侍從"이라고 했습니다. 이번에 일어난 중대한 논의에 대해서는 이 세 가지가 있으니 일반 관청에서 머릿수나 채우고 있는 자가 이러쿵저러쿵 말할 일이 아닙니다. 삼가 원하건대 이 세 곳의 견해를 들어 보고 그들로 하여금 고금의 타당함을 참작해서 처리하게 하소서.

유몽인의 말은 폐위를 반대하는 사람들의 일반적인 의견이었다. 그러나 폐위만이 대세라고 여긴 허균은 1617년 11월 25일 폐비론에 대한 자신의 의견을 분명하게 밝혔다.

임금을 해치려 한 자는 우리의 원수입니다. 그런 원수에게 절을 한다면 이보다 더 통분한 일이 어디 있겠습니까. 끝까지 은혜를 온전히 하려는 것은 전하의 심정이고 대의를 내세워 폄삭을 가하려 하는 것은 신하들의 책임입니다. 재야에서 올린 여러 상소는 그 견해가 매우 정당하니 여기에 의거하여 시행하는 것이 실로 사리에 맞을 듯합니다.

허균에 이어 좌윤 김개도 거의 같은 의견을 개진했으며, 뒤를 이어 폐비를 주장하는 무수한 상소가 올라왔다. 대사헌 이각과 대사간 윤인이 합계하여 소를 올렸다. 옥당玉堂과 삼사에서 기자헌이 임금의 말을 듣지 않고 역적을 두호한 죄를 논한 뒤 우선 위리안치하기를 청했다. 그런 소식을 듣고도 기자헌은 나가지 않고서 탄식할 뿐이었다. 결국 기자헌은 남여藍輿를 타고 서강으로 나아가 임금의 처분을 기다렸다.

상소문들은 대부분 이이첨과 허균의 무리가 주관한 것으로 보인다. 그들은 상소를 서로 번갈아 가며 올렸으며, 적합한 사람이 없을 때는 이름을 위조하여 올렸다고 한다. 11월 30일 자 실록의 주를 사관은 다음과 같이 실었다.

> 이때에 관학 유생이 올린 상소는 이이첨이 주관하였고, 관학 외의 유생이 올린 상소는 허균이 주장하였는데, 그 상소를 많은 사람이 올릴 경우에는 중추부에 모여서 올렸기 때문에 중추부 유소儒疏라고 했다.

11월 30일에는 성균관 유생 이홍순을 비롯한 일부 유생들이 영의정 기자헌을 사형에 처하라는 상소문을 올렸다. 그동안 사간원에서는 인목대비의 폐위를 반대한 사람들에 대한 죄를 논했다.

기준격이 상소를 올리다

1617년(정사) 12월 12일 인목대비 폐위 문제로 가장 큰 공을 세운 허균은 부사직副司直을 거쳐 정2품인 좌참찬에 임명되었다. 23년 동안 관직에 나와 항상 변방으로 돌았고, 벼슬자리에 오르자마자 쫓겨나기를 밥 먹듯이 했던 허균이 드디어 재상에 오른 것이다. 한 사람의 행복은 항상 다른 사람의 불행 속에서 이루어지는 것일까? 허균이 승승장구하자 유배를 떠난 기자헌의 아들인 예조좌랑 기준격이 '역모의 주모자인 허균을 탄핵하는 예조좌랑 기준격의 상소문'을 비밀리에 올렸다. 기준격은 허균의 제자이기도 했으니, 얄궂은 운명이었다. 기준격이 상소를 올린 그날은 1617년 12월 24일이었다.

엎드려 생각하니 나라가 불행하여 역적의 변고가 잇달아 일어났는데, 그 중에도 역적의 뿌리(根柢)는 실상 허균인데도 오히려 목숨을 보전하고 있으니, 신은 항상 가슴이 아팠습니다.

이렇게 시작되는 상소문에서 기준격은 기유년 겨울에 허균의 집에 들어갔던 당시의 일부터 이야기를 시작한다. 그때 허균이 다음과 같이 말했다고 한다.

'의창군(허균의 큰형인 허성의 사위)은 선왕의 사랑하는 아들이니 그를 세자로 세우자고 했으나 너의 아버지(기자헌)가 저지시켰다'고 말했습니다. 그 말은 의가 태어나기 전에 세자로 세우려다가 못 했다는 것입니다.

신유년(1611) 겨울에 신의 아버지가 외직에 있었기 때문에 신은 홀로 서울에 있었습니다. 어느 날 허균의 집에 갔더니 이렇게 말했습니다.

"연흥(부원군 김제남)이 나를 시켜 심정세의 딸을 윤수겸에게 혼인하기를 청했다. 그 이유는 '윤수겸이 일찍이 훈련도감 군사들의 마음을 얻었으므로 결혼하여 큰일을 행하여 두 송장을 끌어내고, 영창대군을 세운 뒤, 대비를 수렴청정시키고자 하는 것이다."

그 말을 듣고 신이 놀라서 물었습니다.

"두 송장은 누구입니까?"

그러자 허균은 "임금과 동궁이다"라고 말했습니다.

(……)

허균은 또 이렇게 말했습니다.

"내가 지금은 연흥에 지휘받고 있지마는 일이 이루어진 후에는 내가 병권을 모두 쥐고, 임시에 가서는 무사를 시켜 연흥까지 죽여서 나보다 나은 권세를 가진 사람이 없도록 할 것이다. 그 뒤 대비를 업고 한 나라를 호령하여 다른 사람들은 감히 숨도 쉬지 못하게 할 것이다. 그다음 중국에 주문奏聞하되, 아뢰는 글 첫머리에는 이러이러한 입으로 차마 일컬을 수 없는 말(중국에 대해 반역적인 말을 했다는 말)을 쓰고 임금은 적자가 아니니 폐한 뒤 적자인 의(의창군)를 세운다고 한다면 은 1만 냥만 써도 일이 순조롭게 될 것이다."

(……)

균은 한평생 정도전을 사모하여 항상 현인賢人이라고 일컬으면서 제가 뽑은 동인의 시문에 도전의 시를 맨 첫머리에 싣고, 우영의 작품도 아울러 뽑아 넣었습니다. 계축년(칠서의 난) 후에 균이 내게 이렇게 말했습니다.

"내가 복이 있어 남쪽으로 내려갈 때에 우영에게 지어준 시를 시집 속에 넣으려고 모두 가지고 갔으므로 이때 마침 우영의 사건이 발생했으나 나는 화를 면했다"라고 했습니다. 심우영과 서양갑(칠서의 난 주동자)은 모두 균이 품에 안아서 기른 자입니다.

(……)

계축년에 균이 태인에서 올라와 말하기를 "서얼들의 옥사가 일어났다는 말을 듣고는 염려되어서 밥도 먹지 못하다가, 그들이 죽었다는 말을 듣고서야 마음이 놓였다"라고 했습니다. 또 "올라오는 길에 선전관을 만나자 혼이 몸에 붙어 있지 않았는데, 내가 서 있는 곳을 그가 지나간 뒤에야 마음이 놓였다"라고 말했습니다.

그리고 균이 내게 이렇게 말했습니다.

"역적의 격서檄書는 내가 지었지마는 내가 우영을 시켜 내 이름을 말하지 않도록 했으므로 드디어 면하게 되었다."

(……)

또 말하기를 "내가 만약 권력을 쥐고 대비가 정사를 돌본다면 내가 심이기(한나라 여후呂后의 정부情夫로 궁중에서 늘 거처함)가 되는 것도 또한 어려운 일이 아니며, 마땅히 원상院相이 되어 궁중에서 한 나라의 일을 처결할 것"이라고 했습니다.

이렇듯 균의 불량하고 패려悖戾하고 흉악한 죄는 머리털을 뽑아서 죄를 세어도 세기가 어렵겠는데, 지금은 폐론廢論이 이미 정해졌으니 비록 균과 같은 흉적의 도움이 없더라도 또한 일을 처리할 수 있습니다. 원컨대 균이 종사를 위태롭게 하여 의창을 임금으로 세우고 의를 끼고 대비를 수렴청정시키고자 한 죄를 추궁하기 바랍니다.

당시 기자헌은 위험에 직면해 있었다. 기준격은 허균에게 글을 배웠으므로 유교적 관점에서는 그림자도 밟을 수 없는 스승이었다. 아버지와 스승, 세상에서 가장 중요한 두 사람이 용호상박 원수가 된 것이다. '밤 잔 원수 없고, 날 샌 은혜 없으니 원수는 순順으로 풀라'는 옛말도 있지만, 그때는 순리로 풀 때가 아니었다. 둘 중 누군가가 죽어야 끝나는 싸움이 시작된 것이다. 그때 기준격은 아버지를 택했고, 스승은 타도해야 할 원수 같은 대상, 그 이상도 그 이하도 아니었다.

기준격의 소에는 허균의 역모가 고스란히 다 드러나 있었다. 그리고 대부분의 내용이 근거 없는 말이 아니었다. 그런데 기준격은 허균의 역모를 고변하지 않다가 이제야 소를 올렸으니, 그 자체가 위법이다. 그러나 의문점이 없는 것도 아니다. 허균이 나이 어린 제자에게 자신의 비밀을 그대로 드러낼 리가 있었을까? 또 허균이 조카사위(허성의 사위)인 의창군이나 영창대군을 옹립하고자 했을 가능성도 있긴 하지만, 한나라 여후의 정부였던 심이기처럼 인목대비의 정부가 되어 정권을 잡고자 했다는 것은 가당치도 않은 일이었을 것이다. 그 말은 기준격의 소에 나온 것 이외에 증거도 없을뿐더러 허균도 그러한 자백은 하지 않았기 때문이다. 그 상소문의 옆에는 작은 글씨로 다음과 같은 글이 쓰여 있다.

> 상소를 오랫동안 궁중에 두었다가 무오년 윤4월 14일에 추국청에 계하했다. 당시에 기자헌은 강가에서 명을 기다리고 있었는데 기준격이 이 상소를 올려 그의 아비를 구했다. 허균의 세력도 이때부터 떨치지 못하게 되었다.

이때 이이첨이 기준격을 도와주었을 것으로 추정된다. 이이첨에게 허균은 공존해야 할 동지가 아니라 제거해야 할 정적으로 부상했기 때문이다. 이이첨은 교활하면서도 치밀한 사람이었다. 그는 계축옥사 당시 언젠가 이용할 수 있을지 모른다고 여겨 허균과 이재영에 관한 내용을 비밀리에 보관했을 것으로 추정된다.

기준격이 두 번째 소를 올렸다. 그러나 첫 번째 소와 내용은 별반 다르지 않았다. 기준격의 상소문을 읽은 임금은 계자啓字를 찍지 않고 그냥 내려 보냈다. 그러나 허균의 측근들이 포진하고 있는 사간원에서는 가만있지 않았다. 기준격을 탄핵하는 계를 올린 것이다.

두 가지 상반된 상소를 접한 광해군으로서도 고민이 많았을 것이다. 기준격의 고발이 사실이 아니라면 균이 조사하지 않아도 되지만, 사실로 드러나서 폐모론에 선봉장으로 활약하고 있는 허균을 구속하게 되면 폐모론 자체가 폐기처분될 수도 있었기 때문이다. 기준격의 비밀 상소를 알게 된 허균도 왕에게 비밀리에 소를 올렸다.

신이 밖에서 집으로 돌아오는데 어둠 속에서 장정이 울타리 밑에 매복해 있다가 손을 움직이려 하는 즈음에 말 위에 있던 종이 이를 알고 "도적이야!" 하고 고함을 치니, 도적이 도망갔습니다. 마을 사람을 모아 수색해 잡았는데 처음에는 "문창文昌(유희분) 집의 종"이라 하더니, 다음에는 "정승댁의 종"이라 했습니다. 어느 정승 댁이냐고 균이 물어도 대답하지 않으므로 포도청으로 보냈더니, 어제 일선위一善尉의 여종이 놓아 보내 주기를 청하였으며, 또 그놈은 털옷 만드는 자로서 문창의 집에 출입하는 자라고 한다 합니다.

이에 신이 "내가 폐론을 혼자 맡았으니 원수 된 사람이 나를 미워하여 '당나라'의 이사도가 배도를 암살하려던 일을 행하고자 하는 것인데, 어찌 남의 사주를 받고 도적을 놓아주겠는가"라고 했습니다.

대장들이 남에게 미루면서 지금까지 국문도 하지 않은 것으로 보아, 권세 있는 사람과 굳게 결탁하고 어떤 일을 하려고 한 정상을 알겠습니다. 신은 기반이 약한 사람으로서 화근을 제거해야 된다는 의논을 힘써 주장했으므로 의논을 달리하는 사람이 신을 죽이고자 한 지가 오래였습니다.

(……)

준격의 소는 신이 알지도 못합니다. 준격이 신에게 배웠으니, 가르치는 것 외에는 나이 어린 사람과 시국 일을 말하지 않았는데, 하물며 이 흉악한 소에 말한 불측한 말을 저에게 했겠습니까. 제가 만약 이 말을 들었다면 어찌 일찍이 고하지 않고 제 아비가 죄를 얻은 날에야 끄집어내겠습니까. 신을 기자헌 · 이각 등과 함께 옥에 가두어 서로 맞대어서 변명하기를 청합니다.

두 사람의 소를 접한 삼사에서는 합계하여 다음과 같이 임금에게 보고했다.

기준격은 허균이 임금을 위태롭게 하려 한다고 글을 올려 반역을 고발했으니, 실제로 그 일이 있다면 균이 대역이 되는 것이요, 날조 무고했다면 준격이 또한 대역이 되는 것입니다. 그것이 대역죄이오니 역적을 토벌하는 일은 일각이라도 늦추어서는 안 될 것입니다. 준격의 소가 두 번 올려졌고 허균도 또한 이미 소를 바쳐 자기변명을 했는데도, 국문하라는 명령이 지금까지 늦추어지고 있습니다. 준격의 소는 실상 자헌이 시켜서 나온 것이니 기자헌, 준격, 허균을 모두 국문하여 실정을 캐내어 귀신과 사람의 분을 풀 것을 청합니다.

삼사의 보고를 받은 광해군은 그때까지도 허균을 신뢰하였으므로 '천천히 결정하겠다'고 대답했다.

당시 나라는 어지럽기 이를 데 없었다. 궁궐의 목木(무명베)과 결結(토지세)은 베를 거두어들이는 일과 겹쳐서 백성들은 가난해지고 재물은 탕진되어 원망과 고통의 소리가 동시에 일어났다. 부득이 백성을 위협하여 관직을 팔기도 했다. 은, 명주, 소금, 철과 집터와 숙석熟石(인공으로 다듬은 돌)을 공납하여 높은 벼슬에 오른 자가 많아 금띠를 허리에 두르고 옥관자를 머리에 단 사람이 도로에 연이었다. 또한 입에서 젖내 나는 어린아이로 참봉, 감역, 찰방이 된 사람에게 그 벼슬 계급을 물으면 모두 통훈대부였고, 지방 수령이었다.

그렇게 어수선한 사이 성균관에서 장의掌議로 근무하고 있는 하인준을 비롯한 유생들이 인목대비의 잘잘못 열 가지를 들어 팔도에 통문通文을 보냈다.

아, 서궁의 죄악은 말한다면 참혹하다. 요사한 무당을 믿어 의인왕후에게 저주하여 더러운 뼈를 능위에 묻어 황천에까지 욕이 미치게 하고, 전하의 휘諱를 고기 조각에 써서 까마귀와 솔개에게 흩어 먹였으니 죄가 한 가지요.

동자童子 희를 귀하게 하고자 하여 치방을 행하여 여호의 뼈와 나무로 만든 사람을 궁중에 분포해 묻어 두고 흉한 판수를 몰래 끌어들여 요사한 경문經文을 외우고 읽었으니 죄가 두 가지요.

선왕께서 옥체가 불편하실 때 밖으로 영경, 홍로와 결탁하여 세력을 서로 의지하고 비밀히 역적 율과 굳게 결탁하여 임금의 보위를 그에게 전하려 했다가, 희가 강성해짐을 기다려 율을 죽이고자 했으니 죄가 세 가지요.

비밀히 제남을 시켜 대군의 처소에 있는 천여 명을 단속하여 몰래 부서를 정하고 급할 때의 쓰임을 기다리게 했으니 죄가 네 가지요.

내암(정인홍)이 영경을 탄핵한 소가 들어가자 감히 간사한 마음을 내어 기회를 타서 세자를 바꾸어 세우고자 울면서 선왕께 권고하여 여러 번 엄한 전교를 내리게 하였으니 죄가 다섯 가지요.

선왕께서 세상을 떠나시니 유명遺命을 거짓으로 꾸며서 여러 재신들에게 희를 부탁했으니 죄가 여섯 가지요.

성상께서 왕위에 오르신 후로 무당을 시켜 저주한 일이 여러 해 동안이나 그치지 않았으니 죄가 일곱 가지요.

김제남을 시켜 서얼들을 결탁하고 무사武士와 서로 사귀어 틈을 타서 나라를 도모하려 했으니 죄가 여덟 가지요.

불측한 말을 만들어 내어 성상을 무참하고 그 친족들에게 선언하여 역적을 시켜 흉악한 격문 속에 그 말을 넣기까지 했으니 죄가 아홉 가지요.

내탕금을 많이 내어 서양갑을 후하게 주어서 그를 시켜 왜倭의 나라에 들어가서 서로 결탁하여 외부의 원조를 삼아서 희를 세우고 난 후에는 중국을 배반하려고 했으니 죄가 열 가지입니다.

당나라 무후(측천무후)의 죄악도 이보다 더하지 않을 것입니다. 삼가 원하옵건대 같은 사람끼리 서로 응하여 의리를 주장해서 소를 올려 종사를 편안하게 하기를 바랍니다.

그 뒤를 이어서 선세휘가 상소문을 올렸다.

서궁이 우리나라에 있어서 모판에 피 있는 것과 같으며, 조에 가래초 있는 것과 같사오니 그 뿌리를 뽑지 않으면 그 해를 제거할 수 없습니다. 삼가 듣자오니 성균관과 사학四學의 유생들이 열 가지 죄로써 조목에 따라 아뢰었다고 하오나, 다만 그 대강만 들어서 말했을 뿐입니다. 우리 성상을 고독한 주군(孤主)으로 내놓고 임금 자리에 침을 흘리는 것입니다.

정사년(1617)이 가고 무오년(1618)이 밝았다. 1월 1일 유생 최숙도 인목대비를 폐하라는 상소문을 올렸다.

인목대비를 폐하자는 의논이 발론된 후에 서울과 지방이 크게 요동쳤다. 그러자 한효순이 사람을 보내어 정인홍에게 계책을 물었더니 정인홍의 말이 알쏭달쏭했다. 정인홍의 생각은 폐위와 삭출 그 중간에 있었다.

드디어 인목대비를 폐하다

1618년(광해군 10, 무오) 1월 4일 대비를 폐하는 일 때문에 정청庭請이 있던 날, 해무리가 서고 나라에 지진이 있었다. 정청에 참여한 백관은 모두 780명이었고, 그중 당상관이 24명, 당하관이 537명이었다. 정청에 참여하지 않은 벼슬아치는 이정귀, 유근, 김상용 등 50여 명에 불과했다. 우의정 한효순 등이 백관과 왕실 종친을 인솔하고 정청하여 왕에게 인목대비의 열 가지 죄를 고했다. 한효순과 백관들이 인목대비의 죄상을 열거하는 상소문을 듣고서 광해군은 다음과 같이 답했다.

> 내가 덕이 없는 사람으로서 운명을 기구하고 험하게 타고나서 무신년과 계축년의 변고는 모두 천륜(동기간)에서 나왔으니 그들을 처단한 이것이 차마 상정으로서 할 수 있으랴마는, 종사가 중대하므로 조정 신하의 청을 억지로 따라 마음을 썩이고 속을 상한 지가 세월과 함께 깊어 가는데, 어찌 오늘날에 또 이런 의논이 있을 줄 생각했으랴.
>
> 하늘이여! 하늘이여! 내가 무슨 허물이 있기에 벌을 가혹하게 내리심이 이러한 극도에 달하는가. 차라리 인간 세상을 헌신짝 벗듯 하고 팔을 흔들고 영원히 가서 아무도 안 보는 바닷가에서 살아 여생을 마치는 것이 좋겠다.

당시 광해군의 머릿속에는 아버지 선조의 마지막 말이 떠올랐을 것이다. 선조는 임종 전에 광해군과 대신들에게 영창대군을 잘 보살펴 주라고 특별히 부탁했다. 그러나 아버지의 유훈은 지켜지지 않았다. 영창대군은 어린 나이에 비참하게 최후를 맞았고, 계모인 인목대비는 폐비가 될 처지에 이르렀으니 말이다.

우의정 한효순이 대궐 뜰에 나아가 여러 대신들을 부른 뒤 '가可' 자와 '부否' 자 중 하나를 쓰라고 하니 자리에 있던 사람들이 두려움에 어쩔 줄을 몰랐다. 밤은 벌써 4경更이 되었고, 사람들이 곧 흩어지려는 기색을 보이자 이이첨이 노하여 큰 소리를 쳤다.

"이것은 나라의 큰일인데, 우물쭈물하는 사람이 있으면 신하가 아니다!"

결국 여러 논의를 벌였지만, 이이첨의 뜻에 따라 폐출로써 계초에 썼다. 이것을 역사에서는 '폐모정청廢母庭請 사건'이라 한다. 모든 일을 마무리하고 나니 새벽닭이 울었다.

그렇다면 폐모론에 대한 광해의 본심은 무엇이었을까? 《광해군일기》에서는 광해가 인목대비를 폐출한 뒤 처치하고 싶어 했다고 말한다. 하지만 그런 절차를 거치지 않았더라도 일찌감치 목적을 달성했을 것이다. 그런 여러 가지를 유추해 보면 폐모가 광해군의 진심은 아니었을 가능성이 높다. 실록의 사관도 광해군이 자의로 폐모를 한 것이 아니라고 적었다.

> 우의정 한효순까지도 이이첨의 구박에 따라 폐모를 제창해서 벼슬아치들을 거느리고 일제히 대궐의 뜰에서 제의하는 조치를 따랐다. 그래서 암둔한 임금을 떳떳한 윤리를 망치는 길로 인도했으니 이것은 하늘과 땅이 열린 뒤 처음 생긴 변고였다.
>
> – 《광해군일기》 광해군 10년 1월 4일

그날 이후 대비의 존호를 깎아내렸고 대비가 누렸던 모든 특권을 박탈했다. 그뿐 아니라 '대비'라는 두 글자를 없애고, '서궁'이라고 부르도록 했다. 그동안 내린 모든 문서와 어보를 내놓게 했고, 벼슬아치의 문안과 숙배를 폐지한 뒤 나인과 의원 등도 철수시켰다. 또한 하나뿐인 딸 정명공주도 옹주로 지위를 떨어뜨렸다. 이 같은 조치는 연산군 때도 없던 일이라 후일 광해군에게 폭군이라는 낙인이 찍히게 된 것이다.

그 무엇과도 바꿀 수 없는 것이 목숨인지라, 전체를 걸고 폐모론의 부당함에 반대 의견을 낸 사람은 이항복과 정온 등 몇 사람뿐이었다. 그러나 그 뒤로 인목대비의 폐위는 잘못이라는 상소가 꼬리에 꼬리를 물고 일어나고, 허균의 입지는 좁아지게 되었다.

1월 7일 사헌부와 사간원에서 허균과 기자헌 그리고 그의 아들 기준격을 함께 국문해야 한다는 계를 올렸고, 그날 허균은 자객들에게 피습을 당했다. 1월 13일에 허균은 자신을 습격한 자객을 기자헌과 이이첨이 보냈을 것이라고 말했다. 그때부터 이이첨과 허균, 두 사람의 사이가 더 크게 벌어지기 시작했다. 이긍익의 《연려실기술》 제23권 〈인조조 고사본말仁祖朝故事本末〉에는 다음과 같은 글이 실려 있다.

> 광해조 때에 명나라 사신이 통역에게 말했다.
>
> "이이첨과 허균은 너희 나라의 귀한 신하인데, 이이첨은 가을바람에 울고 있는 계집의 관상이고, 허균은 늙은 여우가 묶여 있는 관상이며, 그 밖의 재상도 또한 모두 좋지 않아서 여러 관원들 중에는 살기를 띤 자들이 매우 많으니, 너희 나라가 어찌 무사할 수 있겠느냐."

명나라 사신의 사람 보는 눈이 어찌 그리 정확했는지, 이이첨과 허균 두 사람의 만남은 지극한 우정을 본바탕으로 삼은 것이 아니었다. 그들은 그때그때의 이해타산으로 만났기 때문에 아름다운 우정을 이어가지 못한 채 파국을 향해 치달을 수밖에 없었다.

인목대비 폐모론 이후 당파는 분열하기 시작했다. 당시 인목대비의 폐모를 주장했던 사람들은 대부분 대북파였고, 서인은 반대했다. 대북파 중에서도 정인홍 · 이이첨 · 허균 · 백대연 · 정호 · 한계남 등이 폐모에 찬성했고, 기자헌은 반대했으며, 남이공 등 소북파는 폐모를 반대했다. 정인홍의 제자인 정온은 정인홍이 폐모론을 주장하자 사제 관계를 끊은 뒤 정인홍을 비판하는 상소를 올렸다. 그 뒤 정온은 제주도에 위리안치되었다. 기자헌이 탄핵되어 떠난 후 인목대비 유폐 관련 일은 우의정 한효순이 홀로 담당했다. 수의에서부터 정청庭請에 이르기까지 한마디의 말과 반 조각의 말도 감히 마음대로 하지 못하고 반드시 이이첨에게 보고한 후에 행했다. 김개가 중간에서 말을 대신 전달했다. 그런 까닭에 사람들이 만나면 문득 "김우윤(김개)이 무슨 말을 하더냐?" 하고 물었다.

곽영의 상소문

말도 많고 탈도 많았던 폐모론이 수면 아래로 가라앉을 무렵 허균과 이이첨을 공격하는 상소문이 올라오기 시작했다. 포문을 연 사람은 진사 곽영이었다. 곽영은 1618년 윤4월 6일에 이이첨과 허균을 붙잡아 명백히 조사하라는 소를 올렸다. 곽영은 세상에 떠도는 말을 전하면서 "남산의 대나무로도 이이첨의 죄를 다 기록할 수 없고, 동해의 물로도 이이첨의 죄악을 씻을 수 없다"라며 이이첨의 죄를 열거했다. 이이첨의 아들 이익엽이 집을 지으면서 세조의 능인 광릉의 나무를 100여 주나 베어다 지었다는 것과 이이첨이 "제가 빼앗은 역적의 물건으로 국가의 땅을 교환하여 높다란 집을 지어 경치 좋은 곳을 차지했다"라고 했음을 고했다. 그리고 섬 옆에 사는 천한 자들에게 뇌물을 받고 관직을 주었다는 것을 소상하게 밝히면서 이이첨으로 인한 과거의 폐단과 함께 허균의 죄상까지도 밝혔다.

> 신이 삼가 듣자옵건대, 민인길과 기준격 등의 상소에 "경운궁에 글을 던져 놓은 자도 허균이고, 경준의 격서를 초한 자도 허균이고, 홍로에게 모의를 통한 자도 균"이라고 하니, 어찌 한 사람의 몸에 여러 가지 악惡이 모였는지, 마땅히 잡아다가 그 사유를 명백히 조사하여 시비를 통쾌하게 정하여 여러 사람의 울분을 풀어 주어야 할 것인데, 용납하여 결단하지 않으시니, 신은 전하께서 무엇이 아까워서 하지 않으시는지 알 수가 없습니다. 혹시 이이첨에게 거리껴서 그러한 것이 아닙니까. 아아, 저번에는 경희를 마땅히 형벌하지 않고, 뒤에는 허균을 마땅히 국문해야 할 것인데도 국문하지 않아서 난신들로 하여금 두려움이 없게 하여 대의를 펴지 못하게 함으로써 처음에는 대론을 꺼내어 전하를 속였다가 마침내는 슬그머니 물러남으로써 나라 사람을 속였으니, 지금 도모하지 않으면 장차는 속이는 데만 그치지 않을까 염려됩니다.

'활활 타는 불을 끄지 않으면 결국은 벌판을 태우게 되고, 졸졸 흐르는 물을 막지 않으면 종말에는 하늘까지 뒤덮게 될 것이니, 지금 바로 조치하라'는 간절한 소를 올린 곽영은 풍기 출신이다. 그는 처음에 허균의 집에 드나들었던 사람이다. '대비를 폐하자'는 상소에 참여한 사실을 알게 된 그의 아버지가 크게 노하여 집에서 쫓아내자 이에 마지못하여 소를 올린 것이다. 광해군은 "이 일은 친국하여 처리하지 않을 수 없으니 우선 병이 회복될 때까지 기다려야 하겠다"라고 대답하며 즉시 들어주지 않았다.

곽영이 이이첨과 허균의 죄를 밝혀 달라는 상소문을 올리자, 관학 유학 김정량을 비롯한 수많은 사람들이 그들의 무고를 들어 곽영을 처단하라는 상소문이 빗발쳤다. 그중 생원 안여행은 "빨리 곽영과 명국鳴國을 베어 무고한 죄를 밝히고, 또 대궐 역사를 정지하여 변방의 위급에 대처하십시오"라는 상소문을 올렸다. 당시에 얼마나 많은 백성이 궁궐 중건에 대해 불평불만을 가졌는지를 알 수 있는 대목이다. 이이첨은 곽영을 의금부에 가두고 형을 받게 했는데, 곽영은 한 차례 형을 받고 난 후 금세 마마에 걸렸고, 급기야 감옥 안에서 죽고 말았다.

곽영의 상소문 이후 허균은 차츰 궁지에 몰리기 시작했고, 이이첨 역시 불안하기는 마찬가지였다. 조정이 뒤숭숭한 가운데 윤4월 17일에 의금부에서 임금에게 다음과 같이 아뢰었다.

신들이 지난 14일에 국청으로 내려 보낸 기준격의 상소를 보니, 그 글의 내용이 모두 임금을 침범하려는 대역부도한 것이므로 극히 음흉하고 참혹하여 차마 말로 할 수도 없고, 눈으로 볼 수도 없을뿐더러 뼈가 시리고 머리털이 꼿꼿이 섭니다.

기준격의 말이 옳다면 허균은 마땅히 대역부도의 율에 의하여 처벌해야 할 것이요, 만약 무고하다면 준격을 마땅히 부도의 율에 처해야 할 것이오니, 국문하여 실상을 캐내는 일을 잠시라도 늦출 수가 없습니다.

이에 임금은 "알았노라"라고 답했다.

허균은 천지간의 한 괴물

당시 허균과 이이첨은 이미 돌아올 수 없는 다리를 건너고 있었다. 이이첨은 추종자들을 움직여 삼사가 합동으로 허균을 비판하는 계를 올리게 했다. 1618년(광해군 10) 윤4월 29일이었다.

허균은 천지간의 한 괴물입니다. 경운궁에 격서를 던지는 등 온갖 방법을 동원해 역모를 꾸민 정상이 이미 민인길의 고발에서 드러났고, 이홍로와 결탁하여 동궁을 해치려 꾀한 사실이 또한 기준격의 소에서 나왔습니다. 허균이 진 죄명이야말로 오늘날 신하로서 같은 하늘 아래 살 수 없는 것이었는데, 지난 1월에 2품 이상이 정청庭請하고 근일 금부가 별도로 아뢴 것 역시 실로 이런 취지에서 나온 것이었습니다. 이런 죄명을 진 사람은 수레에 매달아 찢어 죽여도 시원치 않고 그 고기를 씹어 먹어도 분이 풀리지 않을 것인데, 그가 감히 수레를 타고 구종배丘從輩를 거느리며 도로에서 벽제辟除하는 등 아무 일도 없는 재상처럼 행동하고 있으므로 나라 사람들이 모두 통분스럽게 여기고 있습니다. (……) 제생諸生이 그의 술수에 모두 빠져들고 말았으니, 전후에 걸쳐 올라온 소장은 그 자신이 만들어 준 것이었습니다.

그리하여 온 나라의 공공公共의 논을 가지고 자기의 공을 세울 발판으로 삼아 위로는 전하의 판단을 흐리게 하고 아래로는 조정을 혼란에 빠뜨려서 대신을 공격하여 자리를 불안하게 만들고 삼사를 공갈하여 그의 말대로 듣게 하려 한 결과 거의 이루어져 가던 논論이 이 때문에 다시 동요되고 정론正論을 주장하던 인사들이 오히려 공격을 당하는 입장에 놓이게 되고 말았습니다. 폐출하는 것이 얼마나 중대한 논의이며 난역亂逆이 얼마나 중대한 죄상罪狀인데 무리를 모아 이익으로 꼬드기면서 대론大論을 주도하려고 한단 말입니까. 당당한 국가가 어찌 이 일개 도깨비 같은 자를 용납하여 제멋대로 야유하며 변환하게 내버려 두기를 이렇게까지 한단 말입니까. (……)

기회가 점점 멀어져만 가는데, 이런 상황에서 다른 의논이 마구 생겨나고 도깨비 같은 자들이 번갈아 출현하는 것은 이상할 것이 없다 하겠습니다. 더구나 지금은 변방의 사태가 갈수록 다급해져 사람들이 더욱 위태롭게 여기고 있으니 대론을 확정하는 일이 하루가 급합니다. 속히 절목을 내리시어 토역하는 전형典刑을 엄히 하소서.

삼사에서 임금에게 올린 상소는 소문으로만 떠돌던 허균의 온갖 비행을 빠짐없이 기록한 것이었다. 그러나 광해군은 허균에 대한 믿음이 깊었기 때문에 상소문에 귀를 기울이지 않았다. 오히려 삼사의 관리들이 그 자리에 너무 오래 있어서 여러 가지 문제가 많다고 하며 그들을 나무라는 내용의 전교를 내리기도 했다.

당시 이이첨과 허균의 입장은 판이하게 달랐다. 이이첨은 폐모론을 강행하여 성사되고 나면 악명을 얻을까 봐 두려워했으며, 또한 악명을 얻게 되면 광해군의 총애가 사라질 것을 염려했다. 그래서 먼저 주문奏聞(중국의 허락)한 뒤에 폐출하자는 이른바 선주설先奏說을 주장하기 시작했다. 그러나 허균은 빨리 광해군의 신임을 얻으려 했기 때문에 인목대비를 곧바로 폐출해야 한다고 주장한 것이다.

허균과 기준격에 대한 삼사의 탄핵에도 사건 해결은 진전되지 않았다. 그것은 이를 조사할 판의금부사 자리가 공석이었기 때문이다. 《광해군일기》 광해군 10년 5월 22일 자를 보면 삼사가 합동하여 올린 상소문이 있다.

> "기준격의 소를 보면 못할 말 없이 허균의 악행을 드러내 놓았고, 민인길의 소를 보면 서궁의 묶인 화살의 변고는 허균의 짓이라고 분명히 지적하였으니, 엄히 국문하여 밝혀내지 않는 한 준격과 인길과 균 등은 하루도 천지 사이에서 숨을 쉴 수가 없습니다. 모두 나국을 명한 뒤 죄인을 잡아내어 국가의 형전刑典을 바루소서"라고 하니, 임금이 답하기를 "절목을 서둘러 내리는 일이 어찌 그다지도 대단한 일인가. 조용히 조섭하고 있는 때에 합사까지 하면서 꼭 귀찮게 할 일이 아니다. 허균 등의 일도 그렇다. 대신도 없이 이 옥사를 추핵한단 말인가. 다시 번거롭게 하지 마라"라고 했다.

임금이 그렇게 하교한 것은 박승종이 판의금부사에서 물러난 지 5개월이 되어 가도 후임이 없었기 때문이다.

당시 궁궐에는 고민이 하나 있었다. 세자빈이 아들을 낳지 못한 것이다. 세자빈은 이이첨의 외손녀였다. 그런 까닭에 세자의 후궁인 소훈(종5품)을 새로 간택하기 위해 "11세에서 19세까지의 처녀 단자를 봉입하라고 해조에 이르라"라는 전교가 내려졌다. 그러나 당시 국내외의 정정政情이 불안하자 처녀가 있는 집안에선 딸을 내놓지 않고 숨기려 했다. 그러자 광해군은 5월 13일 "처녀를 숨겨 두고 내놓지 않는 자에게는 중률重律을 적용하고, 아무리 1품의 재신이라 할지라도 영원히 서용敍用치 않으리라는 것을 상세히 알려 착실히 거행하도록 예관에게 이르라"라는 전교를 다시 내렸다. 그래도 당시의 재상들은 아무도 자신의 딸을 후궁으로 들이려 하지 않았다. 그때 허균이 자기 딸의 단자를 넣었고, 결국 허균의 딸이 세자의 후궁으로 간택되었다.

이 사실을 알고 가장 당황한 사람이 바로 이이첨이다. 허균이 누구인가? 성균관에서 동문수학했던 글 친구이며, 같은 대북파로 인목대비를 폐비로 내몰았던 쌍두마차가 아니던가. 그렇게 임금과 가까워진 허균이 광해군과 사돈 관계까지 맺게 된다면 자신의 자리가 위태로워질 것은 불을 보듯 뻔한 일이었다. 여기에 생각이 미치자 이이첨은 결국 허균을 제거하기로 결심했다. 그는 허균에게 딸이 소훈이 될 것이라고 거짓말을 하면서 자신만의 계획을 착착 진행해 나갔다.

혁명 전야

1618년 국내외의 상황은 복잡하고 어지러웠다. 북로北虜(북쪽 오랑캐)에서 침입이 자주 일어나자 명나라는 군사를 동원했다. 조선은 건주建州에서 가까우므로 민심이 흉흉했다. 그 사실을 알고 있던 허균은 변방의 보고서를 거짓으로 만들고, 또 "어느 지역에 역적이 있어 아무 날에는 꼭 일어날 것이다"라는 익명서를 만들어 퍼뜨렸다. 그러한 소문이 입에서 입으로 번져 나가자 성안 사람들은 불안에 떨었다.

한편 허균은 심복들을 시켜 서울 남산에 올라가 "북쪽에서 오랑캐들이 이미 압록강을 건너 쳐들어오는 중이오. 남쪽에서는 유구인琉球人(유구는 지금의 오키나와)이 쳐들어와 방금 섬에 숨어 있으니 장안 사람들은 어서 빨리 피난하시오" 하고 밤마다 장안이 떠나가도록 소리치게 했다. 또한 허균은 심복들에게 "성은 들판만 갈지 못하고 들판은 강을 건너는 것만 못하네(城不如野野不如越)"라는 노래를 지어 퍼뜨리게 했으며, 소나무 사이에 등불을 달아 놓고 "살고자 하는 사람은 나가서 피하라"라고 부르짖도록 했다. 서울의 민심은 시간이 지날수록 점점 더 흉흉해졌다. 온 장안 백성들은 보따리를 싸서 앞을 다투어 피난을 가느라고 야단법석이었다.

변경 지역뿐만 아니라 서울 장안의 민심이 극도로 흉흉해지자 6월과 7월 두 달 동안에는 기준격과 허균에 대한 공방이 잠시 사그라졌다. 민심을 가라앉히려 광해군은 6월 9일에 전교를 내렸다.

근래 도성 안에서, 심지어 유식한 사대부들까지 마소로 짐짝을 실어 나르는 것이 종일토록 계속되고 있다 하는데, 그 진위 여부를 알 수는 없으나 듣기만 해도 놀랍다. 지금 이후로 또 이런 일이 있을 경우에는 일일이 적발해서 중률重律을 적용할 것이라는 내용으로 한성부를 시켜 방榜을 내걸어 타이르게 하여 진정시키도록 노력하라.

그래도 동요가 가라앉지 않자 광해군은 포도청에 중대 조치를 내렸다. 반역을 꾀하다가 실패한 역적에게나 가하던 형벌인 효수형을 피난 가는 백성에게도 적용한 것이다. 또한 비변사에 재상이나 조관朝官이 가족을 내보내고 짐짝을 옮기는 경우에도 양사로 하여금 사실에 입각해서 탄핵해 다스리도록 전교를 내렸다. 하지만 상황은 점점 다급해져갔다. 서울의 인가人家 열 집 가운데 여덟아홉 집은 텅텅 비었다. 여전히 서울 장안의 혼란이 멈추지 않자 당황한 광해군은 또다시 전교를 내렸다.

조관들 중 먼저 그 가족과 물건을 피난시킨 자를 색출하여 엄하게 다스리도록 하고, 서민들은 한성부로 하여금 5가통家統을 만들어서 감시하게 하되, 만일 숨기는 자가 있으면 중벌로 다스리라.

임금의 명령에도 동요가 수그러들지 않자 6월 12일에는 도성을 반드시 지키겠다는 뜻을 방문에 써넣어 내걸라고 전교했다. 그래도 동요는 가라앉지 않았다. 심지어 대관 명사들은 가족을 내보내고 짐을 옮겨 나르며 상여를 따라서 나간 사람까지 있었다.

그 무렵 조선은 국내외 어느 한 곳도 편안한 데가 없었다. 북쪽에선 금방이라도 전쟁이 일어날 것 같은 일촉즉발의 상황이었고, 굶어죽는 백성들의 이야기가 도처에서 들려왔다. 나라의 재정이 말할 수 없을 만큼 어려운데도 광해군은 '인왕산 아래에 왕기가 있다'는 소문을 듣고 그곳에서 살기 위해 두 개의 궁궐을 짓고 있었다. 보다 못한 우찬성 이충이 6월 11일 "도감의 미포米布가 몇 달 안으로 다 떨어질 텐데 달리 꾸려나갈 방책이 없으니 한 궁궐의 공사를 중단하여 조금이라도 백성의 힘이 펴지게 하소서"라는 내용의 차자를 올렸다. 광해군은 이충의 차자를 받아들여 '서쪽 변방의 사태를 보아 가면서 처리하겠다'고 한발 양보했다.

당시 명나라에선 후금(청나라)이 쳐들어오자 조선에 4만 명의 원병을 요청했다. 그러나 명나라의 경략 양호가 "조선의 병마가 적은 것을 내가 일찍부터 안다"라고 말하여 1만 3000명으로 감했다. 그해 7월 4일 조선은 강홍립을 도원수로 삼아 군사를 요동 지역으로 보냈다. 당시 조선 원병은 참판 강홍립과 평안병사인 김경서가 도원수와 부원수를 맡았다. 그들이 출발할 때 광해군은 강홍립을 비밀리에 불러서 지시를 내렸다. '정세를 잘 살펴보고 행동을 결정하라(觀形向背)'는 것이었다. 즉 싸우는 척하면서 상황을 보아 명나라 군사가 이기면 적극적으로 싸우고, 후금이 유리하면 항복하라는 뜻이었다.

의문의 비밀 상소

1618년 7월 20일, 의문의 비밀 상소가 임금에게 전달되었다. 《광해군일기》에 실린 그날의 기록을 보자.

관학 유생 하인준 등이 비밀 상소를 올렸다. 입계하니, 비답을 봉하여 내렸다.

무슨 내용이었는지 그 이유가 밝혀지지 않은 비밀 상소는 그날뿐 아니라 21, 22, 24일까지 연이어 실려 있고, 비답을 봉하여 받았다는 기록만 남아 있다. 비밀이란 무엇인가? 불교 용어로 '비오심밀秘奧深密하여 쉽사리 사람에게 알려질 수 없는 교의教義'를 일컫는 말, 숨기어 남에게 공개하지 않는 일이다. 그 비밀스러운 상소가 나흘 동안이나 올라왔다. 대체 하인준은 어떤 내용의 상소를 올렸고, 광해군은 또 어떤 비밀 답신을 내렸을까?

이 비밀 상소는 과연 하인준 혼자 작성한 것일까? 여러 가지 추측이 난무한다. 그 비밀 상소를 통해 하인준과 광해군은 어떤 일을 의논했을까? 첫째로 허균이 군사를 동원하여 경운궁에 들어가 인목대비를 살해하고, 둘째로 그런 뒤에 곧바로 이이첨과 박승종 그리고 유희분을 공격하여 몰아내려는 모종의 암약이 있었을 것으로 추정한다.

그런데 어째서 광해군이 허균과의 약속을 어기고 이이첨 쪽으로 돌아섰을까? 그 이유는 이이첨 쪽에서 눈치를 챘기 때문인 것으로 보인다. 하지만 그것도 일종의 추측일 뿐이다. 그 비밀 상소가 허균의 역모사건을 풀 수 있는 가장 중요한 열쇠일 것이다. 그러나 그 상소문은 현재 전하지 않는다. 여기에 역사의 묘미가 있다.

1618년 8월 5일 "박승종을 좌의정으로, 박홍구를 우의정으로, 이상의를 이사貳師로, 이이첨을 판의금부사로, 이필영을 좌찬성으로 제수했다"라는 기록이 나온다. 광해군을 옹립했던 대북파 인물들이 전면에 배치된 것이다. 이제 허균의 운명은 바람 앞의 촛불과 같은 처지가 되었다.

남대문 방서 사건

1618년 8월, 이 무렵 조선은 후금의 누르하치가 명나라를 공격해서 조선도 전쟁 분위기에 휩싸여 들어가는 와중이었다. 그리고 8월 10일 새벽, 서울의 사대문 중 하나인 남대문에서 남대문 방서榜書 사건이 일어났다. 《광해군일기》에 실린 그날의 상황을 보자.

"오늘 아침 유생 하인준이 신에게 와서 말하기를 '방금 남대문 밖에서 흉서 한 장을 보았다'고 하였습니다. 신이 대궐을 나올 때 그 문을 지나면서 자세히 살펴보니 이른바 흉서라는 것은 이미 없었습니다. 잠시 뒤 본부의 금난리禁亂吏 김애천이 그 흉서를 가지고 대간청의 양사가 제회하는 곳에다 뒤늦게 바치며 말하기를 '남대문 별장 등이 군사를 시켜 가져오게 하여 찢어서 부엌 아궁이에 쳐 넣었는데 주워 가지고 왔다' 하였습니다. 신이 이미 인준의 말을 듣고 또 흉서를 보니 심장과 쓸개가 모두 찢어지듯 몹시 경악스러웠습니다. 감봉監封하여 올립니다."

장령 한명욱이 비밀리에 입계하여 한 말이다. 그 말을 들은 광해군은 의논해서 아뢰라고 전교했다.

"흉서를 붙인 자를 체포하여 보고하지 못한 것은 수문장과 별장의 죄다. 더구나 흉서를 본 뒤에 즉시 와서 고하지 않았을 뿐만 아니라 군사를 시켜 몰래 찢어 버리게 해서 그 자취를 숨기려고까지 하였으니 그 정상이 매우 수상하다. 숭례문 별장 장응명 · 한진하 · 서유일 등을 모두 잡아다 추국하라."

8월 10일 흉서를 처음 발견한 하인준을 체포하여 국문을 시작했다.

"문 밖에 붙어 있는 흉서를 문을 나갈 때 어떤 연유로 볼 수 있었으며, 본 뒤에는 즉시 수문장에게 힐문하지 않고 단지 한명욱에게만 가서 말을 전한 전후의 곡절을 일일이 바른 대로 고하라."

그러자 하인준이 다음과 같이 고했다.

"신이 대론에 관한 상소 일로 소청疏廳에 있다가 아침 전에 남대문을 나가는데 행인들이 많이 모여서 문을 바라보고 있었습니다. 신이 말을 타고 지나가면서 흘깃 보니 '대장大將'이라고 쓴 글 아래에 서명을 하였고 첫머리에는 '조선'이라는 두 자를 썼는데, 그 이하의 말은 극히 흉악하고 참담하여 신하로서는 차마 눈 뜨고 보지 못할 것이었습니다. 그래서 바로 장령 한명욱을 찾아가서 인사말을 나눈 뒤에 이르기를 '방금 남대문에 걸린 방을 보았는데, 매우 흉악했다' 하니, 명욱이 놀라며 '다시는 말하지 마라'라고 하였습니다. 신이 돌아갈 때에 보니 없었는데, 문을 나오면서 방을 보았을 때가 진시 말엽인 듯합니다.

신은 전에 원궤元簋의 익명서 사건 때 신의 이름이 그중에 끼여 있었으므로 인심이 좋지 못한 것을 마음속으로 항상 통탄해하고 있었습니다. 그러므로 이 일을 한명욱에게 말한 것인데, 장차 대간을 만나고 다음 날 성균관에서 소를 올릴 때 마땅히 그 일에 대해 언급할 계획이었으므로 수문장에게 힐문하지 않은 것뿐입니다."

그 방서는 지난해인 1617년 1월 서궁에 던져졌던 격문과 비슷했다. 다만 끝부분에 "백성을 조문하고 죄인(광해군)을 벌하기 위해 하남대장군河南大將軍이 장차 이를 것이다"라는 글이 쓰여 있었다.

하인준을 국문하고 다시 그 방서를 늦게 바친 서리 김애천을 국문하였으나 하인준과 비슷한 대답이 나왔다. 이이첨에게는 허균을 제거할 수 있는 절호의 기회가 찾아 온 것이다. 사헌부와 사간원으로 하여금 '허균과 기준격을 동시에 붙잡아다 놓고 대질심문을 하라'고 요청했다. 그와 동시에 그가 모아 두었던 허균에 대한 여러 자료들을 광해군에게 보고했다. 이에 광해군은 기준격이 허균을 모함하는 비밀 상소를 올린 지 8개월이 흐른 뒤에야 허균을 심문할 것을 허락했다.

광해군은 '남대문 괘방掛榜 사건은 극히 흉측하니 이러한 역적은 빨리 적발하라'는 전교를 내렸고, 하인준과 현응민이 추국청에서 여러 차례 공초를 받았다. 그러나 두 사람은 그동안 일어났던 일들이 자기들이 한 일이었다고 자백하면서도 허균과의 관계는 끝까지 부인했다.

의금부에 갇히다

남대문 방서 사건이 일어난 지 며칠이 지난 8월 17일 광해군이 '허균과 기준격을 의금부에 내리라'고 명했다. 곧바로 두 사람이 붙잡혀 의금부에 수감되었다. 허균이 자신과의 관계를 털어놓을 것을 염려한 이이첨은 허균에게 비밀리에 사람을 보내어 "금세 풀어줄 것이니 그때까지만 기다리게" 하며 달랬다. 투옥되기 전날 밤 불길함을 느꼈는지 허균은 자신의 문집 《성소부부고》 초본을 외손자 이필진에게 보냈다. 그때 보내지 않았더라면 그 책들은 역적의 글이라 하여 하나도 남김없이 소각되고 말았을 것이다.

당시 허균의 동지로서 가장 고위층에 있었던 한성부 좌윤 김개는 허균이 의금부 감옥으로 붙잡혀 가는 것을 보고 의금부 옥리들을 매수하여 허균을 탈출시키고자 했다. 또한 허균이 감옥에 갇혔다는 사실이 알려지자 성균관 유생들이 벌 떼처럼 들고 일어나 상소를 올렸다. '죄 없는 사람을 가두었다'는 것이었다. 그들뿐만이 아니었다. 허균을 따랐던 사람들, 즉 사회로부터 소외된 계층인 하급 관리들과 무사 그리고 노비들이 의금부 감옥 앞으로 모여들어 옥문을 부수고 허균을 데려가고자 했고, 그들의 기세에 눌린 옥리들은 달아나기에 바빴다.

1618년(광해군 10) 8월 18일부터 기준격과 허균을 따로 국문하기 시작했다. 그리고 낮에는 대질심문을 했다. 대부분 1613년 칠서의 난 당시 허균의 행적을 다시 조사하는 것이었다. 기준격은 그때 상소문에 수록된 일을 말했다. 그때까지도 위험을 감지하지 못한 허균은 기준격의 집안으로부터 미움을 받게 된 이야기만 털어놓으며 "당시 기준격이 아무리 나이가 어렸다고 할지라도 어떻게 그런 이야기를 들었을 때 즉시 고하지 않다가, 자기 아버지(기자헌)가 죄를 얻은 뒤에야 허위를 날조해 무고하는가?"라며 기준격이 자신을 무고한다고 주장했다. 허균은 항변했지만 그가 모반을 꾀한 정황이 하나하나 드러나자 광해군은 8월 21일에 다음과 같이 전교했다.

> 허균을 국청으로부터 하옥할 때 횃불을 끄고 칼과 수갑을 풀어 주었는데도 압송해 가는 당해 도사가 사정을 들어주어 금하지 않았다고 한다. 그 도사는 먼저 파직한 뒤에 추고하라. 지금부터는 만일 인정을 쓰고 삼가지 않는 일이 있을 경우 당해 도사는 나국하고 당상은 추고하라.

광해군은 이어서 '김개를 급급히 잡아 가두어라'는 명을 내렸고, 그날 김개는 동지의금부사직에서 해임되고 말았다. 곧바로 양사가 합계하여 "허균은 역적의 이름을 지고 지금 한창 국문의 조사를 받고 있으니 그 딸은 바로 역적 집안 출신입니다. 당초 소훈 단자를 봉입하면서 금혼령을 내리기까지 하였는데, 어찌 역적 집안의 딸을 동궁의 곁에 들일 수 있겠습니까. 금혼령을 환수하시고 당해부 및 한성부의 차지관원次知官員을 아울러 파직하라 명하소서"라고 아뢰었다. 그런데도 이이첨은 허균을 안심시켜 입을 막기 위하여 비밀리에 '딸이 소훈으로 뽑혔다', '곧 풀려날 것이다'라고 거짓말을 했다.

양사에서는 허균을 삭탈관작할 것과 포도대장 김예직의 나국을 청했다. 또한 우경방을 풀어 주라고 요구한 일을 가지고 허균을 국문하기 시작했고, 기준격과 허균의 대질심문이 시작되었다. 기준격은 공초에서 '자신이 늦게 고했다는 것으로 죄를 얻는 것은 부당하다'고 했다. 특히 허균에 대해 '성격이 원숭이처럼 경박하여 묻지도 않은 말을 자기도 모르게 입에서 나오는 대로 말해 주었다'고 말하며, '이제 와서는 말을 날조하여 답하니 만약 국문을 한다면 그의 성격이 경박하므로 한 차례도 안 되어 반드시 승복할 것'이라고 했다. 기준격의 말을 들은 허균도 '자신이 하지 않은 일은 비록 사지를 자르고 가죽을 벗긴다 하더라도 동요되지 않을 것'이라고 말하며 기준격의 말을 부인했다. 다시 기준격이 공초를 했다.

허균은 인사人事를 알지 못하는 어린아이나 다름이 없으며, 전도되고 요망스럽다는 것은 모든 사람들이 함께 알고 있는 바입니다. 신을 어린아이로 여겼기 때문에 흉역한 말을 무수히 발설했던 것인데, 이제 와서 굳게 숨기고 마음속으로 대질하기를 꺼려 중국으로 가서 죄를 면해 보려고 한 것입니다.

이어서 기준격은 허균을 두고 다음과 같이 말했다.

허균은 성품이 경솔하고 위엄이 없어 비록 미천한 자라도 자기와 대등한 자처럼 대우하였습니다. 그는 또 화란禍亂을 즐기는 자로서 종당에는 반드시 나라의 근심거리가 될 것입니다.

'미천한 자라도 자기와 대등한 자처럼 대우하였다'는 이 말에서 허균의 일생에 걸쳐 추구했던 여러 가지 꿈과 소망이 드러난다. 허균은 기축옥사로 희생된 정여립이 주창했던 대동사상을 잇는 새로운 세상을 꿈꾼 것이다. 신분의 귀천이 없는 세상, 그것이 바로 허균이 꿈꾸었던 세상이고 이루고자 하는 세상이었다. 당시 대다수의 지배층은 허균을 경박한 패륜아로 보았지만, 수많은 민중은 새로운 세상을 열고자 하는 지도자로 보았던 것이다.

두 사람의 공초를 들은 왕은 대신들에게 "의논하여 아뢰라"라고 했다. 대신들은 '두 사람이 한 말의 진위 여부는 아직 판단하기 어렵다. 하지만 기준격이 두 번째 상소 끝에 첨부한 네 통의 서찰 가운데 허균의 필적이 분명한 것이 있어 의심이 간다'고 말했다. 그리고 '허균과 기준격을 대질 심문한 뒤 또 그동안 언급된 사람들을 조사해야 한다'고 말했다. 한편 광해는 대신들의 의견에 따라 하인준을 다시 엄히 국문해서 흉서를 쓴 사람, 붙인 사람 그리고 그 연유 등을 모두 알아내라고 지시했다. 또한 "역적 허균을 날이 저물기 전에 먼저 하옥하도록 금부로 하여금 살펴 거행하게 하라"라고 지시했다.

이때 이이첨은 선전관을 시켜서 허균의 집에서 문서를 수색해 오도록 했다. 그때까지 허균이 혁명을 일으키려 했다는 것이 입증되지 않았기 때문이다. 그날 사관은 《광해군일기》 본문 바로 옆에 작은 글씨로 다음과 같은 글을 실었는데, 그 내용이 무척 흥미롭다.

이때에 허균이 무사를 많이 모으고 은밀히 승군을 청해서는 곧바로 대비

궁을 범하여 일을 먼저 일으키고 나중에 아뢰려고 하였는데 왕도 이미 허락했다. 그런데 삼창三昌의 집에서 그 반란의 상황을 염탐해 알아내고는 허균이 대론을 가탁하여 남몰래 불궤不軌를 도모한다고 밀계를 올리니 왕이 크게 놀라 마침내 기준격 등의 소를 내려서 마치 전의 일을 캐묻는 것처럼 한 것이다. 그러자 삼사에서는 또 허균이 반역을 도모한 정상을 아뢰고 아울러 소를 올린 유생을 다스리기를 청하였으므로 이에 사방으로 체포하러 나간 것이다. 대개 허균이 이미 이이첨과 대론大論의 주도권을 다투고 있었을 뿐만 아니라 이이첨은 또 허균이 필경은 불궤를 꾀하리라는 것을 알고서 마침내 유柳·박朴과 함께 같은 내용으로 고변을 하여 그 입을 막으려고 한 것이다.

이 내용을 보면 광해군도 대비를 축출하는 일을 묵인하고 있었지만 허균이 더 큰 일을 도모하고 있다는 사실을 이이첨 등을 통해 알고는 허균을 제거하려 했다는 것이다. 허균이 계획했던 더 큰 일, 불궤不軌는 과연 무엇이었을까? 첫 번째, 광해군을 그대로 두고서 그의 신임을 확고히 한 다음에 권력을 잡고자 했을 수도 있다. 두 번째, 처음부터 광해를 내쫓고 새로운 왕을 세우는 혁명, 아니면 허균 자신이 왕이 되려는 역성혁명을 생각해 볼 수도 있을 것이다. 《광해군일기》에 실린 사관의 글은 허균이 처형된 후에 자백한 허균 일파의 말을 통해 두 번째의 경우를 쓴 것이다. 허균은 과연 어떤 생각을 했고, 어디까지가 진실이고 어디까지가 거짓일까?

당시 국청에선 우경방과 현응민을 압슬형과 곤장형으로 국문했다. 그러나 우경방은 "허균의 집에는 명사들이 많이 모였기 때문에 신처럼 노복과 같은 무리는 그 무리에 끼이지도 못했으므로 허균을 만나보지 못했습니다"라며 허균의 연루 사실을 극구 부인했다. 현응민 역시 모든 행동을 스스로 한 것이라고 우기며 허균을 끌어들이지 않았다.

이때까지만 해도 허균을 따르던 사람들은 허균을 옹호했다. 허균이 심문을 받자 선전관 백대진은 팔을 걷어붙인 채 "허 판서가 무슨 죄가 있단 말이냐?" 하고 여러 사람들이 있는 데서 고함을 질렀다. 성균관에 적을 둔 유생들도 죄 없는 허균을 잡아 가두었다며 상소문을 올렸고, 거리가 들썩거리도록 소란을 피웠다. 그뿐만이 아니었다. 호조의 하급 관리들은 그달의 녹봉을 내려 주던 날, 허균에게는 8개월 치 녹봉을 지급했다. 당시 조정의 고급 신료를 제외한 대부분의 여론은 허균을 편들고 있었다.

그러나 여러 상황은 허균에게 불리하게 돌아가고 있었다. 8월 22일 날이 밝았다. 이제 김윤황과 하인준의 친국이 시작되었다. 하인준이 조금씩 입을 열기 시작했다.

> 압슬할 때 공초한 것이 어찌 거짓말이겠습니까. 이번 달 10일에 한명욱의 집에 가다가 지나가는 길에 흉방을 보았는데 참혹하여 볼 수가 없었습니다. 그래서 허균의 집에 들러 흉방에 대해 말하였더니, 허균이 말하기를 "우리들에게는 다행이다" 하였습니다. 전날 갇혔을 때 허균과 같은 칸에 있었는데, 하루는 허균이 민인길 · 우경방 · 현응민 등이 갇혔다는 말을 듣고는 갑자기 안색이 변하며 말하기를 "기가奇家와의 대질은 변론하기가 어렵지 않으나, 우경방 등의 일은 매우 걱정된다. 민인길이 갇히면 반드시

이사성의 흉격에 대한 일을 고할 것이다. 현응민은 죽어도 잡소리는 안 하겠지만 이사성·우경방은 반드시 굳게 견디지 못할 것이니, 어찌 이와 같은 일이 있는가"라고 하였습니다. 이른바 흉방에 대해 "우리 무리에게는 다행이다"라고 한 것은 그 뜻을 모르겠습니다.

김윤황에게 압슬형이 내려졌으나 그는 승복하지 않았다. 하인준은 압슬형을 가하자 고문에 못 이겨 다음과 같이 자백했다.

남대문에 방을 건 것은 어떤 사람이 한 짓인지 모릅니다. 경운궁에 격문을 던져 넣은 사건은 신도 항상 분하게 생각하고 있었습니다. (……) 만약 이사성에게 묻는다면 반드시 흉격의 일을 말할 것이며, 남대문의 괘방도 반드시 흉격과 같은 맥락일 것입니다.

그 뒤 신광업과 이원형을 국문하고 허균의 사위인 이사성을 국문했다. 서슬 퍼런 국청 마당에서 사위도 목숨을 부지하기 위해 장인인 허균을 부정하고 말았다. 이사성은 다음과 같이 공초했다.

민인길은 처가의 먼 일족으로 그 집을 출입하면서 때때로 보긴 했지만 서로 절친한 친분은 없었습니다. 비록 대수롭지 않은 작은 일이라도 같이 말하기가 어려웠는데 더구나 흉격이 이 얼마나 큰 변고인데 심심풀이 애기처럼 아무렇지도 않게 말을 전하겠습니까. 다만 그때 기嵜 정승의 차자 중에 '어떠한 사람(何許人)' 및 '많은 얘기들(許多說話)' 등의 말이 있었기 때문에 사람들은 모두 "이것은 반드시 허씨 집에서 한 짓이다"라고들 하였습니다. 신은 항상 말하기를 "장인은 도대체 어떤 사람이기에 세상의 기괴한 일은 모두 이 집안으로 돌아오는가"라고 하였습니다. 민인길이 반드시 이 말을 듣고 인하여 속이고 꾸며서 사람들에게 말을 전했을 것입니다.

신과 허균은 장인과 사위지만 그의 사람됨이 괴탄스러워서 신이 항상 비루하게 여겼으므로 서로 좋아하지 않았습니다. 그가 비록 실제 이러한 흉악한 일이 있었다 할지라도 반드시 신에게 터놓고 말해주지 않았을 텐데 어디에서 듣고 인길에게 말을 전하겠습니까. 인길이 이미 알지도 못하고 듣지도 못했다고 상달하고는 후에 그 말을 바꾸었으니 그의 속임수와 변환하는 마음을 헤아릴 수 없습니다.

8월 23일이 되었다. 허균이 감옥에 갇힌 지 일주일째 되는 날이었다. 그날 포도청에서 우경방의 집을 뒤졌는데, 여러 문서를 찾아냈다. 또한 봉학의 집에 숨겨져 있던 붉은 칠을 한 도기와 갑자甲子를 나무에 새긴 군목軍目 한 장 그리고 죽기를 각오한 결사맹문決死盟文까지 찾아냈다. 허균이 모반을 꾀한 것을 부정할 수 없는 증거를 찾아낸 것이고, 그와 함께 모반을 도모한 사람들의 이름까지도 드러난 것이다. 광해군은 그제야 허균이 폐비론을 주장하면서 자신의 추종 세력을 모아 혁명을 도모했다는 사실을 알게 되었다. 그는 곧바로 명을 내렸다.

서궁의 일은 조정에서 마땅히 의논하여 처리할 것이니, 설사 의분의 마음이 있더라도 스스로 소장을 올려 진달하면 그만이거늘, 우경방 등은 어찌 감히 모여서 맹서의 글을 써서 각기 한 장씩 갖고 당을 모아 난을 모의하였는가. 그들이 겉으로는 서궁을 핑계대면서 때를 틈타 난을 일으키려던 계획이었으니, 반드시 숨기고 있는 실정이 있을 것이다.

같은 패거리와 심복들 그리고 군대를 모아 반역을 도모한 곡절에 대해 일일이 캐물어서 기어이 실정을 알아내도록 하라. 민인길은 매양 이재영을 거론하여 책임을 메우고 있는데 그가 숨기는 것이 있음은 의심할 여지가 없다. 유충립의 소 중의 내용으로 상세하게 다시 물어서 사실대로 정직하게 고하도록 하라. 만약 사실대로 공초를 바치지 않으면 엄히 국문하여 실정을 알아내라.

무인으로 부정副正을 지낸 홍연기 역시 허균의 복심이 되어 밤낮으로 함께 지내면서 크고 작은 흉모를 선동했다 하여 붙잡혀 들어갔다. 허균의 심복 하인준도 압슬형을 못 이겨 남대문 격서 사건을 승복했다. 그러나 황정필은 하인준과 달리 승복하지 않았다. 그는 하인준이 자신에게 업무와 관련하여 욕을 본 적이 있어서 자기를 미워하여 무함하는 것이라고 말했다. 또한 1월의 익명 언서는 본 적이 있다고 한 뒤 거기에 실린 협박 내용을 말했다. 하지만 남대문의 흉방과 허균의 모의에 대해서는 아는 것이 없다고 진술했다. 허균이 거느렸던 첩 추섬은 형신刑訊을 가하자 승복하고서 다음과 같이 공초했다.

경운궁의 흉격과 흉서, 남대문의 흉방은 허균이 모두 스스로 한 짓이다. 흉역스러운 일은 현응민과 함께 모의했으며, 방을 붙인 사람은 현응민이 항상 왕래하였던 것으로 보아서 현응민이 하였을 것이다. 추대하려던 이유에 대해서는 알지 못하겠다. 그리고 "의창군을 사람들이 추대하고자 한다"라고 항상 말했는데, 현응민과 장응기 등도 그렇게 말했다.

허균이 역모를 꾸민 지가 햇수로 3년이 되었다. 한밤에 소리를 쳐서 도성 안 사람들이 다 나가게 한 뒤의 그 계획은 반드시 까닭이 있었을 것이지만, 그 모의는 알지 못하겠다. 승군僧軍과 포수砲手를 이끌고 8월을 거사 기한으로 삼았으며, 그날을 15일로 정했다고 했다. 추대하는 사람은 모두 허균의 일족이었다. 아랫사람인 허실 · 허부 · 허채 및 허채의 형인데, 허채의 형은 이름이 기억나지 않는다.

삼사의 대신들은 김윤황과 하인준의 진술만으로도 허균을 처형하기에 충분하다면서 한시바삐 결안정법結案正法(사형을 결정하는 안문案文을 만들어 사형을 집행하고 확정하는 절차 또는 문서)을 받아 처형하기를 주장했다. 8월 23일에 《광해군일기》에 실린 내용을 보자.

"김윤황과 하인준의 공초가 이와 같습니다. 죄인을 이에 잡았으니 온 나라의 경사입니다. 윤황 · 인준은 모두 적 허균과 같은 당으로서 이미 승복하였으니 적 허균에게는 다시 물을 만한 일이 없습니다. 면질시키는 거조는 본래 이와 같은 경우에는 시행해서는 안 되니, 율문에 의거하여 결안結案을 받아서 나라의 형벌을 바루소서."

이렇게 국청에서 아뢰자 광해군이 다음과 같이 답했다.

"단지 윤황 등의 승복만으로 결안을 받는다면 근래 당을 모아 역모를 한 일은 결안 중에 넣지 않을 것인가. 그렇다면 단지 흉격 등의 일로만 정형에 처할 것인가. 다시 상세히 의논하여 아뢰라."

그 뒤 곧바로 광해군이 다시 전교를 했다.

"하인준이 공초한, 붉은 글로 쓴 익명서의 소재처와 처치한 곡절 및 흉방을 쓴 사람과 방을 붙인 사람에 대하여 아울러 다시 김윤황·하인준에게 물어 상세히 서계書啓하라. 역적 허균은 물을 만한 일이 많으니 지레 먼저 정형에 처해서는 안 된다. 윤황과 인준의 공초 내용과 옥당에서 차자로 논한 일 및 그의 복심, 같은 당인, 추대하려던 사람 등에 관해 일일이 다시 물어보아라.

그리고 방을 쏘았다는 것과 방을 붙였다는 것은 어떤 의미인가? 또 흉격 중에 쓰여 있는 '신산臣山' 이하의 사람들은 어떤 사람인가? 말단에 대장군 정鄭 운운한 자는 또 어떤 사람인가? 이것들의 곡절을 윤황과 인준에게 상세히 물어 아뢰어라."

광해군의 말이 떨어지자 일순 추국청에 깊은 심연 같은 침묵이 흘렀는데, 그 침묵을 깬 사람이 이이첨이었다. 그는 조심스러운 말투로 광해군에게 다음과 같이 대답했다.

김윤황과 하인준은 그 흉모를 행한 정황과 절차를 이미 다 승복하였습니다. 지금 만약 승복한 내용 중의 사의事意를 추출하여 조목조목 적 허균에 관한 사항을 묻는다면 스스로 나라의 형벌을 피하기 어려운 줄 알고서 하룻밤 사이에 자살할 근심도 없지 않으니 우선 기다렸다가 내일 조사하소서.

이이첨이 허균을 빨리 죽이고자 했던 까닭은 여러 가지가 있다. 김윤황과 하인준이 대충 자복은 했지만 서로 떠넘기는 것도 많았고, 자세한 전말이 밝혀지지 않았다. 그런데도 허균을 죽이려고 안달이 난 이이첨의 의도가 따로 있었기 때문일 것이다.

이 세상 마지막 날

누구나 세상에 태어난 이상 돌아가는 것이 우주의 질서다. 오고 가는 것이 순리인데, 자신의 운명을 다하고 가는 사람도 있지만, 그와는 상관없이 중간에 삶의 종말을 고하는 사람도 있다. 교산 허균의 생애가 그러했다. 운명의 날인 1618년 8월 24일 신하들이 광해군에게 다음과 같이 아뢰었다.

> "역적의 괴수 허균을 정형한 후에 고묘告廟하고 진하陳賀하는 등의 예를 차례대로 거행하소서."
>
> 이에 광해군은 다음과 같이 답했다.
>
> "예관으로 하여금 의논하여 처리하게 하라."

《광해군일기》에는 옆에 작은 글씨로 "한찬남 등이 아뢴 것이다. 급급히 이런 의논을 올리고 또 이어서 존호를 올리기를 청한 것은 같은 당의 자취를 엄폐하는 한편, 빨리 옥사를 완결하려고 했기 때문이다"라고 쓰여 있다.

판의금부사 이이첨을 비롯한 50여 명의 조정 신료들이 지켜보는 가운데 역적이 되어 문초를 받고 있는 허균의 마음은 어떠했을까? 그토록 자신을 신뢰했던 임금이 아니던가. 하지만 그것은 이미 지나간 일이고, 지금은 그 임금에게 문초를 받고 있다. 삼사에서 허균을 정형正刑으로 다룰 것을 청하자 광해군은 "친국의 명을 내렸으니 알아서 의논하여 처리할 것이다. 어찌하여 이처럼 번거롭게 소란을 떠는가. 번거롭게 아뢰지 마라"라고 답했다. 그리고 비밀로 아뢴 일에 대해서는 비답을 봉해서 내렸다.

광해군은 뭔가 미심쩍었다. 허균을 제대로 심문하지도 않았을 뿐더러 자백을 하지 않았는데도 이이첨 일파는 허균을 곧바로 처형하라고 했기 때문이다. 허균이 누구인가? 선왕(선조)이나 본인(광해군)이 그토록 총애했던 신하가 아닌가? 설령 그가 역모를 꾀했다 할지라도 누구와 그 역모를 꾀했는지 알고 싶었다. 그래서 광해군은 다음과 같이 전교했다.

> 근일에 국청에서 신문하는 것이 자못 허술한 일이 많다. 김윤황과 하인준이 공초한 일 중에 다시 신문할 만한 단서가 있는데도 상세하게 캐묻지 않고 먼저 역적의 괴수를 정형할 것을 청하니 극히 타당하지 못하다. 금후로는 죄인이 공초한 일에 대해서는 다시 더 반복하여 상세하게 물으라.
>
> 또 역적 허균이 저지른 짓이 단지 흉격과 흉서에만 그친다 하더라도 당연히 반복하여 끝까지 물어서 그 실정을 다 알아낸 연후에 나라의 형으로 바루어야 할 것이다. (……)

> 역적 허균이 저지른 각 항목을 일일이 엄히 국문한 후에 통쾌하게 왕법을 시행하는 것이 가할 것이다.

그날의 《광해군일기》에는 옆에 작은 글씨로 다음과 같은 글이 쓰여 있다.

> 하인준과 황정필이 대체로 공초에 자복하였으나 또한 서로 미루고 핑계대어 옥사의 실정을 다 캐내지 못했는데 국청이 급급히 허균을 아울러 죽이고자 계청하였으니, 이는 대개 이이첨이 옥사를 완결 짓고자 했기 때문이다. 이후에 형을 받은 사람들은 불과 한두 차례의 형신에 잇달아 죽어나갔으니 그 음험하고 비밀스러운 상황을 알 수 있다.

모든 죄를 뒤집어쓴 현응민

광해군이 마지막으로 인정전 문에 나아가 친국했다. 우의정 박홍구, 의금부 당상 이이첨 그리고 대사헌 남근을 비롯한 중신들이 입시했다. 그 자리에서 현응민은 허균을 살리기 위해 "전후의 흉서는 모두 신이 한 짓으로, 허균은 모르는 일입니다. 단지 신만을 정형하소서. 허균이 죽는 것은 억울합니다"라고 말했다. 왕이 흉격의 일을 꾸민 의도를 묻자 "이것은 세상을 현혹하려는 계책에 불과할 뿐입니다. 어찌 진짜로 이러한 사실이 있었겠습니까"라고 대답했다. 그러나 이미 김윤황과 하인준으로부터 유리한 자백을 받았기 때문에 현응민의 자백은 받아들여지지 않았다.

적 허균이 흉역을 행한 정상은 우경방과 김윤황의 초사에서 이미 드러났습니다만, 이제 비로소 흉격을 보니 입으로는 차마 말할 수 없을 정도였습니다. 어제 형을 늦춘 것도 이미 극도로 지체된 것이므로 현재 상하의 인심이 답답해한 지 벌써 오래입니다. 죄인이 이에 붙잡혀 나라 사람들이 경하하고 있으니 속히 정형을 명하소서.

박홍구가 아뢰었다. 하지만 광해군의 마음은 그들과 달랐다. 이이첨에게 앞으로 나오라고 한 뒤 "정형을 속히 해야 마땅하겠지만, 물어야 할 것을 물어본 뒤에 정형을 하는 것이 어떻겠는가?"라고 물었다. 이이첨이 "도당들이 모두 승복했으니 달리 물어볼 만한 것이 없습니다. 죄인을 잡아내어 도성의 백성들이 기뻐 날뛰고 있으니, 즉시 정형을 해야 한다고 생각합니다. 오늘도 지연시키면 뭇사람들이 답답하게 여길 것입니다. 무슨 다시 물어볼 만한 일이 있겠습니까"라고 아뢰었다. 그러자 박홍구도, 한찬남도, 유희발도, 남근과 윤인도 하나같이 형을 더 이상 늦추어서는 안 된다고 아뢰었다. 광해군은 그들의 말을 받아 "오늘 정형하지 않겠다는 것이 아니라, 심문한 뒤에 정형하고자 하는 것이다"라고 말했다.

광해군에게 있어 허균이 누구인가? 허균이 세자시강원 설서로 임명된 것은 1597년 정유년이었다. 허균의 나이 스물아홉, 광해군은 스물세 살이었다. 젊었던 두 사람은 어지럽기만 한 나라에 대해 수많은 이야기를 주고받았고, 그 후 20여 년의 세월 동안 가장 믿었던 관계였다. 허균은 임금 앞에서 오금을 펴지 못하는 다른 신하와 달리 거침이 없었고, 행동 역시 자유분방하고 솔직했다. 더구나 어느 누구와도 비교할 수 없는 천재적인 문장가가 아니었던가. 그런 까닭에 광해군은 허균을 두고 "그대는 나의 해와 달 같은 존재"라고 말하지 않았던가. 허균이 과연 역모를 꾀했을까, 아니면 모함일까? 어떻게 하면 이 난국을 헤치고 나가 허균을 구할 수 있을까? 광해군의 머릿속에 여러 상념이 스치고 지나갔을 것이다.

그런 왕의 마음은 아랑곳하지 않고 이이첨이 다시 "지금 만약 다시 묻는다면 그는 반드시 잠깐 사이에 살아날 계책을 꾸며 다시 함부로 말을 지어낼 것이니 도성의 백성들을 진정시킬 수 없을까 걱정됩니다"라고 아뢰었다. 결국 광해군은 군신들의 협박을 이겨내지 못하고 그들의 뜻을 따르기로 한다. 그렇게 튼실했던 믿음도 이이첨을 비롯한 대북파 실세들의 집요한 공세 앞에서는 무너지고 만 것이다. 광해군은 허균을 버리고 당시 정권의 실세 중의 실세인 이이첨의 뜻을 따랐다. 그날의 《광해군일기》에는 옆에 작은 글씨로 다음과 같은 글이 실려 있다.

이때에 이이첨과 한찬남의 무리는 허균과 김개 두 적이 다시 국문하는 것으로 인하여 사실대로 공초하면 그들의 전후 흉모가 여지없이 드러나 다 같이 주륙을 받게 될까 두려워했다. 그래서 자기들의 심복을 몰래 시켜 허균과 김개에게 말하게 하기를 "잠깐만 참고 지내면 나중에는 반드시 벗어날 수 있을 것이다"라고 하고, 또 균의 딸이 바야흐로 뽑혀서 후궁으로 들어갈 참이므로 다른 근심이 없으리라는 것을 보장한다면서 온갖 수단으로 사주하고 회유했다. 그러나 그 계책은 실로 두 적을 급히 사형에 처하여 입을 없애려는 것이었다. 친국에 입시해서는 왕이 정상을 캐물으려고

하자 이이첨의 무리는 황황히 어쩔 줄을 몰라 하면서 그 당류들과 더불어 탑전에서 정상을 막고 은폐하며 같은 말로 협박하고 쟁론해서 왕으로 하여금 다시 캐묻지 못하게 했다. 왕이 마음대로 할 수 없어서 그들의 청을 따라주자 이이첨의 무리가 서둘러 허균을 끌고 나가게 했다. 적 허균은 나오라는 재촉을 받고서 비로소 깨닫고 크게 소리치기를 "하고 싶은 말이 있다"라고 하였으나, 국청의 상하가 못 들은 척하니, 왕도 어찌할 수가 없어서 그들이 하는 대로 맡겨둘 따름이었다.

"하고 싶은 말이 있다! 하고 싶은 말이 있어!"

허균의 최후에 함께한 사람은 하인준 · 현응민 · 우경방 · 김윤황이었다. 그들은 도성의 서쪽 저잣거리에서 처형되었다. 《광해군일기》 광해군 10년 8월 24일에 기록된 그들의 죄상은 다음과 같다.

허균은 '협박하여 공초를 받지 못하게 하고' 단지 기준격의 전후 소疏 중에 나타난 흉모의 곡절과, 김윤황을 사주하여 흉격을 화살에 매어 경운궁 가운데 던지게 한 것과, 남대문의 흉방에 대해서 하인준이 허균이 했다고 이른 것, 몰래 승도들을 모아 난을 일으키려고 모의한 것, 산에 올라가 밤에 소리쳐서 도성의 백성들을 협박하여 나가게 한 것, 유구琉球의 군대가 원수를 갚으러 와서 섬에 숨어 있다고 한 설 등이 모두 허균이 한 것이라고 전후의 흉모에 대해 김윤황과 하인준이 일일이 승복한 죄인데, 허균은 아직 승복하지 않았으므로 결안할 수 없다면서 붓을 던지고 서명하지 않으니, 좌우의 사람들이 핍박하여 서명케 했다.

적 하인준은 흉방에 동참한 죄다.

적 현응민은 역적 균의 이목과 복심이 되어 밤낮으로 함께 거처하면서 무릇 그가 행하는 일은 참여하여 알지 못하는 것이 없었다는 것과 남대문의 흉방을 응민이 썼고 산에 올라 밤에 소리친 것을 응민이 하였다는 설이 허균의 첩인 추섬의 공초에서 나온 죄다.

적 우경방은 군목에 같은 당인의 성명을 나열해 쓰고 또 결사맹문을 지어 한보길 등과 죽음을 각오한 교유를 맺었다는 것과, 은밀히 흉계를 꾸밈에 있어 적 허균의 지휘를 받지 않은 것이 없었다는 것, 또 더욱 흉참한 갑자를 나무에 새기는 등 역모에 동참한 죄다.

적 김윤황은 허균의 지시와 사주를 듣고 흉계를 이루려고 흉격을 화살에 싸서 경운궁 안에 던져 넣은 죄다.

연좌와 적몰, 집을 부수고 못을 파는 일, 그 지역의 수령을 파직하는 일, 그 읍호를 강등하는 '일 등을 모두 율문에 따라 시행했다.'

기자헌은 허균이 죽었다는 말을 듣고 말하기를 "예로부터 형신도 하지 않고 결안도 받지 않은 채 단지 공초만 받고 사형으로 나간 죄인은 없었으니 훗날 반드시 이론이 있을 것이다"라고 했다 한다.

그날의 상황을 안타깝게 여겼던 소설가 이병주는 소설 《허균》에서 다음과 같이 묘사했다.

무오년 광해군 10년 서기로는 1618년 8월 24일. 하늘은 맑고 가을바람이 산들거렸다. 서소문 밖 형장에 아침부터 사람들이 모여들었다. (……)

정오쯤 되어 그들이 기다리던 죄인 허균이 함거에 실려 형장에 도착했다. 형리들이 장소를 정리했을 즈음, 형조참의 이홍주, 형조정랑 박항길이 입장하여 자리에 앉았다. 이어 박항길의 사형 집행을 위한 선언이 있었다.

형은 능지처참에 의한 사형, 차례대로 집행되었다.

처음 왼쪽 다리를 끊고, 다음 오른쪽 다리를 끊었다. 피투성이가 된 형리들은 작업을 계속하여 양팔을 겨드랑이 바로 윗부분에서 끊고, 마지막으로 목을 끊었다.

지켜보는 사람들 사이에서 기침 소리 하나 없었다. 이윽고 선혈을 이룬 허균의 머리가 나무 끝에 효시되었다. 바로 그 옆에 다음과 같은 방榜이 섰다. "대역부도죄인大逆不道罪人 허적균지시許賊均之屍."

최후의 마지막 시간, 그 짧은 찰나에 허균의 머릿속에는 사랑했던 사람들이 주마등처럼 스쳐 지나갔을 것이다. 아버지 허엽, 큰형 허성, 작은형 허봉, 누이 허난설헌 등등 하나같이 그를 사랑했던 사람들이다. 그에게 학문과 문학을 가르쳐 준 유성룡, 이달 그리고 수많은 친구와 동지. 그러나 누구나 한 번은 왔다가 가지 않는가.

하지만 그에게는 해야 할 일이 남아 있었고, 그 일은 그가 아니면 누구도 대신해서 할 수 없는 일이었다. 미완으로 남게 될 세상을 위한 혁명, 그 마지막 단어를 이제 누가 할 수 있겠는가? 거기에서 허균은 피눈물을 쏟고 이 세상을 떠날 수밖에 없었을 것이다. 더는 물러설 수 없는 한판

싸움에서 끝내 패배자로 낙인이 찍혀 세상을 떠나는 자의 마지막 시간, 허균의 진정 숨김없는 마음은 어떠했을까?

허균은 결안도 없이, 곤장도 한 대 맞지 않은 채 서시西市에서 처형되었다. 참으로 이상한 처형이었다. 허균의 시체는 갈기갈기 찢긴 채 형장의 이슬로 사라지고, 그의 집은 파서 연못을 만들고 말았다.

허균이 지은 글 중에 〈탐원와기探元窩記〉가 있다. 점을 봐주는 맹인 이광의가 자신의 거실(탐원와)을 꾸밀 기문을 지어 달라고 해서 쓴 글이다.

"나는 세상과 어긋나서 점술을 좋아하지 않는다"라고 말한 허균은 우연히 이광의를 만나 자신의 운명에 대해 물으니 다음과 같이 답했다.

"어느 해는 길하고, 아무 해는 흉하며, 아무아무 해에는 감사가 되고, 수신帥臣이 되며, 임금의 측근이 되고, 경이卿貳(좌찬성과 우찬성)가 될 것입니다."

그때 허균이 답했다.

"나의 앞길은 내가 익히 알고 있소. 나는 운명을 하늘에 맡기고 명에 맡기는 사람이오. 하늘과 운명이 내게 부여한 것은 비록 그대가 예언하지 않더라도 나는 이를 향유할 수 있소. 그렇지 않다면 비록 수명이 위나라 무공武公 같고, 부귀가 주공周公 같다 말해도 나는 이를 믿지 않소."

이광의는 그날 그 비극적인 최후를 알고 있었을까? 허균은 어땠을까? 역사에는 가정이 없는 것임을 분명히 실감하면서도 그날 두 사람의 만남이 이렇게 저렇게 회고가 되는 것은 무슨 연유인지…….

허균의 혁명이 실패로 돌아가고, 죽임을 당한 뒤 사관은 허균에 대한 내용을 다음과 같이 실었다.

허균의 위인爲人은 후처의 막내둥이로 태어나 일찍이 부친을 사별한 관계로 모친 밑에서 규제 없이 자라난 까닭에 예의범절을 지킬 줄 모르는 버릇없는 성품을 지니고 있었다.

그런 위에 그를 가르친 스승이 서얼 출신으로서 사회적으로 출세에 제약을 받는 울분 쌓인 인물이었으며, 그가 친하게 지낸 주위의 인사들이 주로 서얼이었다는 점에서, 사회제도의 모순점에 대하여 저항적이고 개혁 의지가 뿌리 깊이 박힌 정신 자세를 지니고 있었다.

거기에 대하여 문재文才는 당대의 문사들이 감히 대적할 수가 없을 정도의 귀재鬼才였으니, 자연히 거만해지고 안하무인으로 되지 않을 수 없었던 것이다. 결국 주위의 사람들은 시기심과 압박감 때문에 그를 미워하였고, 그를 접하기 꺼려한 나머지 제거의 대상으로 지목하였다.

그러나 허균은 자신의 윗사람에게는 철저히 충성을 다하였으며, 시키는 일은 거역함이 없이 정성을 다 바쳐서 완수하였으므로 왕과 이이첨 같은 윗사람들은 그를 총애하고 신임했다.

그는 동료들에게는 거만하게 행동하면서 서얼들에게는 많은 동정을 아끼지 아니하여 함께 어울리는 소탈함을 보였으니, 그 이중적 성격이 결국 한 시대의 혼란을 혼자서 죄로 쓰고 죽임을 당해야만 하였으니 동정의 눈물을 흘리지 않을 수 없다.

8월 25일 황정필에 대한 취조가 시작되었다. 황정필은 세 차례 형장을 맞은 뒤 승복하고서 결국 자백했다. 허균은 끝까지 자백을 하지 않았지만, 황정필은 허균이 처형되었다는 것을 알고 이이첨 일파와 말을 맞추고는 허균이 구체적인 거사 계획을 세웠다고 자백한 뒤 기절했다가 곧바로 죽었다. 그 소식을 들은 광해군은 전교를 내려 '별로 형장에 상할 일도 없는데 갑자기 죽었다고 하니, 이는 전에 없던 변고이므로 당해 도사都事, 월령의원月令醫員, 간수와 나장羅將을 아울러 나문하라'는 전교를 내렸다.

하루가 지난 8월 26일 자 《광해군일기》에는 황정필에 대해 "서쪽 저자에서 역적 황정필의 죽은 시체에 정형을 가하고, 그때 백관에게 명하여 차례대로 서게 했다"라고 기록되어 있다. 그리고 그 옆에는 작은 글씨로 다음과 같이 쓰여 있다.

> 그가 승복한 원정으로 결안했다. 정필이 세 차례 형장을 받고 하옥되었는데, 다음 날 다시 국문하라는 명이 있었기 때문에 이이첨 · 한찬남의 무리가 몰래 사람을 시켜 죽여서 입을 막은 것이다.

이이첨 일행은 황정필에게 필요한 자백을 다 받아 내자 매를 맞고 쓰러져 있는 그를 감옥 안에서 죽이고 만 것이다.

이후 허균을 처형한 과정이 절차에 합당치 않았다는 주장을 편 사람이 바로 이이첨과 함께 삼창결의를 했던 유희분이다. 그날 유희분 · 이상의 · 이시언 · 조정 · 유공량 · 이경전 · 김신국 · 장만 · 권반이 광해군에게 아뢰었다.

> 무릇 옥사를 살피는 체모는 반드시 엄히 국문하고 끝까지 캐물어서 흉악한 역모의 상황을 일일이 바른 대로 공초하게 해서 털끝만치도 실정을 숨

기는 일이 없는 연후에야 결안을 받아 형을 시행하는 것이니, 이는 국가의 금석과 같은 법으로 고금에 통행하는 규례입니다.

적 허균의 반역한 상황이 비록 여러 적들의 공초에서 나왔으나 그 흉악한 음모와 비밀스러운 계책을 시행해 온 곡절은 더러 같은 당인도 다 알지 못하고 저 혼자만 아는 것이 있는데, 끝까지 신문하지 않았을 뿐만 아니라, 그가 고하려는 말까지도 공초를 받지 않았습니다.

심지어 상께서 캐묻고자 하셨는데도 국청은 억지로 묻지 말기를 청하고 대간은 누차 지레 처형하기를 청하여, 한마디도 묻지 않고 형장 한 번 때리지 않은 채 서둘러 전형을 가하여 흉역의 모의를 지척에 계신 성상 앞에서 다 실토하지 못하게 하였습니다.

고금 천하에 어찌 이와 같이 역옥을 다스리는 경우가 있겠습니까. 적의 괴수는 이미 죽어서 어쩔 수 없으나 나머지 당은 아직도 남아 있으니 지금이라도 만약 엄하게 심문하면 실정을 알아낼 수 있습니다. 그런데 단서가 조금 나타나기만 하면 번번이 형을 시행하기를 청하여 허균을 처치했던 방법으로 처치하고자 하는 것이, 마치 그 입에서 말이 나오는 것을 두려워하는 듯하니 신 등은 실로 그 의도를 깨닫지 못하겠습니다.

이이첨과 유희분의 힘겨루기가 시작된 것이다. 그러나 이이첨은 적법한 절차를 거쳤기 때문에 아무런 문제가 없다고 맞섰다. 이이첨은 김개와 원종 등이 아직 처형되지 않아 자신의 거취가 탄로 날 것을 염려하여 그들을 죽여야 한다고 청했다. 또 그들이 '어차피 죽을 테니 무함하여 보복이나 하자'고 하여 아무나 끌어들인다는 주장을 하면서 혹시 그들의 입에 자신들의 이름이 오르더라도 살아날 수 있는 계책을 부렸다.

허균과 그의 일행 몇 명이 처형된 8월 24일과 그 이후에도 수많은 관련자들의 국문이 이어졌다. 8월에서 11월까지 큰 심문이 여러 차례 이어졌다고《광해군일기》에 실려 있다.

허균의 역모사건에 관련된 혐의가 있다고 이름이 언급된 사람들은 부지기수였다. 그중에는 그의 가족, 하인, 일가들이 나온다. 추섬 · 성옥 · 옥매는 허균의 첩이었고, 허실 · 허부 · 허채 · 허친 · 허보는 허균의 친척이었다. 그 가운데 한 사람이 허균의 첩 성옥의 아버지 송취대다. 그는 허균과 절친한 친구였는데, 사건이 터지자 호남으로 딸을 데리고 피신했다가 붙잡혀 와 모진 국문을 받아야 했다.

허균의 역모사건 진압과 교서 발표

허균의 역모사건으로 인하여 허균 집안은 연좌적몰緣坐籍沒 법에 따라 삼족이 멸하였고, 그가 살던 집은 헐린 뒤 연못이 되었다. 또한 그와 함께 혁명을 도모했던 수많은 사람이 죽임을 당했거나 유배형을 받았다. 허균이 죽은 뒤에도 그를 지지했던 많은 사람이 그의 곁을 떠나지 않았다. 8월 28일 자《광해군일기》에는 이런 내용이 실려 있다.

> 박충남, 서리이다. 적 허균이 효수된 뒤에 적의 머리를 가져가려고 했고 수직 군사를 마구 때렸다고 부장에게 고발당했다. 그래서 공초를 받았다.

그 뒤로도 수많은 사람이 허균의 역모사건에 연루되어 붙잡혀 들어갔는데, 그해 8월부터 2개월간에 걸쳐 90여 명이 심문을 받았다. 그중에 큰형 허성의 사위인 의창군은 위리안치형을 받고 유배를 갔다.

9월 6일 예조의 요청을 받은 왕이 인정전에 거둥하여 진하를 받았다. 백관들을 가자하고 잡범사죄雜犯死罪 이하를 사면하고 교서를 중외에 반포했다. 그 교서는 다음과 같다.

어지러운 도적들이 흉악한 생각을 품어 화가 바야흐로 얼마 안 가 일어날 판이었는데, 그들이 형벌을 받아 죽게 되자 맑은 조정에 모두 다투어 나와 진하했다. 이에 죄수를 풀어 주는 사면령을 크게 반포하여, 닭을 그린 깃발을 내거는 법을 시행하는 바다.

역적의 우두머리 허균은 성품이 올빼미 같고 행실이 개나 돼지와 같았다. 인륜의 도덕을 어지럽히고 음란을 자행하여 인간으로서의 도리가 전연 없었으며, 윤기를 멸시하고 상례喪禮를 폐지하여 스스로 공자의 도道를 끊었다. 붓을 놀리는 자그마한 기예로 출세하여 등급을 건너뛰어 외람되이 작위를 차지하여 녹을 훔쳤다.

홍로와 체결하여 동저東邸를 위태롭게 하고자 도모했으며, 김제남을 지휘하여 서궁을 등에 업고 권력을 잡고자 했다. 이의를 옹립하려는 계책을 세웠으나 수렴청정이 이루어지지 못하자, 이광을 추대하려는 계책이 또 같은 무리에게서 나왔다. 선왕이 승하하신 틈을 타 감히 어린 왕자를 무함했으며, 중국에 들어가 상변上變하면서 만금의 뇌물을 쓰려고 했다. 비기秘記에 의탁해서 참언을 지어내 몰래 천도의 설을 퍼뜨렸으며, 경운궁을 그리는 시를 지어 몰래 내부적 화란을 재촉했다. 군기교軍器橋 머리에서 김윤황에게 화살과 격문을 전달하였으며, 숭례문 밖에서 하인준에게 방문을 붙이게 했다. 대론에 가탁해서 조정의 역적을 토벌하는 의리를 돕는 것처럼 하였으며, 잡다한 무리를 꼬이고 위협해서 늪지에 숨어 도적들을 규합하는 계책을 이루고자 했다. 밤낮으로 은밀하게 의논해서 역모가 더욱 진행되어 화가 조만간 일어나게 되었다. 산에 올라가 소리를 질러 서울을 놀라게 하였으며, 불을 들고 호응하여 사람들을 모두 도망하게 했다.

그러나 기미를 밝게 비추고 있었으니, 어찌 그림자를 살피는 선견지명이 부족했겠는가. 묵묵히 도우시는 영령의 도움으로 다행히 후회해도 어쩔 수 없는 상황을 면하게 되었다. 신령스러운 거울을 높게 매달아 도깨비 같은 자들을 달아날 수 없게 만들었으며, 하늘의 그물을 넓게 펴놓아 여우 같은 자들을 모조리 잡아들였다. 현응민의 정확한 공초에 간악한 본성은 숨기기 어렵게 되었으며, 황정필의 정직한 공초에 흉악한 정상은 모조리 탄로 났다. 3일을 옥에 가두어 두자 거짓말이 이미 곤궁하게 되었으니, 9월에 논공하자던 교활한 계책이 어찌 시행될 수 있었겠는가.

8월 24일에는 역적의 우두머리 허균과 역적의 도당 하인준 · 김윤황 · 우경방을, 같은 달 26일에는 황정필 등을 모두 능지처참해서 죽였으며, 가산을 적몰하고 파가저택破家瀦澤하는 일을 일체 법률대로 시행했다.

아, 죄인을 잡아서 이미 동쪽의 저자에서 죽이는 주벌을 가하였으므로, 다시 아름답게 명해 죄를 용서해 주는 사면을 반포한다. 그래서 이에 교시하노니, 생각건대 모두 잘 알았을 것이다.

이 글은 대제학 이이첨이 지어 올린 것이었다.

허균이 심취했던 이탁오는 친구가 죽자 "여기서 맺은 오랜 인연 다 갚지도 못해, 떠나려고 말을 재촉하면서도 주저주저한다(赴京留別雲松上人)"(이탁오의 《분서》 권6)라는 말을 남겼는데, 허균은 죽기 전에 "할 말이 있다! 할 말이 있어!"라고 소리쳤다. 허균이 '하고 싶은 말이 있다'고 했던 그 말은 과연 무엇이었을까? 하지만 그의 말은 그것으로 끝이었고, 못다 한 말은 역사의 긴 침묵 속으로 숨고 말았다.

'죽은 자는 말이 없다'는 역사의 진리처럼 그는 말할 수가 없고, 역사의 승자들은 그를 깎아내리기에만 급급했다. 가깝게 지냈지만 가까스로 살아남은 사람들은 숨죽인 채 말하지 못했다.

기준격과 이이첨, 역사의 심판 받다

허균의 제자이자 원수였던 기준격도 역모사건을 피해갈 수는 없었다. 9월 2일 추국청에서 기준격에 대한 의논이 이루어졌다.

> 기준격이 흉악한 역적의 간사한 정황을 적발하여 소를 갖추어 위로 알린 것은 공이 사직에 있으니, 다른 것은 논할 겨를이 없겠습니다. 그러나 《대명률大明率》의 모반대역조謀反大逆條에는 알고도 자수하지 않은 자는 장유杖流 삼천리로 되어 있습니다. 기준격은 허균이 역모한 것을 이미 알고도 오래 지나서야 고발했으니, 만약 이것을 가지고 법을 적용한다면 다음 등

급의 죄율에 해당해야 할 것입니다. 장배杖配 3년으로 죄를 정하소서.

결국 기준격은 9월 8일 장杖 100대를 맞고서 횡성으로 유배길을 떠났다. 그의 죄는 즉시 고발하지 않았다는 것이었다. 한편 기준격의 아버지 기자헌 역시 인조반정 이후 일어난 이괄의 난 때 서울에서 내응했다고 하여 아들들과 함께 역모로 몰려 비참한 최후를 맞았다. 기자헌은 유교윤리에 철저했던 보수적 정치가였고, 다른 사람과 달리 오랫동안 여러 벼슬을 역임했지만 어지러운 정치 상황에서 비명횡사하고 말았다.

이이첨은 또 어떤가? 허균과 함께 공부했지만 그를 이용하다가 배반했던 이이첨의 말로 역시 비참했다. 인조반정이 일어나던 그날 밤 이이첨은 대궐에서 집으로 돌아와 세 아들과 가족을 거느리고 성을 넘어 달아났다. 영남 지방으로 달아나기 위해 이보현利甫峴을 넘어 묵방에 이르러 각자 흩어져 엎드려 있었는데, 군사와 포교가 추적해 와 잡혔다. 결국 저잣거리에서 역적의 이름으로 참형되었고, 가족들도 몰살당했으며, 그가 살았던 집터는 파헤쳐진 뒤 연못이 되었다. 그가 죽은 뒤 인조가 내린 반교문을 보자.

역적의 괴수 이이첨은 간신(이극돈)의 후예요, 시정市井의 우두머리로서 그 성질은 요사한 여우와 독한 벌레가 한데 뭉친 듯하고 그 몸은 임보와 진회가 어울려서 된 자다. 간사한 술책으로 세상을 속여서, 그 문 앞에 정려旌閭를 세워 효자라 하고, 글의 뜻을 전혀 모르면서도 날 구절을 표절하여 스스로 글을 잘한다고 했다. 벼슬하던 처음부터 이미 함부로 어지럽힐

> 징조가 있었으니 자기에게 아부하는 자가 있으면 아첨을 하여 웃어서 호감을 사고, 선비가 자기보다 나은 사람이 있으면 겉으로는 따르고 숨어서는 중상을 했다. 허균의 역모가 발각되자 얼굴을 돌려 반대로 고변하여 자기가 공모한 자취를 요령껏 지우려고 스스로 그 옥사를 담당했다. 남문의 방은 역적 허균이 몸소 지었고, 이경준의 격문은 현응민이 지은 것이다. 하인준의 초사招辭에 자취가 낭자하게 나왔는데도 임금 앞에서 어지럽게 큰 소리를 질러서 여러 신하의 입을 막아 한 번도 묻지 않게 하고, 인준의 입을 막으려고 지레 죽였으나, 하늘은 속일 수 없고 길가는 사람도 다 아는 바다.

정인홍도 이이첨과 함께 능지처참되어 사방에 머리를 돌려 보이고 재산이 적몰되고 말았다. 정인홍은 3월 18일 잡혀 와 4월 3일 만조백관이 차례대로 둘러선 가운데 비참한 최후를 맞았다. 그때 정인홍의 나이는 88세였고, 이이첨은 64세였다.

한편 이이첨과 함께 삼창으로 이름을 날렸던 유희분과 박승종도 죽음의 덫에서 헤어나지 못했다. 박승종은 인조가 즉위했다는 소식을 듣고 아들 박자홍과 함께 스스로 목매달아 죽었다. 《공사견문》에 따르면 박승종이 금천의 삼악사三岳寺(과천이라고도 함)에 이르러 물에 몸을 던지려 하였으나 이루지 못하고, 승방에 들어가 목을 맨 후 그 한 끝을 창틈으로 내어 보내고 그의 종에게 당겨 홀치라고 했다. 종이 무릎을 꿇고서 "어찌 제가 감히 주인을 죽이겠습니까? 죽어도 못하겠습니다"라고 하자, 박승종은 "내가 오늘 죽지 않으면 만고에 죄인이 될 것이다. 네가 나를 죽이면 충성이 되고 죽이지 않으면 불충할 것이다"라고 했다. 종이 곧 졸라매면서 울음을 그치지 않았다. 아들 자홍도 또한 그 절 가운데서 자살하니 조정에서 그 친족으로 하여금 시체를 거두어 초상 절차를 치르게 했다.

허균에 대한 변명

허균의 생애를 이해하기는 쉽지 않다. 허균은 좋은 가문에서 태어나 뛰어난 글재주로 일찍 과거에 급제하여 평탄하게 관직에 진출했다. 허균이 세속과 타협하여 살았더라면 얼마든지 부귀영화를 누리고 오래 살 수 있었을 것이다. 그러나 그는 잘못된 세상에 몸을 내맡기기에는 너무나 순수하고도 강직한 사람이었다.

그 순수함과 강직함 때문에 대부분의 사람들이 이단이라고 말하는 불교나 도교 등을 숭상하고 세상의 윤리에 맞지 않는 일을 해서 여러 번 파직되었다. 그 시대의 주류로부터 이단으로 낙인이 찍혀 수없이 많은 사람에게 '천지간의 한 괴물'이라는 입에 담기도 거북할 기괴한 악담을 들은 사람도 고금을 통틀어 그리 흔하지는 않을 것이다.

허균을 두고 《인사기문》이라는 책에는 "행실이 괴아해서 부모의 상을 입고도 기생과 놀아났고, 참선과 예불에는 빠지지 아니했다. 듣고 보는 이들이 놀라지 않는 사람이 없었다"라고 했고, 《선조실록》에는 "경박함을 단속하지 않는다"라고 기록되어 있으며, 《광해군일기》에는 "행실이 가볍고 망령되어 물의를 일으켜 버림을 받은 지 오래였다"라고 실려 있다. 또한 역적의 이름으로 허균의 형을 집행하고 내린 반교문에서는 "역적의 우두머리 허균은 성품이 올빼미 같고 행실이 개나 돼지와 같았다"라고 했다.

동시대를 살았던 사람들은 말할 것도 없지만 후대 사람들까지도 허균에 대한 평은 좋지 않았다. 조선 중기의 대문장가였던 이식은 허균이 '총명하고 문재가 있었지만 유명한 부형의 자제라는 후광을 뒤에 업고 입신양명했으며, 상중에도 고기를 먹고 기생을 가까이하는 등 행동을 단속하지 않아서 청관淸官의 지위에는 오르지 못했다. 그러다가 만년에 이르러 이이첨과 결탁하여 참찬에까지 올랐는데, 결국 모반을 꾀하다가 죽임을 당했다'고 했다. 이식의 이러한 부정적인 평가는 그가 허균과 반대 당파에 속했기 때문이다.

허균이 많은 사람에게 비난받았던 것 중의 하나가 "남녀의 정욕은 하늘이 준 것이요, 윤기倫氣의 분별은 성인의 가르침이다. 그런데 하늘이 성인보다는 한 등급 위에 있으니, 나는 하늘의 가르침을 따를지언정 감히 성인의 가르침은 따르지 않겠다"라는 글 때문이었다. 단지 허균은 솔직하게 남성의 내면을 이야기한 것뿐인데 말이다. 고금을 막론하고 겉으로는 도덕군자인 체하면서 뒤로는 호박씨를 까는 이들은 많았다. 남녀 간의 애정을 적나라하게 논한 허균을 나무라며 그늘진 곳에서는 그보다 더 추태를 부렸던 사람들이 조선시대의 사대부였다.

여러 기록을 보면 허균은 행동에 일관성이 없이 이리 왔다가 저리 갔다가 했던 것처럼 보인다. 그중 한 가지가 죽기 전까지 그가 관직에 머물고 있었다는 사실이다. 벼슬길에 오른 뒤부터 그는 계속 파직되면서도 벼슬자리에서 맴돌았다. 그는 관직에 있으면서 집권 세력의 일원으로 횡포를 자행한다는 평을 받으면서도 벼슬을 그만두지 않았다. 그러면서도 허균은 훗날 이상스러운 벽보를 붙여 나라를 혼란스럽게 만들어 전복을 꾀하고자 했다. 그의 마지막 종적을 살펴보면 《홍길동전》의 주인공과 비슷하다. 국가에 불평불만을 품은 하층민이나 서얼 출신과 함께 반역을 도모하여 국권을 잡고자 하였으나 결국 실패하고 만 것이다. 이와 같이 겉 다르고 속 다르게 행동한 듯 보이는 허균이지만 조금만 달리 생각해 보면 그는 자신만의 일관성을 가지고 세상을 살았던 사람이다.

> 명明의 작시자作詩者들은 걸핏하면 "나는 왕성하다. 나는 이두李杜다. 나는 한위漢魏다"라고 하면서 각자가 서로 표방하여 모두가 문맹文盟을 주도한 것처럼 생각한다. 그러나 내가 살펴보건대, 어떤 사람은 그들의 말을 표절했거나, 어떤 사람은 그들의 의경義境을 훔치기도 하였으니, 이들은 모두 남의 집 아래에다 집을 지어 놓고 뽐내는 것과 다를 바 없으니, 우물 안 개구리 격이 아닐 수 없다.

이 글을 살펴보면 허균은 표절과 모의에 매우 신경을 썼음을 알 수 있다. "창조란 불행한 것들 사이로 자신의 길을 금 그어 나가는 것이다"라고 갈파했던 프랑스의 철학자 들뢰즈의 말과 같이 문학이란 단순히 복고에만 있는 것이 아니고, 그 문학의 바탕에서 스스로만이 지닌 창작성을 살려야 한다는 것을 허균은 알고 있었던 것이다. 후대의 사람으로 허균과 같은 의견을 피력한 사람이 김만중이다. 그는 《서포만필》에서 송강 정철의 가사를 비평했는데, 다음과 같다.

우리나라 시문의 대부분이 우리의 말을 버리고 남의 말로써 대신하는데, 설령 그 표현이 십분 근사하다 하더라도 이것은 마치 앵무새가 사람의 말을 흉내 내는 데 지나지 않는다.

문학을 할 때 '남'의 모방에서 벗어나 '나 자신만의 문학', 즉 독창적 문학을 해서 '새로운 경지'를 개척해야 한다는 것이 허균의 문학관이었다. 그렇다면 허균은 글을 쓰는 데 가장 필요한 것은 무엇이라고 보았을까?

먼저 '의意'를 세우고, 다음에 '어語'를 명하는 데 이르면 '구句'는 살아나고 '자字'는 원활하게 돌아간다.

–《성소부부고》 제12권 〈시변詩辨〉

다시 말해 시를 쓸 때는 먼저 주제를 정하고, 그다음에 핵심어를 찾아야 한다는 말이다.

독일의 철학자인 니체는 "나는 역경 앞에 서면 가슴이 뛴다"라고 했다. 고통과 고난을 통해 인간은 한 단계씩 상승해 나간다. 큰 절망 없이 큰 희망을 이룰 수 없다는 말이고, 굴곡 없는 인생은 묘미가 없다는 반증이기도 하다. "아무리 부러움 없이 잘 살던 사람일지라도 귀양살이를 하면서 어렵고 험난한 체험을 하게 되면 비로소 삶의 진실을 근거로 해서 이뤄지는 기묘한 문학을 할 수 있다"라고 《성수시화》에서 허균은 언급했다. 그런 의미에서 보면 허균의 문학은 인생길에서 겪은 경험과 통찰을 통해서 이루어진 것이라고 볼 수 있다. 문학평론가인 조동일은 허균을 다음과 같이 평한다.

조선 전기의 가치관에서 마련된 것이든, 오늘날의 것이든, 사람은 세계의 윤리적 질서에 맞도록 살아야 한다는 선입견을 버려야 허균을 허균으로 이해하고, 허균의 문학사상도 대체하지 않고 살필 수 있다.

다시 말해 허균은 그 자신의 성품을 정확하게 인지하고 그 성품에 맞게 자신의 삶을 살았던 사람이다. 그래서 그의 글에는 스스로를 평한 글이 많다. 그중 하나가 《성소부부고》 제14권에 실린 〈성옹송惺翁頌〉이다.

성옹이 그 누구기에 감히 그 덕 기리려나 (惺翁何人敢頌其德)

그의 덕이 어떠냐 하면 어리석기 짝이 없고 게다가 무식하지 (其德伊何至愚無識)

무식하다 못해 고루하고 어리석다 못해 미련스럽지 (無識近陋至愚近庸)

미련하고 고루한 걸 어떻게 내세울 건가 (庸而且陋奚詑爲功)

고루하면 성급하지 않고 미련하면 성미를 안 낸다네 (陋則不躁庸則不忿)

성미 안 내고 성급 멎으면 겉보기엔 못나 터지지 (忿懲躁息容若蠢蠢)

온 세상이 허겁지겁 다 가는 것을 옹만은 안 따르고 (擧世之趨翁則不奔)

남들은 고생으로 여기는 것을 옹만은 달갑게 여긴다네 (人以爲苦翁獨欣欣)

마음은 편안하고 정신은 깨끗하고 못나 터지고 고루하지만 (心安神精庸陋之取)

정기는 뭉쳐서 단단하다네, 어리석고 무식하니 (精聚氣完愚無識故)

형벌을 받는다 해도 두려움 없고, 좌천된다 해도 슬퍼도 않네 (遭刑不怖遭貶不悲)

헐뜯건 꾸짖건 내버려 두고 기뻐하고 즐거워하기만 (任毁任詈愉愉怡怡)

제 스스로 송을 짓지 않으면 뉘 있어 그대를 기릴 것인가 (非自爲頌孰能頌汝)

성옹이 그 누군가, 허균 단보 바로 그일세 (惺翁爲誰許筠端甫)

그 자신이 고문을 쓸 수 있는 당대 최고라고 자부했던 허균이지만, 이 글 가운데에선 어리석음 '우愚'가 세 번이나 들어가 있고, '무식無識'이 세 번, 스스로를 좁다고 평한 '루陋'가 네 번, 쓸 것이 별로 없다는 뜻으로 '용庸' 자가 네 번이나 들어 있다. 죽은 뒤에 자신을 기리는 글에 자신을 그처럼 폄하하는 글을 썼다는 것은 모순인 듯싶다. 하지만 자세히 들여다보면 그것만은 아니다. 그는 스스로를 '급하지 않고(不躁)', '화를 내지 않고(不忿)', '남을 뒤따르지 않고(不奔)', '두려워하지 않고(不怖)', '극도의 슬픔에 잠기지 않는(不悲)' 다섯 가지 덕을 갖추었다고 자평한다.

그처럼 강한 자존심으로 한 시대를 풍미했던 허균은 만고의 역적이라는 이름을 뒤집어쓴 채 죽었다. 그가 반역의 이름으로 죽은 뒤 이 땅의 선비들은 허균을 일컬어 "천부의 재능으로서 짐승의 성질을 키웠다(天賦之才養獸性)"라고 하여 허균의 이름을 들먹이는 것조차 꺼렸다.

젊은 나이에 참서讖書를 지어 남몰래 세상에 전했는데, 모두 흉측하고 참혹한 말이었다. 문장은 남이 따를 수 없이 한 시대에 뛰어났으나, 사람이 경박하고 조심스럽지 못해 선비들의 공론에 버림을 받고 말직에서 승진하지 못했다. 광해군의 정사가 문란할 적에 이이첨에게 붙고 궁중에 붙어 갑자기 참찬벼슬에 오르자 드디어 한없는 욕심을 내었다.

김시양이 지은 《하담파적록荷潭破寂錄》에 실린 허균의 평이다.

허균은 뜻대로 되지 않는 세상을 살고 있는 자신의 자화상을 〈도원량陶元亮의 귀거래사歸去來辭에 화답함〉이라는 시의 머리말에서 이렇게 말했다.

나는 처세에 졸렬하고 가계를 다스릴 줄 몰라 지금 반생 동안 기복이 여러 번 있었다. 오직 독서하는 것을 좋아하여 방을 깨끗이 쓸고 만 권 서책을 시령에 채워 놓고 그 가운데 즐긴다면 옥에 몇 번 갇히고 몇 번 쫓겨 돌아다녀도 다 낙원이었다. 하지만 그렇지 않고 세속 사람과 더불어 지낼 때에는 어수선해서 책을 펴볼 수도 없을 것이다. 그러므로 아무리 높은 집에, 맛있는 음식 그리고 화려한 방석을 깔고 있어도 형틀이 몸에 매어 있는 것 같아서 내 몸이 뜨거운 불덩이 속에 있는 것 같을 것이다.

허균은 조선을 창업하는 데 결정적인 역할을 했지만 역적의 누명을 쓰고 비참하게 죽어서 복권조차 되지 않았던 정도전을 높이 평가했다. 그가 쓴 〈정도전鄭道傳과 권근權近에 대한 논〉을 보면 정도전에 대한 그의 생각을 미루어 짐작할 수 있다.

도전은 왕씨에게 충신이 아니었다. (……) 그 마음은 진실로 제 몸을 이롭게 하는 데 있었을 뿐이었다. 그런 까닭에 제 몸을 죽이게 됨을 면치 못했다. (……) 고려가 망할 때 도전이 만일 충의에 죽고 권근이 벼슬하지 않았더라면 사람들의 숭앙함이 포은(정몽주)과 야은(길재)과 어찌 다를 것인가. 계책이 이렇게 되지 않아 나라를 팔아넘긴 죄에 빠지고, 혹은 죽음을 겁내었다는 나무람을 받았다. 사대부가 사생과 존망에 있어 취하고 버리는 데에 어찌 삼가지 않을 것인가. 만일 도전이 좌명하던 날에 죽임을 당할 줄 환히 알았더라면 반드시 두어 해 동안 목숨을 아껴야 했을 것이다. 부귀에 대한 생각이 그 슬기를 어둡게 했다. 그 공을 자부하고 임금에게 나이 어린 아들을 세자로 세우도록 권해 자기의 권세를 굳히고자 했다. 그런데 그 스스로 편하게 하려던 것이 곧 자기 자신을 위태롭게 한 것이었다.

결국 정도전의 이야기가 자신의 이야기로 되어 허균은 '만고의 악인이며, 천지간의 괴물'이라는 한 시대의 한을 스스로 뒤집어쓰고 세상을 하직했다. 그 뒤 조선이 역사의 전면에서 사라지기까지 누구 한 사람 허균의 신원을 주장하지 않았다. 그보다 앞선 혁명가인 정여립과 같이 조선 역사 속에서 신원되지 못한 채 구천을 떠도는 두 사람 중의 한 사람이 된 것은 시대의 탓인가, 아니면 허균의 피치 못할 운명 탓인가?

재주 많고 총명했던 허균

허균은 그가 살았던 삶이 순탄하지 않았던 탓으로 살아 있을 당시에도 그랬지만 죽은 다음에도 여러 평가를 받았다. 사람들은 허균을 일컬어 '경박소인輕薄小人'이라고 했다. 반면 이민구는 허균을 일컬어 "재주가 펄펄 날리고 총명하기가 누구와도 비할 바가 아니었다"라고 했다. 중국에서 간행된 《조선시선》에선 허균과 그의 형제들의 문장을 더없이 칭찬한다.

허균과 그 두 형 허성과 허봉은 문장으로 해동을 울린다. 그 가운데에서도 허균이 더 영민하여 무슨 글이나 한번 보면 잊지를 않고 모두 암송한다.

허균과 동시대를 살았던 사대부들이 허균의 사람됨은 나쁘게 평했지만 그의 시와 문장만큼은 칭찬을 아끼지 않았다. 《서포만필》의 저자 김만중도 허균의 시문학적 업적을 높이 평가한다.

허균의 시 〈사부고四部稿〉는 선비들에게 널리 전해지고 있다. 시체詩體와 시격詩格은 그리 고상하지 않지만 재주와 정감은 남이 따라갈 수 없는 곳이 있다. 〈궁사宮詞〉, 〈절구絕句〉, 〈죽서루부竹西樓賦〉 같은 여러 글은 석주 권필이나 동악 이안눌 같은 문사도 따르지 못한다. 허균이 진晋 · 송宋 시대에 태어났다면 범울종范蔚宗이나 은중문殷仲文과 같은 사람이었을 것이다.

허균 역시 자신을 두고 고문을 쓸 줄 아는 당대 최고의 문장가라는 것을 넌지시 말한 적이 있다.

객客이 허자許子에게 물었다.

"오늘날 고문古文에 능한 사람이라면 반드시 그대를 최고로 손꼽는다. 내가 보기에 그대의 문文은 비록 넓어서 끝이 없기는 하지만 일상적인 말을 써서 문이 글자의 순서를 따른다. 읽으면 마치 입을 벌려 목구멍을 보는 것 같아 이해하는 사람이든, 이해하지 못하는 사람이든 걸림이 없다. 고문을 업으로 하는 사람은 과연 이와 같은가?"

내가 말했다.

"그것이 고문이다."

(……)

옛날에는 문으로써 상하上下의 정情을 통하게 함으로써 그 도를 실어 전했다. 그런 까닭에 명백하고 정대하며 정성스럽고 정중하여 듣는 사람으로 하여금 훤히 그 뜻을 알 수 있게 하였으니, 이것이 문의 쓰임이다.

허균은 좋은 문장이란 부귀를 누리며 영화롭게 사는 데 있지 않고 험난한 세상 풍파를 견디고 난 뒤에야 새로운 경지에 이를 수 있다고 하면서 몇 사람의 예를 들었다.

근래 관각館閣에서 이산해를 으뜸으로 삼는데, 그의 시는 처음에 당시唐詩를 본받았고, 만년에 평해에서 귀양살이를 하게 되자 비로소 극치를 이루었다. 고경명의 시 또한 한가하게 버림받은 데서 바야흐로 대진大進의 경지를 깨달았다. (……) 어디 이 두 분뿐이겠는가? 유주柳州로 간 유자후柳子厚나 영외嶺外에 버려진 소동파의 경우도 알 만하다.

"시는 곤궁한 다음에 쓸 수 있다"라고 말한 구양수의 말과 같이 허균은 문장이야말로 고난을 겪은 뒤에야 제대로 된 작품을 쓸 수 있다고 본 것이다.

하지만 《명륜록》에선 "허균은 천지간의 한 괴물이다. 굳이 그의 일생에 저지른 일은 모든 악을 구비한 것이요, 인륜의 도덕을 어지럽혔으며 행실을 더럽혔다. 이는 사람의 짓이라고 할 수 없다"라고 하였고, 18세기 조선 후기의 실학자인 안정복은 천주교를 비판한 《천학문답天學問答》에서 허균을 다음과 같이 비판했다.

> 허균은 총명하고 문장에 능했다. 그러나 행동을 전혀 절제하지 않았다. 상을 입고도 고기를 먹고 애를 낳았기 때문에 사람들이 모두 침을 뱉으며 더러워했다. 더욱이 사대부들에게 용납받지 못할 것을 스스로 알고서 부처에다가 행적을 의탁했다. 허균은 밤낮으로 부처에게 절했고, 불경을 외우면서 지옥에 가지 않도록 기도했다.

이러한 평가들을 통하여 허균의 진면목을 살펴볼 수가 있다. 그렇다면 오늘날에는 허균을 어떻게 평가할까? 철학자 박종홍은 《교양인을 위한 한국학》에서 허균을 다음과 같이 평했다.

> 허균은 형식화된 도덕의 탈을 쓴 세도가들의 폭정 밑에 백성들의 인간성이 유전되고 있음에 분노를 느꼈다고 생각된다. 인간의 차별적인 대우와 무능한 권력층의 횡포를 무엇보다 증오한 허균은 언제나 억울한 서민의

편에 서서 인간성의 의의를 밝히려 하였고 평등하고 자유로운 생활을 영위할 수 있어야 된다고 생각했다.

어린 시절 허균은 서얼 출신인 스승 이달을 만나고부터 인생의 길이 달라졌다. 그는 천대받고 억눌린 사람들을 위해서 한 생애를 불살랐다. 그만큼 사회적 약자를 위해 발언하고 실천했던 사람이 또 있을까? 그렇게 파란만장한 삶을 살았던 허균을 국문학자 김기동은 《이조시대 소설론》에서 다음과 같이 평했다.

그가 당시의 정치 현실에서는 역신이었고, 시대의 반역자였다. 그러나 불의를 보면 피가 끓어오르고 불우한 사람을 보면 동정에 넘치는 다정하고 감상적인 시인이었으며, 사회제도의 모순과 정치의 부패상을 통타하려는 경세가요, 사상가였음을 알 수 있다.

국문학자 김동욱이 평한 허균에 대한 글도 별반 다르지 않다.

그는 성실한 인간이었다고 볼 수 있다. 그가 예교에 어긋난 일을 한 것은 사실이라고 하더라도 겉으로 점잔을 빼고 뒤에 가서 패려한 짓을 많이 하는 사람들 사이에 끼여서 자기의 생각한 바를 솔직히 기록하고 자기 신념에 투철할 수 있었다는 것은 그가 그만큼 자아의식이 강했다고 볼 수 있는 것이다.

또한 김동욱은 〈이씨조선의 이방인 허균〉에서 다시 다음과 같이 평했다.

> 허균은 굴지의 시인 문장가였고, 천주교를 최초로 도입한 자이고, 소설《홍길동전》, 즉 한글 소설의 최초 작가이고, 소위 실학파로서는 유형원보다 반세기가 먼저요, 그는 유자儒者인 동시에 불자이고, 호위설護緯設의 도창으로 도가 내지 풍수학자이고 또한 철저한 본능주의자다.

허균이 시대의 흐름을 너무 앞질러 살았기 때문에 그와 같은 평가를 받았을 것이다.

허균의 유산

허균이 조선 역사에서 '역적'이라는 이름으로 비운의 죽임을 당한 뒤 그에 관한 글은 대부분 불태워지고 사라졌다. 허균과 함께 시나 편지를 교류했던 사람들도 행여나 의혹을 받을까 봐 다 없애버렸을 것이다. 여러 곳에 실려 있던 허균의 시에는 '허許' 자라는 성을 빼고서 이름인 '균筠'만을 넣었으며, 그가 죽기 전에 발간한 책에서는 그의 이름을 아예 없애버렸다. 지금까지 전해오는 것은 허균이 인생의 전반기에 쓴 글만이 남아 있을 뿐이다.

오늘날 우리가 접할 수 있는 허균의 문집《성소부부고》는 그가 편찬하여 죽기 전 외손에게 전해 오늘날까지 남아 있고, 그 부록에 《한정록》이 있다.

그가 스물다섯 살 때 쓴 시 평론집 《학산초담》이 《성소부부고》 가운데 실려 있는 《성수시화》와 함께 그의 시 비평 안목을 보여 주는 좋은 자료가 되고, 이 책에 수록된 대부분의 작가는 대개 불행했던 삶을 살았던 이들이다.

반대파에게서도 인정을 받은 그의 시에 대한 감식안은 시선집 《국조시산》을 통해 오늘날까지도 평가받고 있다. 《국조시산》에 덧붙여 자신의 가문에서 여섯 사람의 시를 뽑아 모은 《허문세고》도 전한다. 이 밖에 《고시선古詩選》, 《당시선唐詩選》, 《송오가시초宋五家詩抄》, 《명사가시선明四家詩選》, 《사체성당四體盛唐》 등의 시선집이 있었다고 하나 전하지 않는다. 또 임진왜란의 모든 사실을 적은 《동정록東征錄》은 《선조실록》 편찬에 가장 중요한 자료가 되었다고 하는데, 역시 전하지 않는다. 전하지 않는 저작으로 〈계축남유초癸丑南遊草〉, 〈을병조천록乙丙朝天錄〉, 〈서변비로고西邊備虜考〉, 〈한년참기旱年讖記〉 등이 있다. 한편 허균이 남긴 시는 줄잡아 800여 수에 이르는데, 그가 지은 《성소부부고》에는 다음과 같이 실려 있다.

> 평생 시를 써서 시문詩文 열 권을 완성하였지만, 마음만 수고롭고 후회스럽다.

그가 한 말이 진실이든, 아니든 그는 시를 사랑했던 사람이고, 당대의 뛰어난 시인으로 사람들의 입에 오르내렸다. 허균의 문학은 중국의 시문학에서 출발했지만, 그 자신의 안목으로 그것들을 비평하고 자신만의 시학으로 정립했는데, '정감(성정)', '개성' 그리고 '흥취' 세 가지였다.

이중 역적으로 처형된 허균

그가 죽은 4년 뒤 인조반정 때 광해군 시대의 역적은 모두 신원伸冤(원통한 일을 풂)되었다. 하지만 허균만은 홀로 이중 역적이란 딱지가 붙은 채 신원되지 못했다. 광해군 때 반란을 일으키려던 자이니 당시의 역적이요, 인조반정 때 풀려난 광해군 때의 인목대비나 그를 옹호한 충신들을 몰아냈으니 인조반정 후에도 그는 역적이라는 것이다.

허균이 참형된 후 사대부들은 그의 이름을 일컫는 것조차 더러워하였고, 그가 쓴 비문이나 글씨에서조차 그의 이름을 지워 버리고 말았다. 조선 역사가 끝나는 날까지 그 누구도 그의 이름을 들먹이는 것을 좋아하지 않았다.

한 시대의 아웃사이더이자 불우한 천재 중의 천재가 허균이었다. 프랑스의 뛰어난 시인 보들레르는 천재를 다음과 같이 정의했다.

> 군주사회에도, 귀족사회에도, 공화국에도, 절대군주제에도 어울릴 수가 없다. (……) 재능이 뛰어나지만 불운한 사람들은 평범한 영혼의 무리 속에서 천재의 가혹한 수련기를 겪어야 할 운명이다.

보들레르의 이 말에 가장 합당한 사람이 조선 중기 시련의 시기를 온몸으로 밀고 나갔던 허균일 것이다. 그가 편찬한 《한정록》 서문에 그 자신을 논한 글이 실려 있다.

> 성성옹惺惺翁은 어릴 때부터 응석받이로 자라 찬찬하지 못하였고, 또 부형이나 스승 또는 훈장이 없어서 예법 있는 행동이 없었다. 또 조그마한 기예는 세상에 보탬이 될 만하지 못하면서도 스물한 살에 상투를 싸매고 과거를 보아 조정에 나갔다. 그러나 경박하고 거침이 없는 행동에 당대 권세가에게 미움을 받게 되어 나는 마침내 노장老莊이나 불교 같은 데로 도피하여, 형태를 벗어나고 득실을 구별 없이 하나로 보는 그런 것을 좋게 여겼다. 그리하여 세상일 되어 가는 대로 내맡기어 반미치광이가 되었다. (……)
>
> 그러고는 형세가 급급하여 끝내 한가하지 못하여 조그마한 이해에도 어긋날까 마음이 두렵고, 보잘것없는 자들의 칭찬이나 비방에도 마음이 동요되었다. 이렇게 되자 발걸음을 멈추고 숨을 죽이며 혹시 함정에 빠질까 여기저기서 벗어나고 싶었다. (……)
>
> 다만 때와 운명이 맞지 않으므로 옛사람이 탄식한 바와 비슷한 데가 있다. 내 만약 몸이 건강한 날 조정에서 물러날 것을 청하여 나의 천수를 다한다면 이보다 더 큰 것이 없겠다.

그러나 허균의 소망은 이루어지지 않아 하늘이 준 그의 생명은 비참한 죽음, 그 이상도 그 이하도 아니었다. 하지만 허균이 스스로를 평한 것처럼, 방내房內에 있으면서도 방외房外에 사는 것이나 다름없이 처신을 했고, 자신의 삶을 소신껏 살다 간 사람이라고 평할 수 있겠다.

또 하나 눈여겨보아야 할 글이 허균 자신이 지은 〈대힐자對詰者〉, 즉 '나를 나무라지 마라'라는 글이다.

비뚜름하게 갓을 쓴 사람이 와서 나를 힐난했다.

"그대는 문장이 뛰어나고 벼슬이 높아서 아관峨冠(갓)을 높게 쓰고 띠(博帶)를 두르고 임금님 모실 적에는 따르는 자가 구름처럼 옹위하고 큰길에서 뽐내고 다녔지. 그러니 사귀는 사람들을 보면 높은 벼슬아치들과 한 무리가 되었지. 서로 따르며 어울리고, 나라 위해 모의를 했지. 차례를 뛰어넘어 권력을 잡고 호화로운 생활을 누릴 수 있었건만, 어찌하여 조정에서 물러나오기만 하면 숙맥같이 입을 다물고, 현달한 이가 찾아오는 법이 없고, 기이한 사람들하고만 어울려 다니는가?

얼굴이 검은 사람도 있고, 수염이 붉은 사람도 있네. 수염이 붉은 사람은 익살을 부리고, 얼굴이 검은 사람은 술병을 찼네. 키가 작달막한 한 사내는 그 코가 여우와 같네. 애꾸눈을 가진 사람도 있고, 속눈썹이 붉은 사람도 있네. 이런 사람들과 날마다 마루에서 떠들고 큰 소리로 노래를 부르네. 만상萬象을 아로새기면서 스스로 즐거워하네. 그러므로 미워하는 사람들 즐비하고 뭇 선비들 등을 돌리네. 당연한 일이네. 그대 몸은 진흙탕 속에서 허덕이는 신세이거늘, 어찌하여 이들과 사귀는 것 끊고 중요한 자리에 있는 사람들과 인연을 맺지 않는가?"

그 말을 듣고 내가 말했다.

"그게 무슨 소린가? 그대는 잘못 말한 것이다. 나의 천성이 비루하고 졸렬하여 엉성하면서도 거칠다네. 그래서 권모를 부릴 줄도, 아첨할 줄도 모른다네. 그러므로 한 가지라도 마음에 맞지 않으면 잠시도 참지 못하고, 이야기가 남을 칭찬하는 데에 말이 미치면 입이 벌써 더듬거리고, 권문세가의 집에 발을 디디면 발꿈치가 갑자기 쑤셔댄다네. 높은 사람과 서로 인사할 때는 몸이 기둥처럼 뻣뻣해지네. 이와 같이 오만한 자세로 높은 사람들을 만나게 된다면 그 높은 사람 나를 미워해서 목이라도 자르고 싶을 걸세. 어떻게 할 수가 없어서 강호에나 가서 살까 생각하였지만 가난하기에 먹고살기 위해서 물러가고 싶어도 주저하고 있네.

오직 저 두세 사람은 세속에 구애받지 않고서 나의 재주를 좋아하고 혹은 나의 소탈함을 좋아하여 나를 찾아와서 내 술에 취하고 서로서로 부르며 함께한다네.

저 사람이 글을 부르면 이 사람이 화답하되, 편마다 구슬이고, 화제火齊요, 목난木難이며, 민괴珉瑰요, 산호珊瑚라, 내 보물 스스로 보배로 여겨 팔리기를 기다리지 아니한다네. (……)

벼슬을 할 때는 권모술수 부리지 않았고 정직하게 살았다네. 하늘이 내게 준 대로 살다 보니 늘그막에 이르렀네. 권세와 이익으로 사귄 친구는 반드시 변할 때가 있지마는 우리 사귐은 변하지 않으니. (……)

뭇 사람들이 즐기는 것 나는 싫고, 뭇 사람이 높이는 것 나는 더러워, 풍병이 들었다고 남들은 말하지만, 나는 웃는 것이 좋다네. 당연하지, 나의 몸이 중죄에 빠진 것이, 하지만 이 사귐 끊는다면 이 몸 차라리 잘리고 말지, 세상인심은 날카롭게 번득이고 세상길은 험난하기 그지없어 털끝을 나누어 쪼개고, 이해에는 한 눈금을 따지는걸.

이들과 맞지 않는 내 마음, 진실로 믿게 하기 어렵다네. 그대 말이 옳긴 하지만 노둔함을 살피지 못하고 사람을 사랑하지만 덕으로써 아니하였네."

나의 말을 듣고서 나를 힐난하던 사람이 내게 말했다.

"알겠네. 내가 참으로 자네를 몰랐네. 그대가 말하는 것을 들으니 마치 큰무당을 본 듯하네. 그대가 그런 벗을 사귀는 것은 훌륭하고 그대의 말이 틀림이 없네. 나의 말은 실수였고 나는 정말로 소인 선비였네."

말을 마치고 물러가는 그 사람의 걸음걸이가 시원스럽기만 했다.

글 한 줄 한 줄에 허균의 참 모습이 들어 있다. 허균은 자유로운 삶, 이상적인 삶을 추구했기에 자유분방했고 다정다감했으며 순수했다. 그런 까닭에 허균은 유교에서 말하는 '자기를 위한 공부'보다 '다른 사람을 위한 공부'를 중요하게 여겼던 것처럼, 불교에서도 스스로를 이롭게 하기보다는 다른 사람을 이롭게 하는 것, 곧 중생을 구제하는 것을 중요시했던 사람이다.

옛날에 학문하는 사람이란 홀로 제 몸만을 착하게 하려고 하지 않았다. 대체로 이치를 궁구해서 천하의 변화에 대응하고, 도를 밝혀서 뒤에 올 학문을 열어주어 천하 후세로 하여금 우리 학문은 높일 만하고, 도맥道脈이 자기를 힘입어 끊어지지 않았음을 알리려 했다. 이렇게 하는 것을 유자의 선무先務로 하였으니, 그들의 마음씨는 역시 공변되지 않는가?

근세의 학자라고 말해지는 사람이란 우리 학문을 높이기 위해서만이 아니며, 또한 홀로 제 몸만을 착하게 하려고도 않는다. 입으로 조잘대고 귀로 들은 것만을 주워 모아 언동을 꾸미는 데에 지나지 않는다. 그러면서도 자신에 대해 이렇게 말한다.

"나는 도道를 밝히는 사람이요, 나는 이치를 공부하는 사람이요."

그러면서 한 시대의 보고 들음을 현혹하고 있다. 그러나 그 결과를 고찰해보면 높은 명망을 턱없이 거머쥐려던 것뿐이었고, 그들이 본성을 높이고 도를 전하는 실상에 있어서는 허울뿐이며, 엿본 듯도 없는 듯하니, 그들의 마음씨는 사심私心이라고밖에 볼 수 없다. 그렇다면 공公과 사私의 분별이요, 참과 거짓의 판별이다. 어찌하여 수십 년 이래로 말하는 사람들은 이렇게 말하는가?

"모某는 학자이고, 모는 진유眞儒다."

그러면서 망령되게 서로 추어주고 자랑하기에 바쁜가? 그런 일 또한 미혹된 일이라고 할 수 있다.

-《성소부부고》 제11권 〈학론學論〉

허균은 당시 선비들이 실속 없고, 근거 없는 말을 하여 입만 열면 공자를 비롯한 뛰어난 학자들의 업적을 자신도 할 수 있다고 해놓고는 아무런 일도 못하는 그 위선을 꼬집었던 것이다. 허균은 거짓이 진실을 어지럽게 하는 그 시대를 바로잡고자 했다. 또한 불의를 보거나 뒤틀린 것 그리고 소외받는 사람들을 보면 참지 못했다. 그는 남의 평가에는 전혀 신경 쓰지 않고 소신껏 자신의 생을 온전히 살았던 사람이다.

그러나 허균의 삶에 몇 가지 중요한 것이 결여되어 있다는 평가를 피할 수는 없다. 그것은 내적 수양과 성찰이 부족했고, 당시 사람들로서는 이해하기 어려운 삶을 살았기 때문에 수많은 사람들로부터 집중포화를 받을 수밖에 없었다. 그런 연유로 그의 삶은 파란의 연속이었고, 결국 그 운명을 벗어나지 못한 채 고독과 불행으로 점철된 삶을 살다 갈 수밖에 없었다.

허균은 혁명가인가, 역사의 희생자인가?

그렇다면 허균, 그는 과연 혁명가인가? 아니면 역모죄에 몰려 비운의 죽임을 당한 희생자인가? 지나간 역사는 말을 하지 않는다. 아니, 못한다. 허균은 대역죄를 저지른 죄인으로 죽임을 당하면서도 자신의 혐의를 시인하지 않았다. 그렇기 때문에 확실한 것은 아무것도 없다. 하지만 여러 정황으로 보아 역모를 준비했다는 것은 미루어 짐작할 수 있다. 그중 하나가 앞에서도 언급한 허균의 첩 추섬의 증인이다.

허균이 진실로 이씨 조선을 무너뜨리고 스스로 군주가 되는 허씨 조선을 세우려 했는지, 아니면 황정필의 자백대로 의창군을 앞세우고 이조판서나 대제학이 되어 이제까지 한 번도 구현된 적 없는 새로운 세상을 열고자 역성혁명을 준비했는지 가늠조차 할 수 없다. 그래서 여러 가지 말이 많지만 허균은 말을 할 수 없기 때문에 아직까지도 풀리지 않는 미스터리로 남아 있는 것이 허균의 역모사건이다.

그러나 분명한 것은 그가 지은 《홍길동전》의 내용과 같이 적서의 차별이 없고, 누구나 평등하게 사는 세상을 염원해서 민중혁명을 준비했던 것만은 사실이다. 허균이 만나고 교류했던 사람들은 당시 사회에서 불평불만자이거나 미천한 신분 출신이 대부분이었다.

연산군의 포악한 학정에 반하여 일어났던 중종반정이나 광해군을 몰아낸 인조반정의 주역들은 거의 고급 관리였다. 하지만 허균의 역모사건에 연루되어 희생된 대다수 사람들은 조선시대의 소외 계층이었다. 그러한 여러 정황을 유추해 보면 다른 반정들이 당파싸움으로 인한 정쟁政爭이었던 데 반해 허균의 역모사건은 체제를 전복하려 한 혁명이었다.

역사의 기록인 《광해군일기》에 따르면 허균의 역모사건은 거사 바로 직전에 탄로가 나서 실패로 돌아가고 말았다. 어떻게 보면 주도면밀한 것 같기도 하지만 또 어떻게 보면 엉성하기 짝이 없는 혁명이었다. 이 혁명의 전개 과정을 국문학자인 김진세는 다음과 같이 갈파한다.

> 허균은 폐모론 후로 이이첨의 사주를 받아 여러 갈래로 유사와 무사를 많이 모았을 뿐만 아니라 은밀히 승군까지 청하에 두었는데, 그는 대비를 곧바로 폐하는 척하면서 역모를 하려고 하였던 것이다. 광해군의 두터운 신망에 겹쳐 세자의 후궁으로 그의 딸이 내정되자 동태를 보아왔던 이이첨은 재빨리 눈치를 채게 되었다.

허균이 죽은 뒤에도 허균에 대한 이야기는 여러 사람의 글에 남아 있는데, 허균은 결안도 받지 않고 가슴속에 묻어둔 얘기도 하지 못한 채

"할 말이 있다"는 최후의 한마디만 남기고 비운의 죽음을 맞은 미완의 혁명가가 되고 말았다.

"아냐, 아냐, 이게 아니야, 자유, 평등, 박애, 아니면 죽음을!"

프랑스 혁명 당시 기치로 내걸었던 말로, 러시아의 작가인 도스토옙스키는 《악령》에 이 말을 인용했다. 허균 역시 자유, 평등, 박애를 꿈꾸며 세상을 개조하기 위해 혁명을 일으켰다가 실패한 것은 아닐까? 독일의 시인 하인리히 하이네는 실패한 혁명가의 말로가 얼마나 비참한지 다음의 말로 증언하고 있다.

"혁명은 불행이다. 그러나 가장 큰 불행은 실패한 혁명이다."

서양에서는 '실패한 혁명도 혁명'이라고 한다. 프랑스의 작가인 앙드레 말로는 "누가 프랑스 혁명을 실패라고 하는가?"라고 반문하며, "모든 민중투쟁은 장구한 역사적 맥락에서 언제나 승리"라고 선언한다. 그런 의미에서 기축옥사의 주인공인 정여립의 뒤를 이어 역사 속에선 실패자로 기록된 '허균의 역모사건'도 승리라고 볼 수 있을 것이다. 그의 개혁사상이나 미완의 혁명이 당시의 구조적인 모순을 파헤치며 대안을 제시하는 데 큰 역할을 한 것만은 부인할 수 없는 사실이기 때문이다.

여보게! 좀 더 치열하게 살 수 없겠나?

허균이 살았던 시대는 조선 500년 역사상 가장 불확실한 시대였다. 임진왜란과 정유재란의 물결이 채 가시지 않은 조선이라는 나라에서 자기 인생의 전체를 걸고 온몸을 불사르며 살다 간 사람이 허균이었다. 명문가 집안의 막내로 태어난 허균의 생애는 크게 둘로 나누어 볼 수 있다. 마흔살이 되기 전의 전반기 생애와 그 뒤부터 죽임을 당하기 전까지의 생이다.

허균의 전반기는 자유롭게 글을 쓰고 풍류를 즐기며 그와 생각을 같이 하는 사람들과 교류하면서 꿈을 꾸던 암중모색의 시기였다. 하지만 후반기는 달랐다. 그는 정인홍과 이이첨이 속한 대북파 정권에 들어가서 자신이 꿈꾸었던 사회개혁을 실현하기 위해 전체를 걸었다. 그러나 그의 꿈을 실은 배는 거센 세파에 밀려 좌초하고 말았다.

그렇다면 허균이 일생 동안 추구했던 것은 무엇이었을까? 그것은 자유와 정의에 대한 의지였다. 그의 스승인 이달과 그와 가깝게 지냈던 수

많은 서자 출신의 양반 자제들, 그들의 삶의 질곡을 안 뒤부터였다. "속된 무리들이 미워하고 질투함이 한이 없었다", "평생을 몸 누일 곳도 없었고, 사방으로 떠돌아다니며 걸식했다" 그가 쓴 〈손곡산인전〉에 실린 일부분이다. 그런 까닭에 허균은 '이단아'라는 소리를 들으면서도 그것에 아랑곳하지 않고 줄기차게 새로운 사상을 정립하고 개혁을 모색했던 것이다. "성격이 곧아서 다른 사람이 틀린 짓을 하면 참고 보지를 못하였고, 시속 선비들의 서툰 짓을 보면 비위가 틀려 견딜 수가 없었다." 이렇게 한평생을 살다 간 사람이 바로 허균이었다. 그래서 그는 벼슬길에 나아간 지 10년 동안 세 번이나 벼슬자리에서 쫓겨났다. 그런 허균에 대한 사람들의 평이 좋을 리가 있었겠는가. 《조선왕조실록》에 실린 허균에 대한 기록은 많다.

> 타고난 성격이 총명하고 폭 넓게 많은 책을 보아 문장에 능했으나 인품이 경망하여 볼 것이 없다.

문장이 능했다는 것은 모든 사람들의 공통된 표현이지만 '경망하다'는 것은 그의 반대파가 평한 것이다. 그가 수안군수로 임명되었을 때 사관의 평을 보자.

> 사람됨이 간사하고 또한 조행이 없었다. 일찍이 강릉 땅에 나갔을 적에는 명기에게 혹하여 그의 어미가 원주에서 죽었는데도 분상奔喪하지 않았다.

이이가 금강산에 들어가 머리를 깎고 중이 된 것 때문에 평생 반대파에게 받았던 그 이상으로 허균은 어머니의 상중에 기생과 놀아났다는 것과 부처를 믿었다는 것을 계속해서 들어야 했다. 허균은 조선 역사상 가장 어려운 시대인 조선 중기(선조와 광해군 시대)를 살았던 정치가이자 문장가였고, 천재적인 시인이었다. 또한 혁신적인 개혁사상가였기 때문에 대부분의 사람들이 그를 용납하지 않았고, 그래서 그들과 어울리지 못했다. 그는 당시 사대부들로부터 집단 따돌림을 당했고, 조선 역사상 가장 문제아이자 '왕따 중의 왕따'였다. 그러나 그는 그 나름의 방식으로 체제에 도전했고, 새로운 방식의 나라를 만들고자 했다. 하지만 이미 어긋난 당쟁의 소용돌이에서 벗어날 수는 없었고, 결국 당쟁의 희생양이 되고 말았다.

요즈음 나라에는 소인도 없으니 또한 군자도 없다. 소인이 없다면 나라의 다행이지만 만약 군자가 없다면 어떻게 나라일 수가 있겠는가? 절대로 그렇지는 않다. 군자가 없기 때문에 소인도 없는 것이다.

만약 나라에 군자가 있다면 소인들이 그들의 형적形迹을 감히 숨기지 못한다. (……)

요즈음 이른바 군주와 소인이란 것이 서로 멀지 않다. 그래서 같은 패거리면 모두 군자라 하고 다른 패거리면 모두 소인이라 하여 자기와 다른 쪽이면 사특하다고 배척하고, 자기 쪽이면 바르다고 추켜올린다. 옳다고 하는 자는 자기 쪽이기에 옳다고 하는 것이요, 그르다고 하는 자는 반대쪽이기에 그르다고 하는 것이다. 이 모두가 공평이 사사로움을 이기지 못한 까닭에 그렇게 된 것이다.

허균이 〈소인론〉에 쓴 글이다. 그의 말처럼 오늘날에도 정치, 경제, 사회의 모든 구조 속에서 네 편, 내 편 하면서 편 가르기가 계속되고 있다. 그는 조선 중기가 아니라 20세기나 21세기의 한국에서 태어났어야 할 사람이었다. 시대를 앞서 살았던 허균을 그 시대에 누가 이해하고 동조할 수 있었겠는가?

허균처럼 자기 자신의 천재성과 세상을 앞질러간 사상 때문에 그토록 값비싼 희생을 치른 사람은 그리 흔치 않을 것이다. 그가 꿈꾸었던 자유와 정의에 대한 열정 때문에 그의 일생은 파란의 연속이었다. 급기야 그는 비극적 종말을 고하고 이 세상을 하직했다. 하지만 그가 추구했던 높은 이상은 도도한 역사의 흐름 속에서 새로운 비전을 제시했다는 평가를 받고 있다.

500년 조선 역사상 신원되지 않은 사람이 두 사람 있다. 기축옥사의 주인공 정여립과 허균이다. 정여립과 허균은 봉건신분제 속에서 하층민들과 함께 역모를 꾀했고, 그 역모는 실패로 돌아가 비참한 최후를 맞았다. 그들이 죽은 뒤에 어느 누구도 그들의 신원을 주장했던 사람은 없었다. '사람은 죽어도 글이나 사상은 남는다'는 옛말이 있다. 정여립의 모든 사상은 불태워져 사라져 갔지만 허균의 글은 많은 부분이 유실되었음에도 일부가 후세에 전해졌다. 그가 지은 《홍길동전》은 어지러운 시대에도 살아남아 박지원을 비롯한 후대의 문장가들에게 이어져 소설 시대를 열었다는 평을 받는다. 또한 허균의 사상은 후대 사상가들에게 전해져 오늘날에도 이 땅의 사람들에게 지혜와 영감을 주고 있다.

괴테는 《금언과 성찰》에서 "진리는 사람에게 있고, 잘못은 시대에 있다. 그래서 걸출한 사람에 대해 우리는 다음과 같이 말한다. '시대의 폐습이 그를 실패의 구덩이로 몰아넣었으나 그는 강인한 정신력으로 그곳에서 빠져나와 영광을 얻었다'라고." 이 말에 가장 합당한 사람이 바로 허균이 아닐까?

차를 반 항아리 달이고
향 한 심지를 피웠네
외딴 집에 누워
건곤고금乾坤古今을 가늠하노니
사람들은 누추한 집이라 하여
살지 못하려니 하건만
나에게는
신선의 세계인 것을

허균이 태어난 사천의 애일당 언덕에 새겨진 〈누실명陋室銘〉이라는 시의 부분이다. 허균의 진심을 진솔하게 드러낸 자화상 같은 내용이다. 조금만 욕심을 내지 않고, 정해진 삶을 살고자 했더라면 신선 같은 삶을 살면서 인생의 맛과 멋을 아는 아름다운 한평생을 살 수 있었던 사람이 바로 허균이었다. 그러나 그의 꿈과 이상은 신선의 삶을 지향한 것이 아니고, 새로운 꿈을 이 지상에서 실현하고자 하는 것이었으므로 현실의 삶과는 양립될 수가 없었던 것이다.

니체의 《인간적인 너무나 인간적인》 중 '홀로 있는 인간'을 보면 이러한 말이 나온다.

"어떤 사람이 신념이 있어 보이는 것은, 종종 그가 언제나 자신의 원칙에 따르기 때문이라기보다 언제나 자신의 기질을 따르기 때문인 경우가 많다."

허균은 '세상을 바꾸고자 하는 그 신념' 하나로 살았던 사람이다. 그 '신념'이 당대에는 통용되지 않고 실패로 돌아갔지만, 그가 쓴 《홍길동전》이나 〈호민론〉을 비롯한 수많은 글로 남겨져 사회를 발전시켜 왔고, 그가 꿈꾸었던 일들이 이 지상에서 완전한 형태는 아닐지라도 실현되고 있다.

다시 니체의 《인간적인 너무나 인간적인》 중 '인간의 숙명'에는 이런 말이 있다.

"더욱 깊게 생각하는 사람은 자신이 원하는 대로 행하고 판단한다 할지라도 언제나 과실을 범하는 것임을 알고 있다."

그와 같은 삶을 살다 간 사람이 허균이다.

> 승리만이 미덕이고 그것만이 고취될 때 가장 긴요한 미덕은 실패할 수 있는 능력이다.
>
> 나는 승리를 부끄러워할 것이다. 만일 그것이 나쁜 승리라면.
>
> 나는 과연 실패할 수 있을까.

정현종 시인의 시구와 같이 그 당시에는 실패했다고 여겼던 것들이 세월이 흐르고 난 뒤에 보면 이긴 것이 많다. 그런 의미에서 볼 때 허균은 역사라는 긴 흐름의 큰 바다에서 실패한 것이 아니라 승리한 것은 아닐까? 가끔 삶에 지쳐 의기소침해지거나 설명할 수 없는 슬픔이 몰려올 때 나는 내게 묻는다.

'잘 살고 있는가, 아니면 잘 못 살고 있는가?'

'나는 어디만큼 와 있고, 어디로 가고 있는가?'

그때마다 400여 년 전 이 땅을 살다 간 허균이 내게 말한다.

"여보게! 좀 더 치열하게 살 수 없겠나? 한 치의 타협도 없이?"

손바닥만 한 방 속에 남쪽으로 창문 둘을 내니
한낮의 햇볕이 내리쪼여 밝고도 따뜻하여라
집에 벽은 세워 두었으나 책만 그득한데,
낡은 잠방이 하나와 아름다운 여인만이 짝이 되었다네
차를 반 항아리 달이고 향 한 심지를 피웠네
외딴 집에 누워 건곤고금을 가늠하노니
사람들은 누추한 집이라 하여 살지 못하려니 하건만
나에게는 신선의 세계인 것을
마음과 몸이 편안한데 누가 누추하다고 하는가
내 누추하다고 여기는 것은 몸과 명예가 썩어 버린 것이니
다북쑥이 우거져 온 집이 파묻힌다 해도,
군자가 살고 있으니 어찌 더럽다 하겠느냐

– 허균, 〈누실명〉